日本住宅建设与产业化
（第二版）

主编 吴东航
　　　章林伟
编著 小见康夫
　　　栗田纪之
　　　佐藤考一

中国建筑工业出版社

图书在版编目（CIP）数据

日本住宅建设与产业化/吴东航，章林伟主编. —2版. —北京：中国建筑工业出版社，2016.10
ISBN 978-7-112-19870-2

Ⅰ.①日… Ⅱ.①吴…②章… Ⅲ.①住宅建设-概况-日本 Ⅳ.①F299.313

中国版本图书馆CIP数据核字（2016）第223967号

本书从政策制度演变、技术发展两个视角，沿着日本住宅建设的发展历程与脉络，系统、全面地介绍了日本住宅建设、物业管理和维护的经验，及其法律框架、政策制度、金融体系、建筑工业化与产业化、住宅研究与技术等。本书资料翔实，图文并茂，清晰精炼，观点明确，对目前我国的住宅建设具有宝贵的研究和借鉴价值。

责任编辑：郦锁林　曾　威
责任校对：李欣慰　李美娜

日本住宅建设与产业化
（第二版）
主编　吴东航　章林伟
编著　小见康夫　栗田纪之　佐藤考一
*
中国建筑工业出版社出版、发行（北京西郊百万庄）
各地新华书店、建筑书店经销
霸州市顺浩图文科技发展有限公司制版
北京君升印刷有限公司印刷
*
开本：787×1092毫米　1/16　印张：17　字数：300千字
2016年9月第二版　2016年9月第三次印刷
定价：**48.00元**
ISBN 978-7-112-19870-2
　　（29393）

版权所有　翻印必究
如有印装质量问题，可寄本社退换
（邮政编码 100037）

再版说明

目前，建筑产业化呈现出前所未有的蓬勃发展态势，政府高度重视、各地政策不断出台、市场规模持续扩大、行业认识进一步深化。不少开发商已经"嗅"到了产业化大规模推进的气息，越来越多的企业参与到这场变革的浪潮之中。截至 2015 年年底，全年累计新开工的产业化建筑面积已超过 4000 万 m^2。目前，已经完成征求意见的《建筑产业现代化发展纲要》明确提出，到 2020 年，装配式建筑占新建建筑的 20% 以上，到 2025 年，装配式建筑占新建建筑的 50% 以上。到 2020 年，基本形成适应建筑产业现代化的市场机制和发展环境、建筑产业现代化技术体系基本成熟，形成一批达到国际先进水平的关键核心技术和成套技术，建设一批国家级、省级示范城市、产业基地、技术研发中心，培育一批龙头企业。不难预见，建筑产业化将迎来更为美好的明天。

本书第一版于 2009 年出版，当时国内的建筑产业化无论从观念到实践都远没有达到今天这样的程度，由于日本在住宅产业化方面一直走在前列，他山之石，可以攻玉，日本的先进经验和发展历程值得我国借鉴和参考，在当时也算是填补了图书市场的空白，再加上本书是多位日本建筑专家与国内专家的共同策划、精心编写的呕心之作，所以本书的出版引起了读者的强烈反响，受到广泛好评，一再重印，为引领建筑产业化起到一定的作用。

在今天这样一个建筑产业化热潮再度涌起的大背景下，有很多读者在找寻这本多年前出版的书，但市场上已难觅踪影，所以应读者要求，我们决定请主编吴东航先生对第一版进行修订，更换了一些图表，修订了部分内容，作为第二版再次推出，相信本书一定能够顺应行业潮流，再次发挥其对建筑产业化有益的借鉴和启示作用，为推动建筑产业化健康有序的发展做出一份贡献。

2016 年 9 月

序言

住房问题，之于国家，涉及经济发展、构建和谐社会的大局；之于民众，关乎安居乐业和生活质量的切身大事。要解决好住房问题，必须抓好三方面的工作：其一，调控房地产市场，保持市场稳定健康发展，以期有持续的住房供应；其二，设计住房制度，让人人都能享有适当的住房；其三，指导住房建设，提高住宅生产效率，提升住宅综合品质，让人们能住上优质的住房。

中国的住宅建设正处在高速增长期，以住房为主体的房地产业已成为国家重要的支柱产业，在扩大内需拉动经济方面起着举足轻重的作用；中国特色的住房供应体系正在逐步建立和完善，朝着"住有所居"的目标迈进；住宅产业现代化在加快推进，住宅质量在稳步提高，产品性能有了较大改善。我国住宅产业现代化的全面推进，已经历了10年的历程，与我们自己在纵向上相比，无论是生产能力、科技进步和产品质量等多方面，都有了不小的进步，但以国际视野进行横向比较，差距仍然十分明显。我国住宅产业的发展正处于粗放型向集约型的转变阶段，产业自我完善和创新条件都尚未建立起来，存在着"两高两低"，即物耗高、能耗高，生产效率低、科技进步对产业发展的贡献率低等现象。我国人居资源的总量虽然不低，但相对于众多人口，均量则明显不足，而住房又是一种刚性需求，人人都应享有的，因此探索符合中国国情的住宅发展模式对构建资源节约、环境友好、可持续发展的和谐社会至关重要。

有比较才能有鉴别。在住宅建设的国际比较中，我一直主张应以日本作为我们的主要参照系。诚然，欧美国家也有许多值得我们学习和借鉴之处，但日本的情况与我们有更多的相似之处，诸如，相对人口而言资源的匮乏，气候与地理环境更为相似，住房情结与人文习俗也颇相近，因此，中日两国在住宅建设方面的交流与合作更具便于比较和借鉴的条件。改革开放以来，中日两国在住宅建设方面的交流是相当活跃的，有的日本专家来华交流指导，更多的是我们派员参观考察，在广泛的交流中，使我们对日本的住宅建设有了更多的了解。自第二次世界大战以来，日本政府根据日本各个时期社会经济发展的实际，为使住宅建设及其产业化适应发展的需要，在法律框架、政策制度、金融保障、住宅工业化与产业化、住宅研究与技术支撑等方面适时采取了相应的对策，实践证明取得了预期的效果。因此我们对日本住宅建设方面进行国际比较并加以研究，结合我国的实际加以借鉴、消化和吸收，会取得他山之石可以攻玉的效果。

近年来，介绍日本住宅的资料日渐增多，但往往零散而缺乏系统。章林伟先生向我推荐《日本住宅建设与建筑产业化》一书的清样时，我感到这是一本系统、简明而实用的介绍日本住宅的好书。该书从日本住宅建设的发展历程与脉络，以政策制度演变、技术发展两个角度，系统、全面地介绍日本住宅建设的经验，对深入了解、把握日本住宅建设发展历史及其住宅产业化推进历程，研究日本乃至世界住宅技术最新发展趋势，将大有裨益。该书的最大特色在于信息量大、资料翔实，而且图文并茂、图表清晰、条目精炼、观点明确，从而大大提高了阅读效率和兴趣。相信该书的出版发行，一定会受到广泛的欢迎。

原建设部副部长
中国房地产业协会会长　宋春华
中国建筑学会理事长
二〇〇九年六月

前言

住宅问题既与人民生活息息相关，又是维持社会安定、促进经济繁荣的重要因素。虽然它与地域条件、社会制度、生活习惯等关系密切，但尽管在不同的国度，人们所面临的问题、为提高和改善居住环境所作的探求以及所追求的方向基本上是共通的。为此，我相信将自己所熟悉的日本住宅建设的历程与技术归纳成册在国内出版，无论从比较与借鉴、还是促进交流等方面都一定具有积极的意义。

本书由八章组成，可以分为两部分。前四章为第一部分，主要从宏观的角度阐述日本住宅的现状和政策制度。在这部分内容里，使用了大量的统计数字以及"政策"、"法律"、"规格"、"产业化"等词语，别说是消费者，就是一般的建筑工程技术人员多少也会感到高不可攀，但不妨借此机会通过比较可能会增加对这些问题的认识。将这部分的内容归纳地说：日本住宅建设在近数十年所走过的是从不足到积压、从量向质、从传统建筑业走向产业化、从应急政策转向重视可持续性的历程。在最近的"200年住宅"政策中，非常简单易懂地指明了"建好的、经常维护保养、长期间持续地使用"的未来住宅建设的方向。

第二部分是后四章。在这一部分里从设计、结构、装修、设备等方面以及通过实例介绍了日本集合住宅的设计和建设技术。"集合住宅"原是日本的术语，指纵横排布了复数住户的住宅建筑，近似于中文的公寓，无论是中文还是日文都还有许多近似的名称，但我认为在学术上它最为准确，所以直接采用之。集合住宅虽然只占日本住宅总数的一半左右，但是城市住宅的代表，从它的建设技术中我们可以看到可持续性思想、抗震设计思想、SI住宅思想、节能环保思想等的具体运用。尽管各种条件有所不同，但许多方式方法或者会有直接借鉴的价值。

本书着重于全方位地介绍日本住宅建设的概要，限于篇幅未能过多地涉及详细的内容，读者对于有必要更详细了解的方面，可继续参阅本书最后所列出的参考文献和参考资料。另外，本书原则上只叙述客观的事实，尽量少作评论，同样的意义上，我们只向读者提供一个参考和比较的对象，并无意宣扬既成的价值观。为此本书有别于论文和教科书。

在一次接受国内的采访中，我把写作和编辑过程中的感想作为对住宅问题的概括，作了以下的发言。在这里把它介绍给读者，或者有助于对本书的意图和内容的理解。

1. 住宅不能是一个单纯的空间，而必须能成为居住者温暖和舒适的家。
2. 集合住宅应能成为所有居住者温暖和舒适的家，并能保证相互和睦以及促进邻里交流。
3. 住宅必须向社会负责，满足景观、气象、交通、环保、节能等的要求。
4. 住宅必须向未来负责，作为优良的资产留给子孙后代。

此书得以刊行，离不开时任住房和城乡建设部住宅产业化促进中心产业发展处处长的章林伟先生的大力支持。在一次由我负责组织的在东京举办的国际学术会议上，章林伟先生作为嘉宾出席了会议，他作为住宅问题的专家，不仅对各国所经历的变迁过程和经验教训表现出极大的关心，而且还极力促进中日建筑界的友好交流。在我们共同萌发了出版的构想以后，经过多次的讨论，确定了书的构成章节和具体内容，章先生还从国内的立场上提出了许多生活在日本的著者们所不具备的宝贵意见。我相信章先生的参与，不但提高了本书的完成度，而且极大地提升了本书的出版意义。

共著的小见康夫先生、栗田纪之先生、佐藤考一先生是我在东京大学时的同窗好友，现同是建筑环境技术工作组（A/E WORKS）的成员，经常在一起工作。他们分别是"百年住宅建设系统"、"200年住宅"、"以用途变更的手法实现都市再生"等日本重大住宅开发项目的主要成员，在日本可以说是屈指可数的住宅专家。我们四人曾在日本共同出版过著作，这回是在中国再次携手合作。本书的执笔分工如下：第1章　小见康夫，第2章　栗田纪之，第3章　吴东航，第4章　佐藤考一、栗田纪之，第5章　小见康夫、吴东航，第6章　吴东航，第7章　吴东航、佐藤考一，第8章　吴东航。

原建设部副部长，现任中国房地产业协会会长、中国建筑学会理事长的宋春华先生一直关心着此书的撰写和编辑，并为本书题写了序言，在此向宋先生深表谢意。宋先生的认同和激励，为我们增加了无比的信心。

中国建筑工业出版社的郦锁林先生，自始至终一直从出版的角度给予了我们大力支持，尤其在用词术语的整理方面提供了许多宝贵意见。责任编辑曾威先生不厌其烦地对原稿进行核对，还为图表的整理付出了不少努力。江苏省交通科学研究院股份有限公司副总工程师张建东博士受出版社的委托，在中日术语对照方面进行了核对，在此一并致以谢意。

日语原稿的翻译由吴建筑事务所副所长袁晓春女士和广州外语外贸大学讲师刘劲聪先生担任。面对众多陌生的建筑术语所遇到的困难是不难想象的。他们进行了不少调查比较，在我进行调查和校对之前就已经提出了准确的字语。

日本 KRI 株式会社的李大寅博士为本书的出版做了不少调整工作。在写作期间，我还与李博士多次一同在国内各地讲学，从中得到许多启发和灵感。

在调查和写作过程中，我请教了众多学者和采访了不少企业，他们给予了许多有益的建议和提供了大量的资料，极大地丰富了本书的内容。由于人数众多，不能一一列举，在此一并致以诚挚的谢意。

我赴日生活已 21 年。就读于东京大学期间，由原来的结构专业转向了研究建筑工业化问题。十多年前，在东京开设了绝无仅有的以中国人名字命名的一级建筑士事务所。每次自我介绍时都特地说明有别于日语的"WU"的读音，这应归功于日语的汉字可以任意注音的自由。事务所主要从事技术顾问工作，至今的实绩包括了不少日本国家级和一流民间企业的研究开发项目。多年的努力，从一个一无所有的留学生，开始在异国他乡的高层次技术领域里取得了属于自己的一寸之地。

三年前，受日本通世泰财团的委托，我担任了"中国建材研究会"的组织工作，有机会多次到国内进行调查访问，还在北京、上海、广州、大连、深圳、桂林等地进行了交流讲学，最近在东京也经常为国内来的视察团和培训班讲学。在与国内的建筑业同行频繁接触中，萌生了把在日本的所知和经验，以出版方式介绍给大家的动机。

最后，除了对别人的谢意以外，我还想感谢我自己，二十多年来我一直在不停地努力着，尽管精神和肉体都感到非常疲劳，但努力已成为了习惯，今天仍带着年轻人的热情寻找着新的开始。

本书若能为中日间的友好交流作出一些贡献，能为今后的国内住宅建设带来一些参考的话，我将感到不胜荣幸。错漏之处，敬请指教。

吴东航
2009 年 6 月于东京

引言

2007年10月我在日本东京大学考察交流时，有幸结识了旅日学者吴东航先生。2008年3月应日方之邀，我去东京参加一个有关住宅方面的国际研讨会，再次与吴先生相聚，大家又一次在一起，共同探讨交流中日住宅发展的得与失，交谈之中萌发了编撰一本介绍日本住宅建设方面经验的书籍在中国出版发行，想必一定会对中国住宅建设大有裨益。之后几经磋商，吴先生也先后多次回国专门与我和中国建筑工业出版社的郦锁林先生共同商讨此书的编辑出版事宜。编撰过程中，吴先生还邀请了他的日本同仁共同参与。经一年多的努力，此书得以面市。

日本住宅建设方面的经验一直为我国所关注。多年来，我国到日本考察和学习住宅建设的可谓人众事广，但比较全面、系统地介绍日本住宅建设经验的资料书籍鲜为人见。因此，本书的编撰试图顺着日本住宅建设的发展历程与脉络，力求从政策制度演变、技术发展两个视角，系统、全面地介绍日本住宅建设的经验，同时也将一些概念的真谛弄清，如住宅产业化、住宅部品等。日本的住宅大致分为两大类：独户住宅与集合住宅，其比例大致为六、四开。日本集合住宅的建设，公用与私用空间的界定、分售，以及物业管理和维护等方面的经验可能对当前中国住宅建设更有参考价值，因此本书以此为重点。

自第二次世界大战以来，日本住宅建设大致经历了三个发展阶段，住宅建造方式的工业化和产业化水平也与时俱进、日臻完善。20世纪50~60年代，日本住宅建设的矛盾焦点是恢复战争创伤，适应城市化发展，解决房荒问题，其重点是住宅建造方式的工业化，提高建设效率；20世纪70年代后住房数量基本满足需求，以及石油危机的出现，住宅建设的焦点从关注"量"转向"质"和节能；20世纪90年代以后提出全球关注人类赖以生存的地球的可持续发展，关注生物多样性、温室气体减排等，日本作为世界上的经济发达国家，也及时调整了住宅产业的发展战略，转向环境友好、资源节约和可持续发展，先后提出了100年寿命和200年长寿命住宅（2007年由日本时任首相福田康夫提出）的发展战略目标，导致住宅建设的法律框架、政策制度、规划设计理念、建筑材料、住宅部品，以及施工方法都要随之进行调整和创新，以适应未来发展的需要。

住宅产业作为社会经济结构中的基础产业和支柱产业，生产手段的工业化是必要的，也是实现产业化的前提；而产业化是强调各个产业间的链条关系，彼此建立起符合现代产业发展要求的上下游各个环节之间的良性关系，使建材与住宅部品、建造、物流与商流、使用、管理与维护、再生等各个环节有机地融为一体。建筑材料向部品转化是住宅建造工业化、实现住宅产业化的关键。日本最初为住宅建造工业化提出发展住宅通用部品，现在为了适应长寿命住宅发展战略的要求，提出了按使用年限划分住宅部品群的概念，非常值得认真研究借鉴。

住房问题是各国政府非常关注的国计民生问题，尤其在发展公共住宅（Public Housing）方面政府的主导作用是不可或缺的。日本的公共住宅约占日本住宅总量的10%左右，主要有三种供应方式：公营住宅（占公共住宅总量的47.4%）、公团住宅（占公共住宅总量的33%）、公社住宅（占公共住宅总量的19.6%）。公营住宅由地方政府负责建设和管理，只向本地区低收入者提供廉价租赁住宅；公团住宅由国家层面的行政法人（相当于我国中央政府所属的大型国有企业）都市再生机构（原住宅整备公团）建设和管理，主要在都市圈和大城市开发建设租赁和分售的公共住宅；公社住宅由地方公共事业的企业建设和管理，向本地区提供租赁和分售住宅。日本的公共住宅，尤其是公团住宅，在质量、品质、性价比、节能环保等方面无一不体现国家产业政策的导向，也起到了市场标杆的作用。

针对商业银行和一般金融机构难于提供长期、低息的住宅建设资金和购房贷款，1950年日本政府专门成立了的政策性的住宅金融机构"住宅金融公库"，为建房、购房的单位和个人提供低息贷款，并实行固定利率（贷款利率低于国家财政投资及贷款的利率），还贷期限也较长（一般为35年）。自1996年后，住宅金融公库为了推行国家产业政策，引导市场，对开发和购买适应人口老龄化需求的住宅和节能住宅采取了更加优惠的贷款利息措施。住宅金融公库的资金来源主要为国家财政投资和贷款所得。

总之，日本的住宅建设在法律框架、政策制度、金融体系、住宅工业化与产业化、住宅研究与技术等方面都有许多值得我们认真研究和学习借鉴之处。作为本书的编者之一，我衷心希望本书的出版发行能对我国从事住宅建设工作的读者有所启示。

章林伟
2009年6月于北京

目录

再版说明
序言
前言
引言

第1章 住宅建设与政策的变迁 ·· 1
  1.1 日本住宅的现状 ·· 2
  1.2 日本住宅的多样性 ·· 10
  1.3 住宅政策的变迁 ·· 13
  1.4 公共住宅制度的变迁 ·· 23

第2章 住宅相关的法律与制度 ·· 35
  2.1 日本的法律制度 ·· 36
  2.2 建筑的相关法律 ·· 37
  2.3 《建筑基准法》 ··· 39
  2.4 《确保住宅品质促进法》(《品确法》) ······························ 46
  2.5 其他相关法令 ·· 51
  2.6 规格与规范 ·· 62

第3章 住宅产业化 ·· 69
  3.1 住宅产业化概述 ·· 70
  3.2 住宅部品 ·· 72
  3.3 工业化住宅 ·· 87
  3.4 预制组装混凝土结构 ·· 95

第4章 住宅的可持续性发展 ·· 105
  4.1 SI住宅 ·· 106
  4.2 百年住宅建设系统（CHS）·· 118

4.3	住宅性能表示制度的耐久性规定	122
4.4	200年住宅	126
4.5	住宅的再生	130

第5章 集合住宅的设计 … 141
5.1	集合住宅的历史	142
5.2	集合住宅的设计要点	151
5.3	集合住宅的住栋设计	153
5.4	集合住宅的户型设计	161
5.5	维护管理计划	166

第6章 集合住宅的结构 … 171
6.1	建筑与地震	172
6.2	结构设计体系	179
6.3	结构种类与形式	184
6.4	隔震与减震	191
6.5	抗震鉴定与抗震加固	196

第7章 集合住宅的装修与设备 … 201
7.1	围护结构	202
7.2	内装修与管线系统	207
7.3	住宅设备	219

第8章 集合住宅的建设实例 … 231
8.1	租赁集合住宅	232
8.2	家庭式集合住宅	237
8.3	超高层集合住宅	243
8.4	小结	248

附录：参考文献及资料 … 250

索引 … 254

编著者简历 … 257

第1章 住宅建设与政策的变迁

1.1　日本住宅的现状
1.2　日本住宅的多样性
1.3　住宅政策的变迁
1.4　公共住宅制度的变迁

1.1 日本住宅的现状

1.1.1 大量剩余的日本住宅

60多年前，日本的主要大城市在二战中被烧为焦土。从那以后，国家设立了"日本住宅公团"，以它为主导，从1955年开始向社会大规模地提供住宅。当初只是每年30万户❶左右，随着经济进入了高度成长期，1967年突破了100万户。之后虽然经受了石油危机和泡沫经济崩溃的打击，仍维持着每年约110万户的水平（图1-1）。统计上，1968年全国的住宅户数已经超过家庭的总数。

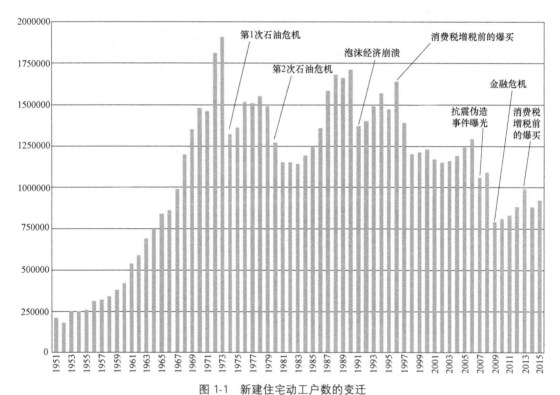

图1-1 新建住宅动工户数的变迁

（参考资料：日本国土交通省《建筑与住宅统计情报》）

---

❶ "户"是日本住宅的统计单位，近似于中国国内的"套"，但"套"是基于集合住宅的概念，而"户"包含了占日本住宅半数左右的单户住宅，所以两者不完全等同。

1973年各都道府县❶都已实现了一家一户（一个家庭拥有一户以上的住宅）。从那个时候起，可以说全社会已经完全解决了居住问题。但是，住宅的供给仍维持着相同的速度，数量庞大的新建住宅仍不断进入社会。

这60年来，日本的住宅形式与质量水平也发生了惊人的变化。像计算机和手机一样，进化越快寿命越短。20世纪60年代、70年代所建的住宅大量被拆掉重建。人们实在无法满足于那个时代所建的被喻为"兔子小屋"（兔子窝）的房子，再加上热衷于"木文化"的日本人有喜欢拆旧盖新的意向，巨大的建筑业依靠新建工程维持着繁荣。但是，2007年日本施行了新的《建筑基准法》，建筑的申请手续变得繁琐复杂，结果新建住宅的户数隔了40年以后降至110万户以下的水平。今后，随着人口的减少，预想新建住宅的数量会慢慢地减下来。

每年持续新建100多万户住宅的结果，使日本现有住宅已达约6000万户（出自日本总务省《2013年住宅与土地统计调查》），比总家庭数的约5250万多出了750万户（图1-2）。当然，这里面包括不少不满足现行抗震标准的房屋，不能说全都是优良的社会

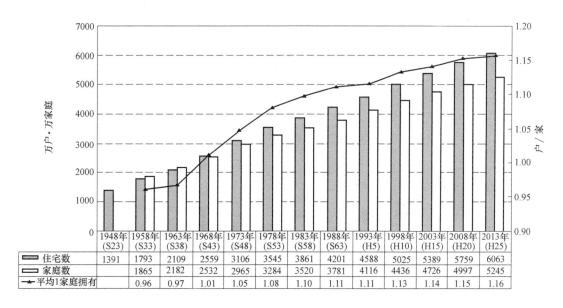

图1-2　日本的现有住宅户数与家庭数的变迁

(参考资料：日本国土交通省《国土交通省住宅局资料》)

---

❶ "都道府县"是日本的地方行政单位，相当于省份。包括东京都、北海道、京都府、大阪府和其他43个县。

资产。但是，从空房面积所占的比例来看，由 1980 年至 2000 年窄小的空房所占的比例在急剧地减少（图 1-3）。还有，日本的人口已从 2005 年起开始减少，少子女的倾向，今后数十年间也没有可能改变。因此，不久的将来，大量的优良住宅也会成为多余的财富。

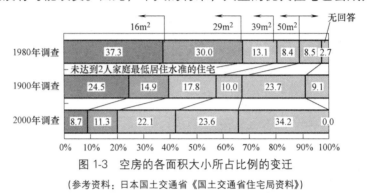

图 1-3　空房的各面积大小所占比例的变迁

（参考资料：日本国土交通省《国土交通省住宅局资料》）

今后，住宅建设的重点在于如何有效地继续使用现有的住宅，而不是大量地拆旧建新。主要的方法：其一是以改装适应新要求；其二是积极将其投入流通市场和租赁市场以促进有效利用；其三是鼓励拥有多户住宅并同时使用。

另一方面，在近 40 多年里，作为居住者的家庭的构成有了很大的变化。从图 1-4 可知，1960 年 5 人以上的家庭最多，占全体的 4 成以上，平均每一家庭的构成为 4.14 人；2010 年，最多的是 1 人家庭占了全体的 3 成以上，1 人家庭与 2 人家庭占了全体的近 6 成，全体的平均也只有 2.42 人，少子女化与高龄化使这个倾向越来越成为深刻的社会问题。

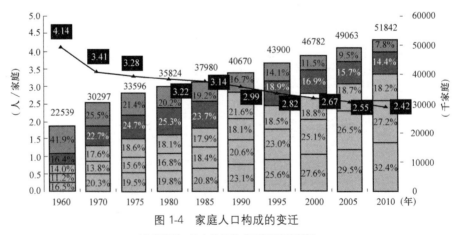

图 1-4　家庭人口构成的变迁

（参考资料：日本总务省《国势调查资料》）

1.1.2 短命的日本住宅

用住宅的现有户数除以每年新建住宅户数而得出的值,我们把它视为住宅的平均寿命,它是与住宅的可使用寿命关系密切的指标。当然要注意,它只是统计上的寿命而不是真正的平均寿命。

将各国公开的数据进行比较,可以得到图1-5的结果。虽然各国的统计年份有所不同,但仍然可以看到欧美国家比日本的住宅寿命要长得多,最长的英国约为日本的3倍,而以东京都为代表的日本大都市住宅寿命就更短了,只有30年多一点。

购买住宅的人的年龄多为30~40岁之间。日本人男性的平均寿命为79岁,女性为86岁(2007年统计)。从此可知住宅仅限于一代人使用,下一代就会将其拆除重建。无论从社会资产的整备或从资源的有效利用的观点来看都是极大的浪费,当然这与第二次世界大战日本所遭受的破坏有关,大都市的大多数住宅都是战后所建的,战后的初期由于社会混乱、资材短缺,因此难以建设经久耐用的住宅,预计今后日本这个数字会有所增长,但离欧美的水平仍相差甚远。

图1-6是现有住宅年龄的日美比较。日本的住宅大部分是近30年所建的,而美国的住宅年龄分布则非常广,均衡安定的社会状况可见一斑。

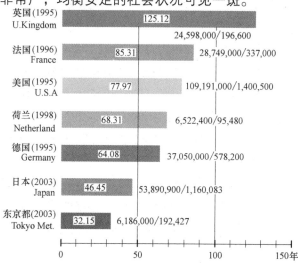

图1-5 "现有住宅户数/每年新建户数"的国际性比较

(参考文献:日本《东京大学21世纪COE·都市空间的持续再生学的创出》)

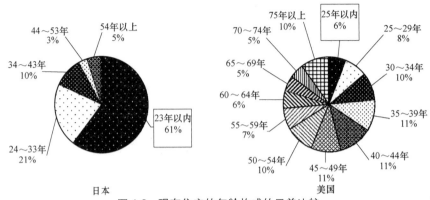

图 1-6 现有住宅的年龄构成的日美比较

(参考资料：日本总务省《2003 年住宅与土地统计调查》)

1.1.3 以新建为主的日本住宅市场

据总务省《2003 年住宅与土地统计调查》的资料，在 1999～2003 年的 5 年间，日本流通的既有住宅户数为 801900 户（年平均 16 万户左右），仅为同时期新建住宅（年平均约 120 万户）的 13%。这里所说的"既有住宅"是指参与流通的现有的、俗称为"二手房"的住宅，在日本则称为"中古住宅"。为了区别，本书在与流通无关时把现有的住宅称为"现有住宅"。

与日本相反，在欧美国家参与流通的既有住宅的数量普遍比新建住宅多（图 1-7）。例如：在美国，既有住宅是投资项目之一，投资家将它购入，然后对其进行改装和翻新后再投入市场的行为并不罕见。这源于以下几个社会环境：一是要有活跃的既有住宅市场；二是要有对既有住宅的性能质量的合理的、明确的评价标准；三是要拥有这方面经验丰富的专业人才，这样可以形成评价上升、资产价值也随之上升的市场机构。

在日本还没形成成熟的既有住宅市场，现在的市场机构对收购和改造既有住宅的投资行为起不了鼓励作用，大部分的既有住宅理所当然地被拆掉重建。结果使日本的新建住宅户数远远高于欧美国家。

图 1-8 是每千人的年新建住宅户数的国际比较。二战以后，各国都有一段高出生率、人口高增长率的期间（1945 年～20 世纪 70 年代前半期），住宅的建设量都呈上升趋势，而后都呈下降趋势。只有日本在 20 世纪 80 年代以后虽然并不均衡，但仍维持着相当高的水平。

1.1.4 偏重于个人所有的日本住宅

日本的政策促使了住宅的个人所有率攀高。全国的平均住宅个人所有率约为七成，大都市圈和北海道、冲绳较低，为 50% 多，东京都最低，只有 40% 多（图 1-9）。

第 1 章　住宅建设与政策的变迁

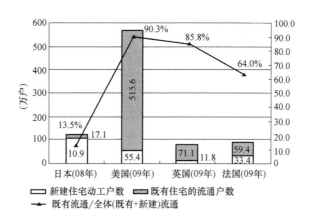

图 1-7　市场流通中既有住宅所占比例的国际比较

(参考资料：日本国土交通省《居住生活基本计划方案关系资料》)

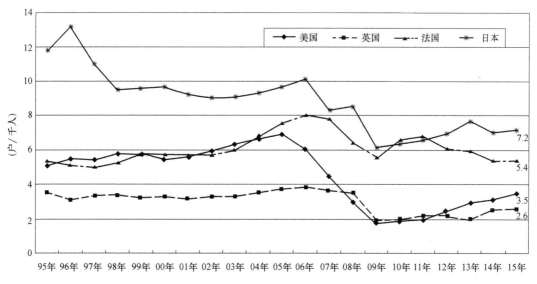

图 1-8　每千人的每年新建住宅户数的国际比较

(参考资料：日本国土交通省《住宅建设统计》)

图 1-10 所示的是不同所有形态的新建住宅室内面积的比较，自有住宅（世代继承的土地和住宅）、分售住宅❶、租赁住宅的差异一目了然。市场上提供的租赁住宅以小

---

❶　"分售住宅"是本书定义的术语，近似于国内的"商品房"，而日本的"商品住宅"通常指的是另外的东西。为了不产生混淆，详细的定义和他们之间的区别请参见第 5 章第 1 节。

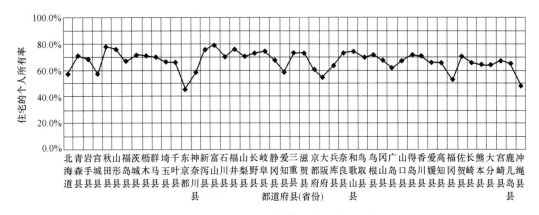

图 1-9 住宅的个人所有率的都道府县比较

(参考资料：日本总务省《2013年住宅与土地统计调查》)

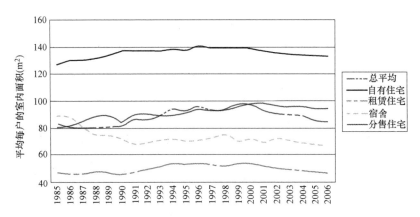

图 1-10 不同所有形态的新建住宅室内面积的比较

(参考资料：日本国土交通省《建筑与住宅统计信息》)

面积为主，不能适合家庭人口增加等长期居住的需要，处于育儿年龄的家庭不得不以购买房子的方式扩大居住面积。

1.1.5 沉重的贷款负担

大部分的住宅购入者都利用贷款，他们每年偿还贷款的金额与家庭年收入（含税）的比率如图 1-11 所示。自建住宅（在自有土地上建筑）和分售住宅的偿还额均约为 120 万日元（按 2016 年 8 月汇率，1 万日元约合 650 元人民币），相当于家庭年收入的 20% 左右；购买既有住宅的偿还额则为 95.9 万日元，相当于前者的八成（图 1-11）。

从住宅价格相当于家庭年收入的倍比来看，日本的单户住宅与集合住宅都比英

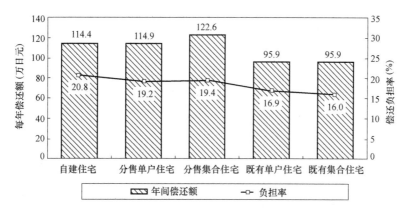

图 1-11　住宅贷款的年间偿还金额与负担率

(参考资料：日本国土交通省住宅局《2015年度住宅市场动向调查报告书》)

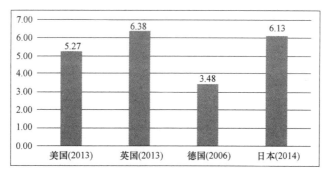

图 1-12　住宅价格的家庭年收入倍比的国际比较

(参考资料：日本国土交通省住宅局《住宅事情与住宅政策》)

国、美国高（图 1-12），高昂的住宅价格是导致高额贷款偿还负担的主要原因。

20 世纪 80 年代的后半期至 20 世纪 90 年代初是所谓日本的泡沫经济时期，住宅的价格高达家庭年收入的 7~8 倍。当时的宫泽内阁制定了"生活大国 5 年计划"，提出了住宅价格的适当价格应为家庭年收入的 5 倍，并为达到此目标制定了具体政策。随着泡沫经济的崩溃，地价大跌，间接地达成了与目标相近的结果。

但是，在人口众多的大都市的情况比平均值高得多，图 1-13 是各都道府县的住宅价格相当于家庭年收入倍比的差异。例如在东京，住宅的价格高达家庭年收入的近 10 倍。在这些地区，如果不努力延长住宅的可使用寿命，购买住宅和偿还贷款将成为人们的沉重负担。

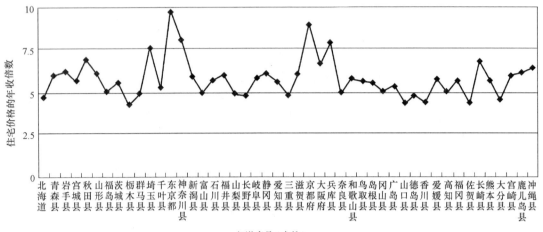

图 1-13 各地方的住宅价格相当于家庭年收入倍比的比较（2007 年）

（参考文献：日本《住宅经济数据集——2007 年度版资料》）

1.2 日本住宅的多样性

1.2.1 住宅的种类

住宅种类可分为单户住宅（一栋一户）、长屋住宅（水平联排住宅）、集合住宅（水平联排、垂直重叠的复数住户的住宅）等。1978 年，从日本全国来看，单户住宅占全体的三分之二，集合住宅只占四分之一，长屋住宅仅占一成左右；15 年后的 2003 年，单户住宅的比例降为一半多一点，集合住宅占了四成（图 1-14）。可见 15 年来，建设了大量的集合住宅。这种居住形式得到迅速普及的原因之一就是都市化倾向，人口越来越集中于大都市；另一个原因是地价上涨，不得不提高土地的使用率。

由此可见，在大都市集合住宅比例上升的倾向更明显。以东京为中心的关东大都市圈，集合住宅占 55%，包括中京（以名古屋为中心）和京阪神（京都、大阪、神户）的三大都市圈平均也超过了 50%（图 1-15）。

1.2.2 住宅的层数

单户住宅的八成以上是 2 层的建筑。集合住宅里 1~2 层的占近三成，3~5 层的

第 1 章　住宅建设与政策的变迁

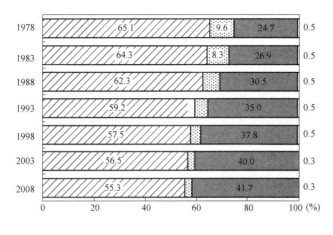

图 1-14　住宅种类的逐年变化

(参考资料：日本总务省《2008 年住宅与土地统计调查》)

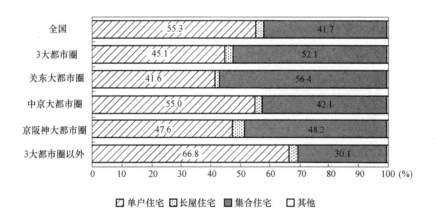

图 1-15　三大都市圈住宅种类的逐年变化 (2003 年)

(参考资料：日本总务省《2008 年住宅与土地统计调查》)

占四成多，6 层以上占近三成，可见集合住宅的高度分布非常之广 (图 1-16)。

但从历史的变迁来看，现有住宅中 1~2 层的集合住宅的绝对数量 25 年来没有太大的变化。可以认为它们大部分是从以前一直使用至今的建筑，而 3~5 层住宅的绝对数增加 3 倍以上，6 层以上则增加了数倍，从中可以看到高层化的倾向 (图 1-17)。

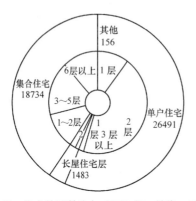

图 1-16　住宅的层数分布（2003 年，单位：千户）

参考资料：日本总务省《2003 年住宅与土地统计调查》）

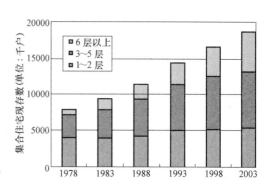

图 1-17　集合住宅层数的变迁

（参考资料：日本总务省《2003 年住宅与土地统计调查》）

1.2.3　住宅的结构种类

单户住宅绝大部分是木结构和防火木结构。防火木结构的梁柱虽然是木材，但屋顶、外墙、屋檐等必须用不燃材料覆盖，使其具备防火性能，以满足都市等指定防火区域的要求。一部分的集合住宅也采用这种结构。从总体来看，木结构、防火木结构、钢筋混凝土结构（包括钢骨钢筋混凝土结构）各占三成左右，余下的一成是钢结构、轻钢结构等。

由此可见，日本的住宅所采用的结构形式多种多样，即使是同一结构形式，也会因开发者、施工者不同而出现许多派生形式。例如：木结构中有日本传统的梁柱结构，还有由北美引入的 2×4 轻木结构（木材的标准截面规格为 2 英寸×4 英寸）等。在钢筋混凝土结构中，从结构的角度上看，现浇与预制也有很大的差异。另外所谓工业化住宅，它们的结构也因制造商而异，不同于普通的结构。上述只是笼统地按材料划分或归入其他之中（图 1-18）。

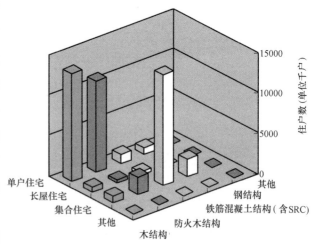

图 1-18　按结构种类划分的住宅户数

（参考资料：日本总务省《2003 年住宅与土地统计调查》）

1.3 住宅政策的变迁

1.3.1 住宅政策年鉴

日本在二战以后的住宅政策和制度,以及该时期的社会动向等归纳,见表 1-1。表中重要的项目,除了在本节中作简单的介绍以外,还将在以后的章节分别说明。

日本的住宅政策与各时期的社会动向年鉴　　表 1-1

	政策・制度				社会动向	住宅动工户数(万户、年度统计)
	基本政策・法令	项目	公团・公社・公营	住宅产业相关对策		
1945~1954	建设省成立(1948年) 建筑基准法颁布(1950年) 第 1 期公营住宅三年计划(1952年)	住宅不足数 420 万户(1945 年)		设立工厂生产住宅协会(1946年) 设立住宅金融公库(1950年)	战败(1945年) 朝鲜战争爆发(1950年) 神武景气(1954~1958年)	
1955	第 2 期公营住宅三年计划		日本住宅公团成立			27.9
1956			试行轻钢结构住宅和滑模的施工(公团)			30.4
1957			采用平打竖立施工法试行建设两层的小院子住宅(公团)			32.1
1958	第 3 期公营住宅三年计划		大批量生产不锈钢厨台(公团)		岩户景气(1958~1961年)	34.5
1959			KJ 部品(公共住宅用规格部品)的认定开始			38.2
1960				工业化住宅供应正式开始	收入倍增计划 彩色电视播放开始	45.3
1961	第 4 期公营住宅三年计划		简易耐火的量产公营平房住宅实施要领			54.3

续表

	政策·制度				社会动向	住宅动工户数（万户、年度统计）
	基本政策·法令	项目	公团·公社·公营	住宅产业相关对策		
1962				公库开始向不燃组合式住宅贷款		60.3
1963			钢模板施工法的实用化（公团）	设立预制组装建筑协会		72.0
1964	第5期公营住宅三年计划			工厂生产住宅承认制度（公库）	东京奥林匹克运动会	76.5
1965	《地方住宅供给公社法》颁布		作草部PC工厂设立（公团）	设立日本建筑中心	伊奘诺景气（1965～1970年）	84.5
1966	第1期住宅建设五年计划（制定《住宅建设计划法》）					88.1
1967	一家一户目标				人口突破1亿	
1968	颁布《都市计划法》				霞关大楼竣工（超高层建筑）	121.4
1969	颁发《都市再开发法》		HPC施工法的实用化（公营）			140.8
1970	创设综合设计制度	中层住宅技术竞赛	公共住宅用中层量产住宅标准设计的开发（SPH）	设立日本住宅设备系统协会	日本万国博览会（大阪）举办	149.1
1971	第2期住宅建设五年计划 一人一室住宅目标	芦屋浜高层住宅工程方案征集				153.2
1972				设立住宅部品开发中心	日本列岛改造论	158.6
1973		HOPE计划开始		工业化住宅性能认定制度的开始	实现一家一户 第一次石油危机	176.3
1974	2×4轻木结构公开化		KEP研究开发开始（公团）	优良住宅部品认定制度的开始		126.1
1975			NPS的开发			142.8
1976	第3期住宅建设五年计划 设定最低居住水准和平均居住水准	住宅55开发方案征集		设立日本2×4建筑协会 设立BL推进协会		153.0

续表

	政策・制度				社会动向	住宅动工户数（万户、年度统计）
	基本政策・法令	项目	公团・公社・公营	住宅产业相关对策		
1977				设立日本住宅・木材技术中心		153.2
1978					宫城县冲地震	149.8
1979	《节能法》颁布	芦屋浜高层住宅工程竣工			第二次石油危机	148.7
1980						121.4
1981	第4期住宅建设五年计划设定居住环境水准		设立住宅・都市整备公团公社开始了两阶段供应方式（泉北桃山台工程）			114.2
1982				设立性能保证住宅登记机构		115.7
1983	《建筑基准法》的若干部分修改	设立CHS事业化议会		设立日本住宅修缮中心		113.5
1984						120.7
1985		新都市住宅建设开发项目（～1990）				125.1
1986	第5期住宅建设五年计划由平均居住水准向诱导（推荐）居住水准转换		公团的开放户型的租赁（光丘公园城）	设立日本木结构住宅产业协会	泡沫经济开始	140.0
1987				工业化住宅性能认定制度实施优良住宅部品认定制度实施	国际居住年	172.9
1988				CHS认定制度开始实施 高品质木结构住宅认定制定实施	熊本艺术都市工程开始	166.3
1989			公团引入了总监建筑师制度（南大泽住宅大楼）	木结构住宅合理化系统认定制度实施	平成年号开始	167.3
1990		中高层住宅建设开发项目（～1995）			泡沫经济崩溃 中东战争	166.5

续表

	政策·制度			社会动向	住宅动工户数（万户、年度统计）
	基本政策·法令	项目	公团·公社·公营	住宅产业相关对策		
1991	第6期住宅建设五年计划 推行诱导居住水准			R-2000住宅认定制度实施 优良住宅认定制度实施（优良工业化住宅，优良2×4轻木结构住宅，优良木结构梁柱组合住宅及其他）		134.3
1992	《建筑基准法》的若干部分修改（木结构3层集合住宅等）、《借地租房法》修改				制定降低住宅建设成本的行动计划	142.0
1993	《节能法》修改					151.0
1994		生活价值创出住宅开发项目（日本住宅）（～2000）	公团完成爱岛大厦（市街再开发事业）			156.1
1995	《抗震改修促进法》施行 第7期住宅建设五年计划 继续促进居住水准·居住环境水准的目标达成				阪神·淡路大地震	148.5
1996		筑波方式（无装修租赁）第1号		都市住宅计划与环境认定制度的实施		163.0
1997		集合住宅综合开发项目（～2002）		环境共生住宅建设推进事业开始	COP3（地球温暖化防止京都会议）	134.1
1998	《建筑基准法》修改（性能规定化）				《节能法》修改	118.0
1999			设立都市基盘整备公团			121.6
2000	《品确法》施行 第8期住宅建设五年计划 重视现有住宅、重视市场、高龄社会的对策、都市居住与地域活性化	资源循环型住宅开发工程（～2004）		住宅性能表示制度开始（新建）		121.3
		试行在现存梯间型中层住宅安装电梯			美国（"9.11"恐怖事件）	117.3

续表

	政策·制度				社会动向	住宅动工户数（万户、年度统计）
	基本政策·法令	项目	公团·公社·公营	住宅产业相关对策		
2001	《集合住宅顺利改建法》施行					
2002	允许未装修的住宅进行登记		KSI住宅开始（三轩茶屋工程）	现有住宅性能表示制度开始		114.6
2003			推出由建筑师设计的多样式的租赁（东云公团CODAN）			117.4
2004				设立独立行政法人都市再生机构		119.3
2005					伪造建筑物的抗震强度问题暴露	124.9
2006	《居住生活基本法》制定 制定形成优质的住宅社会财产的政策					128.5
2007	《建筑基准法》严格化					103.5
2008				长期优良住宅普及促进法制定(200年住宅)		

二战后，日本国土受到极大的破坏，住宅的绝对数严重不足。当时，政府制定了一系列与住宅建设相关的法律法规，用来解决这一大社会问题。

1950年颁布了《建筑基准法》。同年，根据《住宅金融公库法》成立了"住宅金融公库"（现为住宅金融支援机构）。次年又颁布了《公共住宅法》，而日本住宅公团（现为都市再生机构）也于1955年成立。"公库"、"公营"、"公团"的三套班子奠定了公共住宅制度的基础。

所谓公共住宅是由各地方政府或公共团体出资，为解决低收入家庭的安居问题而建设的低租金的租赁住宅。1952年开始实行的"公营住宅建设三年计划"共持续了5期、15年，为解决严重的住宅不足问题作出了巨大的贡献。到了1966年，作为它的后继政策开始实行"住宅建设5年计划"，在共8期的40年里，一直以提高居住水平为宗旨作出了不懈的努力，主要的成果指标是增加了人均居住面积。另外，20世纪70年代还由政府为主导，实施了多项大型的技术开发项目。

1973 年，在全国范围内达成了一家一户的目标。同年末，因第一次石油危机爆发，新建住宅动工户数锐减，住宅政策实行了"从量向质"的大转换。跨入 1980 年代，"两阶段供给方式"、"百年住宅建设系统（CHS）"等新的住宅生产和供应方式开始运用到建设中，它们成为 1990 年代以后的"SI 住宅"的基础。

从 1990 年代后期，住宅政策开始重视节能环保，提出了"环境共生住宅"、"资源循环型住宅"的理念，并进行了众多的试验性建设，一直持续到现在。

1.3.2　住宅建设的五年计划

1952 年制定的"公共住宅建设三年计划"共持续了 5 期、15 年，有效地解决了战后住宅不足的社会问题。日本经济从 1960 年代进入高速发展期，都市人口激增、家庭结构缩小、住宅市场需求旺盛。在此背景下，在 1966 年制定了《住宅建设计划法》，它的目的在于明确包括民间开发在内的全国住宅建设发展方向和长远目标。在此法律制度之下制定了"住宅建设五年计划"，具体提出每 5 年新建住宅的户数和改善居住质量的指标，把它作为国家和地方政府的基本建设方针（图 1-19）。到 2005 年为止，"住宅建设五年计划"共实行了 8 期、持续了 40 年（图 1-20）。

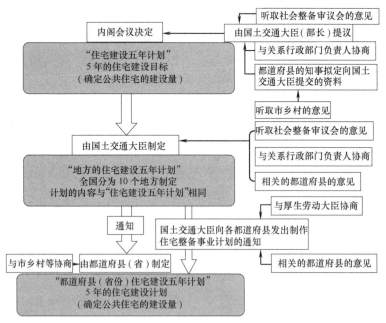

图 1-19　住宅建设五年计划体系

(参考资料：日本《国土交通省住宅局资料》)

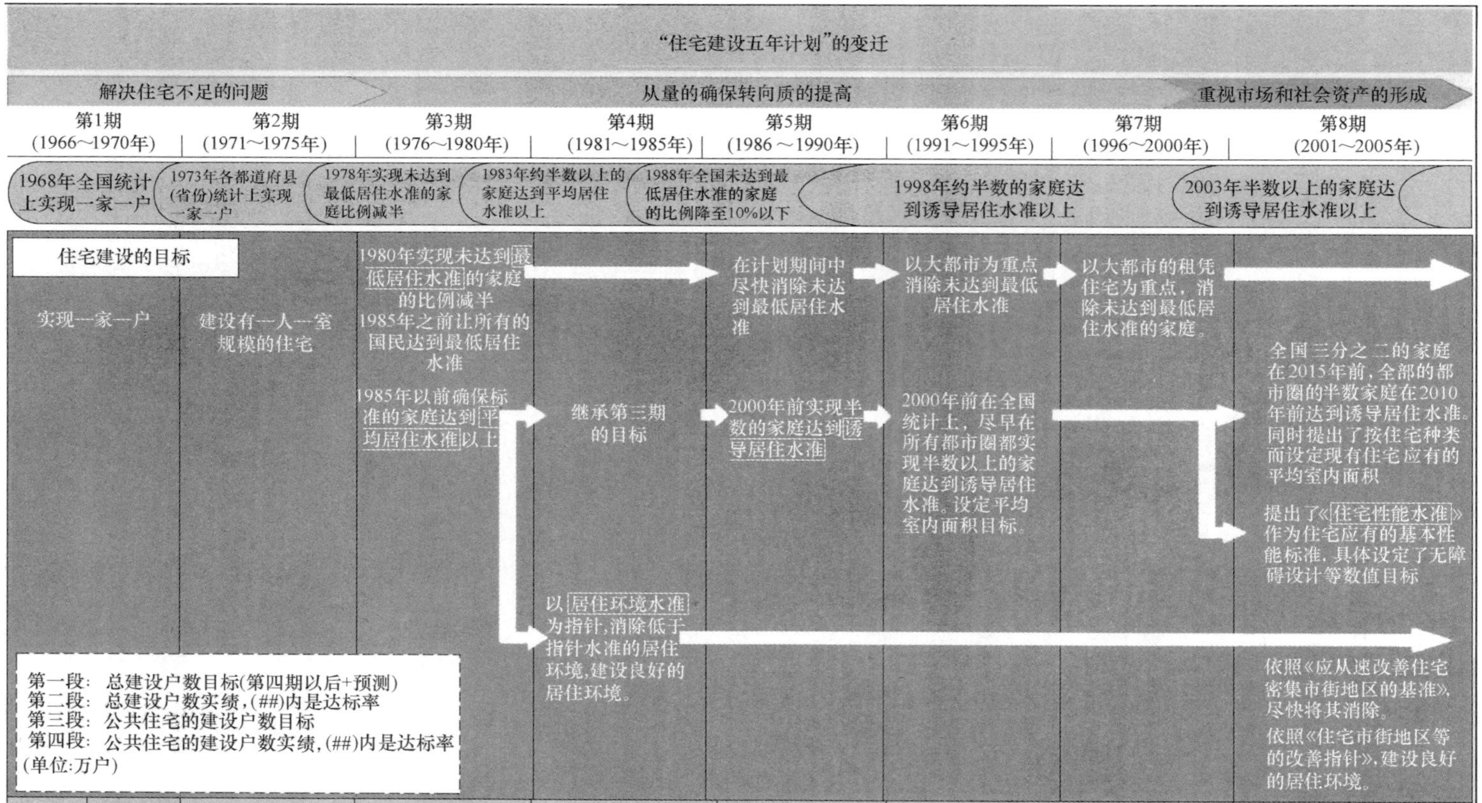

“住宅建设五年计划”的变迁
解决住宅不足的问题
从量的确保转向质的提高
重视市场和社会资产的形成
第1期 (1966~1970年)
第2期 (1971~1975年)
第3期 (1976~1980年)
第4期 (1981~1985年)
第5期 (1986～1990年)
第6期 (1991~1995年)
第7期 (1996~2000年)
第8期 (2001~2005年)
1968年全国统计上实现一家一户
1973年各都道府县(省份)统计上实现一家一户
1978年实现未达到最低居住水准的家庭比例减半
1983年约半数以上的家庭达到平均居住水准以上
1988年全国未达到最低居住水准的家庭的比例降至10%以下
1998年约半数的家庭达到诱导居住水准以上
2003年半数以上的家庭达到诱导居住水准以上
住宅建设的目标
实现一家一户
建设有一人一室规模的住宅
1980年实现未达到最低居住水准的家庭的比例减半
1985年之前让所有的国民达到最低居住水准
1985年以前确保标准的家庭达到平均居住水准以上
继承第三期的目标
在计划期间中尽快消除未达到最低居住水准
2000年前实现半数的家庭达到诱导居住水准
以大都市为重点消除未达到最低居住水准
2000年前在全国统计上，尽早在所有都市圈都实现半数以上的家庭达到诱导居住水准。设定平均室内面积目标。
以大都市的租凭住宅为重点，消除未达到最低居住水准的家庭。
全国三分之二的家庭在2015年前，全部的都市圈的半数家庭在2010年前达到诱导居住水准。同时提出了按住宅种类而设定现有住宅应有的平均室内面积
提出了《住宅性能水准》作为住宅应有的基本性能标准，具体设定了无障碍设计等数值目标
以居住环境水准为指针，消除低于指针水准的居住环境，建设良好的居住环境。
依照《应从速改善住宅密集市街地区的基准》，尽快将其消除。
依照《住宅市街地区等的改善指针》，建设良好的居住环境。
第一段：总建设户数目标(第四期以后+预测)
第二段：总建设户数实绩，(##)内是达标率
第三段：公共住宅的建设户数目标
第四段：公共住宅的建设户数实绩，(##)内是达标率
(单位:万户)

	第1期	第2期	第3期	第4期	第5期	第6期	第7期	第8期
总资产	670	957.6	860	770	670	730	730	640[增建、改建430]
	673.9(100.6%)	828(86.5%)	769.8(89.5%)	610.4(79.3%)	835.6(124.7%)	762.3(104.4%)	681.2(93.3%)	349.3(54.6%)到2004年为止
公共住宅	270	383.8	350	350	330	370	352.5	325 [增建、改建]
	256.5(95.0%)	310.8(81.0%)	364.9(104.2%)4	323.1(92.3%)4	313.8(95.1%)	401.7(108.6%)	348.7(98.9%)	99.6(30.6%)到2004年为止

图 1-20 住宅建设五年计划的变迁

(参考资料：日本《国土交通省住宅局资料》)

还有，同在1966年，建设省（现为国土交通省）颁布了"国土建设的长期构想"，作为建设省从1966～1985年的20年间，投资100兆日元建设包括道路、河川、住宅（20年间预计新建2700万户）在内的长期工作计划。

"住宅建设五年计划"虽然包括许多提高居住水平的具体方针和指标，而它的重点无可置疑是在"扩大住户面积"上。

第1期（1966～1970年）的目标为实现"一家一户"。第2期（1971～1975年）的目标是实现"一人一室的住宅规模"。第3、4期（1976～1985年），并设定了"最低居住面积水准"为四人家庭50m^2和"平均居住面积水准"为四人家庭86m^2的两个标准。1985年的目标是将未达到最低居住面积水准的家庭数减半，让过半数的家庭达到"平均居住面积水准"以上。第5、6、7期（1986～2000年），设定"诱导居住面积水准"取代了"平均居住面积水准"，四人家庭的都市住宅的诱导居住面积为91m^2，城市以外为123m^2。2000年的目标是消除未达到"最低居住面积水准"的家庭，让过半数的家庭达到"诱导居住面积水准"以上。

最后第8期（2001～2005年）的目标是，到2015年为止，让总家庭数的三分之二达到"诱导居住面积水准"的同时，还要求室内面积为100m^2（集合住宅为80m^2）的住宅占全部现有住宅的比例达到50%以上，室内面积为50m^2（集合住宅为40m^2）以上的住宅所占的比例达到80%以上。

"住宅建设五年计划"的执行结果、日本现有住宅的居住水准的达标率的变化如图1-21所示。

另外，从图1-22、图1-23可以看到，除美国以外，日本的平均住宅面积与其他的发达国家相比差距不大，但人均居住面积偏小，尤其租赁住宅的居住状况更是有很大的距离。

1.3.3 居住生活基本法

"住宅建设五年计划"的第8期在2005年结束了。这一年也是日本人口开始减少的一年。从现有住宅户数（约5400万户）已超过家庭数（约4700万户）的现状来看，到现在为止以新建户数为目标的住宅政策，必须向重视现有住宅的运用的方向转变。为此在2006年新建立了《居住生活基本法》，根据其基本精神制定了从2006年到2015年的"居住生活基本计划"。

第 1 章 住宅建设与政策的变迁

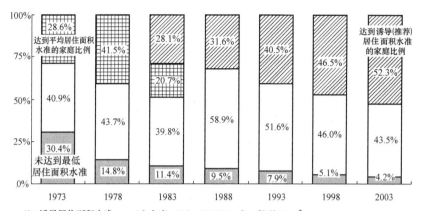

(注) 诱导居住面积水准——4人家庭,都市居住型 91m²,一般型 123m²
最低居住面积水准——4人家庭,50m²
平均居住面积水准——4人家庭,86m²(由第3期与第4期的"住宅建设五年计划"设定)

图 1-21 居住面积水准的目标实现率

(参考资料:日本《国土交通省住宅局资料》)

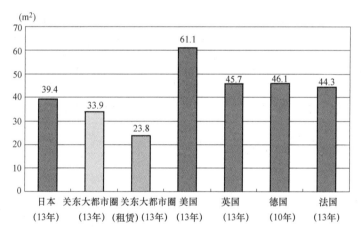

图 1-22 日本与欧美国家人均居住面积比较

(参考文献:日本《住宅经济数据集——2013 年度版资料》)

在"居住生活基本计划"里,首先设定了作为目标的"住宅性能水准"、"居住环境水准"、"居住面积水准"(图 1-24),然后制定了具体的成果目标和必须采取的政策。居住生活基本计划的成果目标如下:

(1) 形成可留给下一代的优良住宅社会资产:

1) 新抗震基准的合格率:75%→90%;
2) 集合住宅的共用部分的无障碍化设计率:10%→25%;
3) 具有节能措施的现有住宅比率:18%→40%;

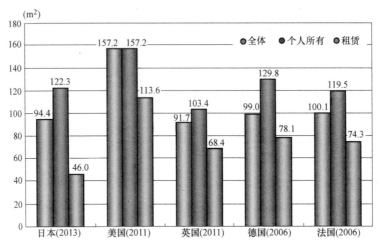

图 1-23 日本与欧美国家的平均住宅面积比较

（参考文献：日本《住宅经济数据集——2014年度版资料》）

关于居住生活基本计划的水准	
住宅性能水准	**居住环境水准**
形成满足住民需要和社会要求，具有良好的机能和性能的社会住宅财产的指南	按照各地方的实际情况确保良好的居住环境的指南
1. 基本功能 　(1) 户型的构成和设备水准等； 　(2) 集合住宅的共用设施。 2. 居住性能(满足居住者要求) 　(1) 抗震性等；(2) 防火性；(3) 防盗性；(4) 耐久性； 　(5) 维持管理的方便性；(6) 保温性能等； 　(7) 室内空气环境；(8) 采光等；(9) 隔声性； 　(10) 高龄人的方便性；(11) 其他。 3. 外部性能(满足社会要求) 　(1) 环境性能(节能、使用再生资源、消减拆除时的废弃物)； 　(2) 外观等(与周边的调和)	1. 安心与安全 　(1) 地震和火灾时安全性； 　(2) 自然灾害时的安全性； 　(3) 日常生活的安全性； 　(4) 防止环境障碍。 2. 美观与宽裕 　(1) 绿化； 　(2) 街道宽阔和美观。 3. 持续性 　(1) 地方和周边的持续性； 　(2) 减少环境负荷。 4. 日常生活的方便性 　(1) 高龄人、扶养小孩的家庭的方便性； 　(2) 无障碍物设计

居住面积水准		不同家庭人数的居住面积(例) (单位: m²)			
		单身	2人	3人	4人
最低居住面积水准	根据家庭人数而设定的，为确保健康的、正常的生活而必需的居住面积水准	25	30 (25)	40 (35)	50 (45)
诱导居住面积水准	根据家庭人数而设定的，以富裕的生活为前提，为满足多样的生活习惯而必要的居住面积水准	都市居住型： 设定为都市的集合住宅 40	55 (45)	75 (65)	95 (85)
		一般型： 设定为郊外和非都市的单户住宅 55	75 (62.5)	100 (87.5)	125 (112.5)

注：( )内是有1名学龄前儿童家庭的面积。

图 1-24 居住生活基本计划的三个水准

（参考资料：日本《国土交通省住宅局资料》）

4）旧房改造率：2.4%→5%；

5）建立了合理的修缮公积金制度的优良集合住宅的比率：20%→50%。

(2) 打造良好的居住环境：

1）重点密集市区的防火安全措施整备率：0%→100%；

2）地震时有危险的现有人工填地：1000 处→500 处。

(3) 建设多样化的住宅市场环境：

1）新建住宅的性能表示率：16%→50%；

2）既有住宅的市场投入率：13%→23%；

3）延长住宅可使用寿命：30 年→40 年；

4）有孩子家庭的住户推荐居住面积达成率：37%→50%。

(4) 确保有困难人群的居住问题：

1）早期消除未达到最低居住面积水准的比率（3 人：40m^2，4 人：50m^2）；

2）高龄人、残疾人的住宅无障碍化率为 29%→75%。

1.3.4 今后的政策课题

2007 年，出任首相前的福田康夫先生任住宅土地调查会会长，成立了以"减轻环境负荷、减少住宅支出、建设高质量住宅"为战略目标的"200 年住宅"委员会。数月之后，福田康夫出任首相，"200 年住宅"便成了一项重要国策。

国土交通省在 2008 年，以"200 年住宅"的战略目标为前提，制定了"住宅档案"制度。就是把住宅建设时的设计图、定期检查记录、震灾发生时的受灾状况等信息，存入数据库进行管理。对购买备有满足要求条件的住宅档案的住宅，则给予购房者减少缴纳一定程度的固定资产税、财产登记税、房地产取得税的优惠。

今后的政策课题是如何让住宅所有者，从以沉重的融资偿还买来的短命住宅费用的重压中解脱出来。上述的政策可以说是朝这个方向迈出的重要的一步。

1.4 公共住宅制度的变迁

1.4.1 公共住宅制度的构成

如 1.3 中所述，日本的公共住宅制度在二战后不久便以"公库"、"公营"、"公团"

这三大支柱为中心开展起来，而后"公社"也加入其中。近年，还采用了对民间开发者等的补助的形式，"特优贷"（特定优良租赁住宅）及"高优贷"（适合高龄人的优良租赁住宅）也成为公共住宅制度的组成部分。表1-2是各种公共住宅制度的详细内容一览。

各种公共住宅制度的详细内容一览　　　　　表1-2

简称	公库	公营住宅	公团住宅（UR住宅）	公社住宅	特优贷
开始实施年份	1950	1951	1955	1965	1993
运营主体（成立时）	住宅金融公库	地方公共团体	日本住宅公团	地方住宅供给公社	地方公共团体，地方住宅供给公社民间事业者
运营主体（现在）	住宅金融支援机构(2005~)	地方公共团体	住宅、都市整备公团(1981~1999年)都市基盘整备公团(1999~2004)都市再生机构(2004~)	共57个公社：47个都道府县及10个城市（千叶、川崎、横滨、名古屋、京都、大阪、堺、神户、北九州及福冈）。但是，青森县、岩手县、福岛县及富山县于2009年3月底解散	地方公共团体，地方住宅供给公社民间事业者
法律依据	《独立行政法人住宅金融支援机构法》(2005年)	《公营住宅法》(1951年)	《独立行政法人都市再生机构法》(2003年)	《地方住宅供给公社法》(1965年)	《促进特定优良租赁住宅供给的法律》(1993年)
主要目的	向建造或购买住宅的个人提供长期、固定、低息的住宅金融贷款。成立初期为政策性金融机构，2005年后由独立行政法人接管	由地方公共团体直接建设和管理，向低收入者提供廉价租赁住宅	在大城市圈及周边范围内，大规模提供拥有良好居住环境的住宅和住宅用地，对市街地进行开发。它可超越地域的界限开展范围广泛的事业	向有一定以上收入的劳动者提供符合各地域住宅条件的良好住宅和住宅用地。公社由地方公共团体设立，并由其提供资金和运营住宅建设与销售业务	对民间土地所有者所建设的优良租赁住宅进行补助，并且进行征借，作为公共租赁住宅提供给中产阶层群体（也有通过提供房租补助的形式）
主要资金	到2000年为止是财政投资及融资（退休公积金、邮政存款、简易保险等）。2001年转为独立行政法人后，以财投机关债、政府保证债、财投债等形式向社会筹措资金	用税款来进行住宅建设，维修管理费等的不足部分也用税款进行填补	对借款、债权及事业收入等进行独立核算，但也有一部分税款补助。2004年转为独立行政法人后，主要为租赁住宅的房租收入和城区开发所获得的出售土地收益	公积金及从公库获得的融资	国债、地方债

续表

简称	公库	公营住宅	公团住宅（UR住宅）	公社住宅	特优贷
分售住宅 租赁住宅	—	租赁住宅	租赁住宅和租赁用的特定销售住宅（建成以后整体转让的租赁住宅）。分售住宅（1999年以后停止）	租赁住宅 分售住宅	租赁住宅
对象阶层	没有收入限制	收入水平处于25%以内(家庭收入水平处于倒数25%以内)。但对于高龄者,收入水平处于25%~40%范围的可酌情处理	没有收入限制	没有收入限制	收入水平处于25~50%以内。但是,处于0~80%范围内的情况则可由都道府县的知事进行酌情处理
供给实绩	贷款总数1909万户 贷款实绩180兆日元（统计截止于2003年3月）	总数218万户（统计截止于2002年3月）	总数151.8万户。其中租赁住宅84.4万户,租赁用的特定销售住宅39.2万户,分售住宅28.1万户(统计截止于2004年6月)	总数74.1万户。其中租赁住宅17.5万户,分售住宅56.6万户（统计截止于2007年3月）	总数15.9万户（统计截止于2005年3月）
房租设定（只限租赁）	与邻近同类的房租保持一致	①房租估算基本额(根据收入设定)×位置系数×新旧系数×便利性系数 ②以邻近同类的房租为上限	与邻近同类的房租保持一致	与邻近同类的房租保持一致	与邻近同类的房租保持一致。房租补助额每年少5%（20年后将无补助）
其他事业	直接贷款（2005以后原则上禁止),住宅证券化支援事业等		出售住宅用地,城区再开发,都市再生的协调化业务等	出售住宅用地,城区再开发,公营住宅的代行管理等	—
今后的方向	实现彻底的事业转换,以提高业务运营效率为前提,尽早偿还财政贷款资金（免除补偿金）,缩减补助金,补助金的投入将于2012年3月前结束	现有管理住宅老化和入住者的高龄化等正在加剧,住宅的改良事业需要进一步加强,但是由于地方自治体的财政困难,进展并不顺利	现有租赁住宅的整理顺利进行。为了确保入住者的居住安定,首先努力抑制住宅重建或改良给低收入者带来的房租负担的增加,还在住宅区内引进福利设施。因此,向福利设施提供用地等的人口高龄化对策正在展开	根据《地方住宅供给公社法》的部分修正规定（2005年),设立团体可以自主解散。现今不少公社已处于超负债的状况,预计今后将进行缩小业务或解散	采用房租补助的情况下,补助额降低房租每年上升5%,因此不少入住者在住宅新建几年后便搬出,向土地和房产所有者保证房租的自治体等的风险也非常大,1997年达到最大以后供给户数急剧减少,现有的住宅也开始谋求向高优贷等的转换

1.4.2 公共住宅制度的成果

图 1-25 是住宅金融支援机构（原住宅金融公库）及民间机构的住宅贷款的新贷款额/贷款余额的变迁。长期以来，住宅贷款总余额的三分之一左右是由住宅金融公库贷出的，也就是说这一部分的资金由国家负责。但现在已逐步取消了用国家费用向住宅贷款的政策，住宅贷款完全成为民间金融机构的业务。

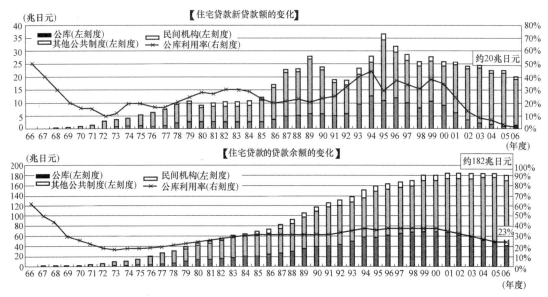

图 1-25　住宅金融支援机构（原住宅金融公库）及民间机构的住宅贷款的新贷款额/贷款余额的变迁

（参考资料：日本《行政减量、效率化学者会议第 34 次会议资料》）

图 1-26 是都市再生机构（原都市基盘整备公团，其前身是日本住宅整备公团）的住宅建设户数的变化。近年新建住宅的户数已明显减少。

图 1-27 是都市再生机构按户型区分的住宅供给户数和构成（累计至 2004 年 6 月底，户型的记号和详细请参见第 5 章）。由图可见，租赁住宅以小户型为主，分售住宅则大部分是大户型。

图 1-28 是都市再生机构管理下的不同时代所建的租赁住宅（旧称公团住宅）的构成。最近，对许多例如 1950 年代建的旧的住宅进行改建，重新投入使用。图 1-29 是不同年代所建的租赁住宅的特征。早期以地处郊外的、面积窄小的住宅为主。近年住宅建设的方针转为提高居住水平和促进回归市区，选址大多在市内，住户面积也有了增

第 1 章 住宅建设与政策的变迁

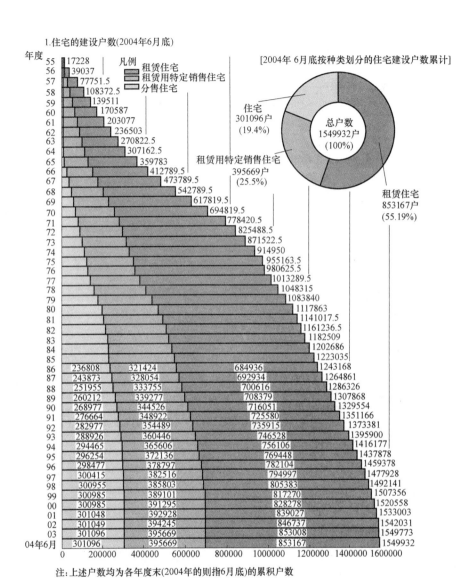

图 1-26 都市再生机构（原都市基盘整备公团）的住宅建设户数的变迁

（参考资料：日本《都市基盘整备公团 2004 年度结算资料》）

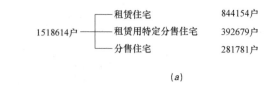
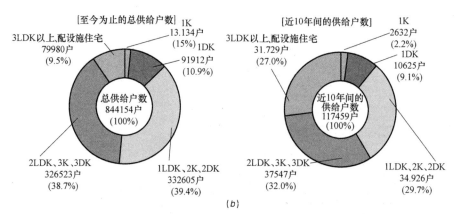
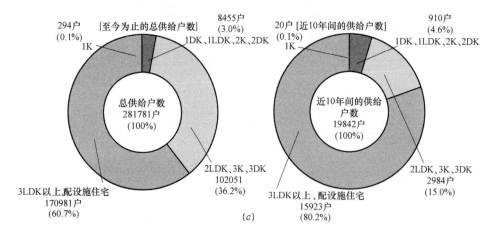

图 1-27 都市再生机构（原都市基盘整备公团）按户型区分的住宅供给户数和构成
（a）住宅的供给户数（种类明细）；（b）各种形式的租赁住宅明细；（c）各种形式的分售住宅明细
（参考资料：日本《都市基盘整备公团 2004 年度结算资料》）
注：K=厨房，L=客厅，D=饭厅

第1章 住宅建设与政策的变迁

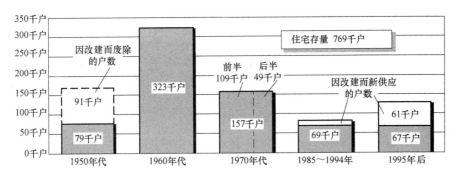

图 1-28　都市再生机构管理下的不同时代所建的租赁住宅户数

（参考资料：日本总务省《官民竞争投标监理委员会 2007 年 9 月 21 委员会资料》）

	住宅总存量	1950年	1960年	1980年	1985～1994年	1995年后
管理户数	768608户	78606户	323247户	157273户	81357户	128125户
住宅区	1806住宅区	212住宅区	384住宅区	347住宅区	426住宅区	437住宅区
住宅区规模	426户/住宅区	390户/住宅区	875户/住宅区（团地规模大大量供应）	437户/住宅区	199户/住宅区	260户/住宅区
选址			向郊外延伸		回归市区	
住宅面积	54.0m²/户	39.4m²/户	45.5m²/户	52.7m²/户（前半）65.8m²/户 56.8m²/户（后半）	70.6m²/户	70.2m²/户
			住宅面积窄狭小（低设备水准）		改善住宅面积	
房租	68200日元	43300日元	49700日元	64600日元	97800日元	115900日元
住宅供给背景		解决住宅不足的问题	解决人口密度大，城市住宅不足的问题	提高居住水准		促进回归市区

图 1-29　都市再生机构的不同年代所建的租赁住宅的特征

（参考资料：日本总务省《官民竞争投标监理委员会 2007 年 9 月 21 委员会资料》）

大。图 1-30 是对都市再生机构管理下的租赁住宅（旧称公团住宅）的居住者的平均年龄和收入所作的统计分析。早期的公团住宅的居住者多为比社会平均年轻的中年层，他们的平均收入水平也与社会平均水平相近，而最近趋于高龄化，相对收入水平也降低，不难看出公团住宅逐渐向高龄人福利性发展的倾向。

图 1-31 是地方住宅供给公社住宅建设的变迁。近年，原来以分售住宅为主的公社已基本上从这一领域撤出，转向了专业经营和管理租赁住宅。如表 1-2 的最后所述，公社的规模在不断地缩小，部分地方甚至已决定解散。

图 1-32 是特定优良租赁住宅供给促进事业制度的补助结构。它分为建设费补助与房租补助两种方式。建设费补助的对象只限于建筑物而不包括用地费，申请补助的可以是民间开发者（大多为土地所有者），也可以是公社和其他的公共团体，但申请者不

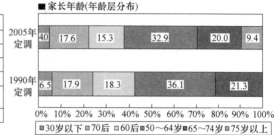

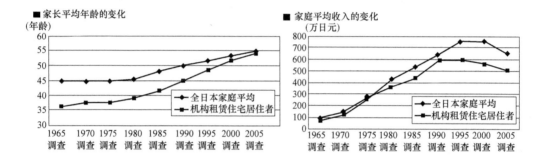

图 1-30　都市再生机构的租赁住宅居住者的特征

（参考资料：日本总务省《官民竞争投标监理委员会 2007 年 9 月 21 日委员会资料》）

同，所获得的补助金不同，补助金的出处也不同。房租对策补助原则上由国家财政和地方财政折半负担。图 1-33 是它的供给状况，1997 年达到最高以后，现在逐年减少。

从图 1-34 里可以看到，到 2005 年为止，现有公共租赁住宅为 340 万户，占社会总量的约 20%。公共租赁住宅中以福利性的公营住宅最多，其次是都市再生机构的以前的所谓公团住宅。而这些公共租赁住宅的 43% 是建后经过 30 年的旧房，今后如何对旧房进行改造、将其重新加以有效利用是重要的课题。

二战后，住宅政策把解决住房不足问题放在首位，以通过住宅金融公库（现在的住宅金融支援机构）的融资、公共分售住宅等购房政策为中心，同时供应公营、公团的租赁住宅。虽然已经从数量上解决了住宅问题，但由于住宅市场从流通型向存积型的转变，家庭的构成也因少子女、高龄化和晚婚化的加剧带来了很大的变化，住宅问题的本质也发生了改变。

现在，日本民间租赁住宅的质量仍处在低水平，今后的公共住宅的主要任务是租

第1章 住宅建设与政策的变迁

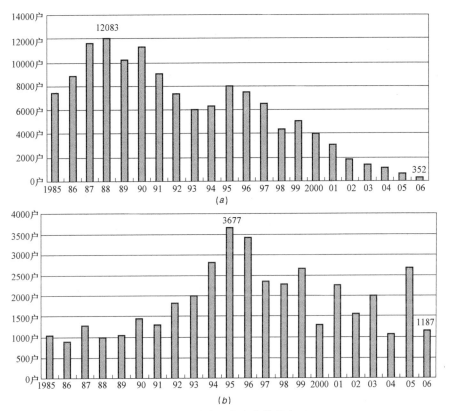

图 1-31 公社建设住宅户数的变迁

(a) 近年公社建设分售住宅的变化;(b) 近年公社建设租赁住宅的变化(由公社建设归公社所有的租赁住宅)
(资料出处:日本国土交通省(住宅局)《地方住宅供给公社的概要与最近的状况》2008年9月)

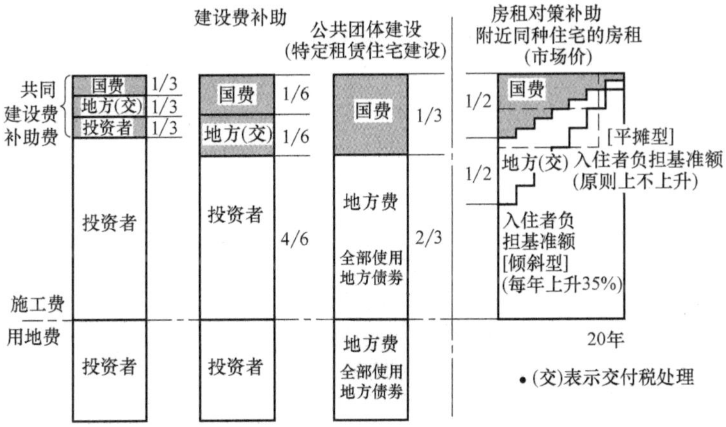

图 1-32 特定优良租赁住宅补助的构成

(参考资料:日本国土交通省《特定优良租赁住宅供给促进事业制度HP》)

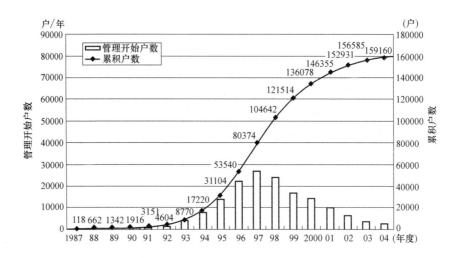

图 1-33 特定优良租赁住宅的供给状况

注：户数除包括法定的特定优良租赁住宅和特定公共租赁住宅以外，还包括作为预算制度实施的准特定优良租赁住宅和地区特别租赁住宅，1987～1992年期间为地区特别租赁住宅。

出处：国土交通省资料（截至2004年末）

（资料：日本国土交通省审议会资料《关于公共租赁住宅的现状和课题（2006年6月29日）》）

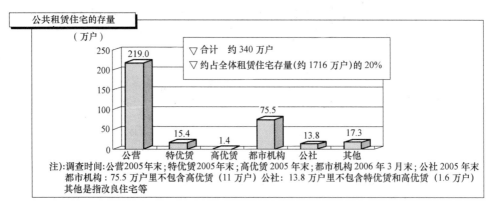

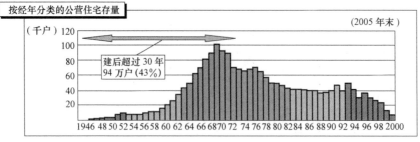

图 1-34 现有公共租赁住宅户数及经年分类

（参考资料：日本国土交通省审议会资料《公共租赁住宅的现状和课题（2005年4月18日）》）

赁住宅的供给,"积极地利用现有住宅为基础,同时灵活地运用特定优良租赁住宅、适合高龄人居住的优良租赁住宅等各种租赁住宅制度,整备高龄人、残疾人可安心居住的民间租赁住宅市场,提高租赁住宅的整体质量,建立起公共与民间相结合的综合的、柔软的租赁住宅体系"(日本社会资本整备审议会住宅宅地分科会《关于今后的公共租赁住宅制度的建议》2006年8月)。

第 2 章 住宅相关的法律与制度

- 2.1 日本的法律制度
- 2.2 建筑的相关法律
- 2.3 《建筑基准法》
- 2.4 《确保住宅品质促进法》(《品确法》)
- 2.5 其他相关法令
- 2.6 规格与规范

2.1 日本的法律制度

图 2-1 表示的是日本的法律制度和立法手续。

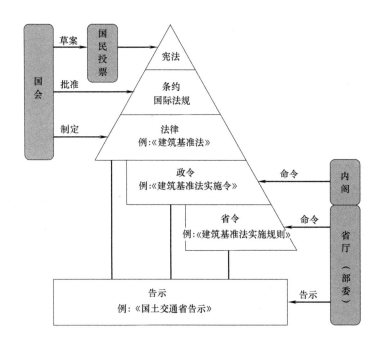

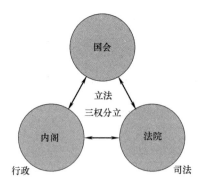

图 2-1 日本的法律制度

日本的最高法律是宪法。违反其规定的法律、命令等均属无效。

日本国会为日本的唯一立法机关，均由代表全体国民的议员组成，共同制定各项法律制度。

所谓的"命令",就是为了实施法律规定而基于法律委任所制定的规定。命令又分为两种,一种是由内阁(中央政府)制定的政令,另一种是由各省大臣(各部委的部长)制定的省令。

另外,在法律上,若只是大臣(部长)所制定的基准,通常是以"告示"的形式公布于众。

政令、省令及告示等均位于法律之下,若违反其规定的均属无效。

以下将要说明的《建筑基准法》、《品确法》(即"确保住宅品质促进法")及《节能法》等均属法律领域。以《建筑基准法》为例,在此基础上所制定的政令有《建筑基准法实施令》,省令有《建筑基准法实施规则》等。而在这些命令的基础上再制定的告示有《国土交通省告示》(2000年以前为建设省告示)等。

地方公共团体(都、道、府、县、市、町、村等的地方政府)均可在法律的范围内制定条例。条例由地方公共团体的议会通过表决产生。

条例及规则除本地方公共团体(地方政府)之外,不适用于其他地方公共团体(地方政府)。

以东京都为例,制定的条例有《东京都建筑安全条例》(条例)、《东京都建筑基准法实施细则》(规则)等。

法律和命令等只是政治与行政上的制约,没有实际操作的实用性。技术层面则需要以规范与规格等进行控制,它们由社会公益团体制定,在不与法律发生冲突的前提下,原则上不受政治的影响。但为了提高效力,在制定过程中往往邀请政府官员作顾问,甚至让政府进行"监督制定",由此可见并不完全是独立的。规范在日本被称为"规准"或"指针",由于多是固有名称,也为了读者今后对书名或规范名的查找方便,以下不作更改。

2.2　建筑的相关法律

建筑的相关法律的基础是《建筑基准法》,而在实际的建筑设计上,也必须符合众多的建筑相关法律规定。相关法律如表2-1所示。其中已经省去了与住宅无关的其他用途建筑的相关法律,不然更为庞大。它的排列是参照了某建筑相关法令集的顺序,具体反映了与建筑的关系的密切程度。

建筑的相关法律一览 表 2-1

法 律 名 称	公布(年)
《建筑基准法》	1950
《关于为使高龄人、残疾人等生活无障碍的法律》(简称《无障碍法》)	2006
《建筑物抗震改造促进法》	1995
《密集地区的防灾街区整备促进法》	1997
《受灾市街区复兴特别措施法》	1995
《建筑士法》	1950
《建设业法》	1949
《宅地建筑物交易业法》	1952
《劳动安全卫生法》	1972
《都市规划法》	1968
《都市再开发法》	1969
《都市再生特别措施法》	2003
《都市绿化法》	1973
《景观法》	2004
《土地区划整理法》	1954
《村落地区整备法》	1987
《国土利用规划法》	1974
《关于整备干线道路沿路的法律》	1980
《室外广告法》	1949
《都市公园法》	1956
《消防法》	1948
《自来水法》	1957
《下水道法》	1958
《净化槽法》	1983
《关于废弃物的处理及清扫的法律》	1970
《关于确保建筑物中卫生环境的法律》	1970
《机场周边航空噪声对策特别措施法》	1978
《能源使用合理化法律》(简称《节能法》)	1979
《建筑工程相关材料再资源化法律》(简称《建设再利用法》)	2000
《确保住宅品质促进法》(简称《品确法》)	1999
《促进长期优良住宅普及的法律》	2008
《有关为保全特定紧急灾害受害者的权利与利益而采取特别措施的法律》	1997
《有关防止倾斜地震灾害发生的法律》	1969
《住宅地建造规制法》	1961
《关于推进砂土灾害警戒区等的砂土灾害防止对策的法律》	2000
《特定都市河川浸水受灾对策法》	2003
《道路法》	1952
《停车场法》	1957
《有关促进自行车的安全使用及综合推进自行车等的停车对策的法律》	1980
《居住生活基本法》	2006

续表

法 律 名 称	公布（年）
《关于确保特定住宅缺陷担保责任的履行等的法律》	2007
《租地租房法》	1991
《建筑物区分所有权法律》（简称《区分所有权法》）	1962
《关于推进集合住宅管理合理化的法律》	2000
《关于便捷实现集合住宅重建的法律》	2002
《民法》	1896

2.3 《建筑基准法》

2.3.1 《建筑基准法》的立法目的及构成

日本的建筑法规，包括从相关法令到条例、规则等是一个庞大的法律体系，而其根基的法律就是《建筑基准法》。

《建筑基准法》中的第一条规定了其立法目的。

"第一条 本法律是对建筑物的用地、结构、设备以及用途等制定的最低标准，以保护国民的生命、健康以及财产安全，同时有助于增进公共福利发展为目的。"

《建筑基准法》是对建筑行为进行规制的法律，"保护国民的生命、健康以及财产安全"是其根本目的，从而在此目的的基础上制定了建筑物的最低标准。因此，并非只要遵守《建筑基准法》的技术标准要求就一定没有问题，这经常被误解。

《建筑基准法》分为两个部分，其一为有关目的、术语、手续及罚则的综合规定，另一为规定建筑物的结构、用途及规模等的实体规定。实体规定又分为单体规定和集团规定。

《建筑基准法》的目录如下：

第1章 总则

第2章 建筑物的用地、结构以及建筑设备

第3章 都市规划区域的建筑物的用地、结构、建筑设备及用途

  第1节 总则

  第2节 建筑物或其用地与道路或墙面线之间的关系

  第3节 建筑物的用途

第4节　建筑物的用地及结构

　第4节之2　都市再生特别地区

　第5节　防火地域

　第5节之2　特定防灾街区整备地区

　第6节　景观地区

　第7节　地区规划等的区域

　第8节　都市规划区域及准都市规划区域以外的区域内建筑物的用地及结构

第3章之2　型式适合认定等

第4章　建筑协定

第4章之2　指定资格审定机构等

　第1节　指定资格审定机构

　第2节　指定确认检查机构

　第3节　指定结构计算适合性判定机构

　第4节　指定认定机构等

　第5节　指定性能评价机构等

第4章之3　建筑基准适合判定资格者的登记

第5章　建筑审查会

第6章　杂则

第7章　罚则

附表

表2-2是《建筑基准法》的主要内容。

《建筑基准法》内容概要　　　　表2-2

实体规定	单体规定	(1)建筑物的用地、结构以及建筑设备 (2)附表第1条	结构强度规定	(1)结构方法规定(标准规定) (2)结构计算基准等
			防火避难规定	(1)房顶不燃化区域的防火措施 (2)特殊建筑物的耐火标准 (3)防火墙、防火区划分 (4)内部装修标准 (5)避难设施(走廊、避难楼梯、出入口)双方向避难 (6)排烟设备 (7)安全通道等
			卫生、安全等规定	(1)居室的采光 (2)居室等的通风换气 (3)集合住宅分户墙的隔声 (4)有害物质的应对措施 (5)楼梯的尺寸等

续表

实体规定	单体规定	(1)建筑物的用地、结构以及建筑设备 (2)附表第1条		(1)居室顶棚的高度 (2)地下室的防潮处理 (3)厕所、粪便净化槽等
	集团规定	(1)都市规划区域的建筑物的用地、结构、建筑设备及用途 (2)附表第2、第3、第4条	道路与建筑	接道规定
			都市规划区与用途地域	(1)都市规划区域、准都市规划区域 (2)市街化区域、市街化调整区域、待划分区域 (3)12种用途地域
			密度标准	(1)建筑密度 (2)容积率 (3)外墙后退距离
			高度、形态规定	(1)绝对高度标准 (2)后退斜线限制(道路斜线、邻地斜线、北侧斜线) (3)日照标准
			城建相关规定	(1)综合设计制度 (2)按照都市规划进行地区指定
			防火地域的规定	(1)防火地域内的建筑物、建造物 (2)准防火地域内的建筑物、建造物
制度规定	(1)总则 (2)型式适合认定等 (3)建筑协定 (4)指定资格检查机构等 (5)建筑基准适合判定资格者的登记 (6)建筑审查会 (7)杂则 (8)罚则			"建筑协定"、"住宅区整体认定制度"等,实质上被视为集团规定

该法中第2章和第3章为实体规定。

该法中第2章的规定通常被称为单体规定,是为保障各建筑物的安全及卫生而制定的,原则上适用于全国。

该法中第3章的规定通常被称为集团规定或都市规划规定,规定了建筑物以集团的形式存在时的要求等。与《都市规划法》相关,只在都市规划区及准都市规划区域之内适用。

2.3.2 建筑基准法规的变迁

在对建筑物的规定尤其在市区防火对策上,虽然近代以前也曾制定过一些规定,

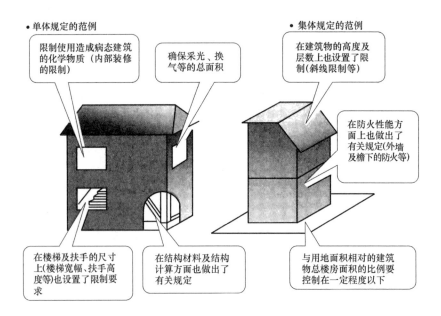

图 2-2 各种规定的范例

但在明治维新（1868 年）后的现代化过程中，日本逐渐引入外国的条例，也开始制定了一些条例和规定等。

随着建筑法规制定活动日益高涨，第一次以法律的形式确定下来的是《市街地建筑物法》。

《市街地建筑物法》于 1919 年公布，1920 年起施行，首先适用于东京、京都、大阪、横滨和神户这五大城市。此外，《都市规划法》也同时公布并施行起来。

现在，《建筑基准法》中随处可见的主要术语、概念等早在《市街地建筑物法》（及其施行令）出现过并一直沿用至今。此外，用途地域、防火地区、高度标准、道路斜线标准、建筑密度等均有规定，而关于高度及斜线斜率的标准参数等，一部分的内容一直沿用到现行的《建筑基准法》当中。

1948 年日本建设省（现国土交通省）成立，1950 年《建筑基准法》（同时还有《建筑士法》）公布并付诸实施。

采用由建筑主管"确认"的制度，将全国适用的单体规定和涉及《都市规划法》的集团规定明确地划分开来，是《建筑基准法》的特点。

《建筑基准法》是一部连细小的技术基准都包含在内的法律，而确保其合法性的制度就是"确认"制度。"确认"与"认可"和"许可"不同，对于合法的东西不能拒绝。

《建筑基准法》施行后，由于城市的急速发展、建筑结构材料的进步、建筑物的巨型化等各种原因，经常要进行修改，内容也变得非常复杂，但其基本结构仍与当初一样。从《市街地建筑物法》到《建筑基准法》的施行，至今为止法律的主要变迁如表2-3所示（年份代表施行年份）。

建筑基准法规的变迁（摘要） 表2-3

市街地建筑物法的规定（1920~1950年）	住宅地域、商业地域、工业地域等三种用途
	建筑线（建筑物不许突出于道路与用地之间的分界线）的指定、建筑物与建筑线相接的义务
	美观地区的指定
	防火地区的指定
	法规指定适用区域
	用途地域内的用途限制
	住宅地域内的建筑高度为65尺以下，其他区内的建筑高度为100尺以下
	木结构住宅：高度50尺以下，檐高35尺以下
	木架砖住宅：高度36尺以下，檐高26尺以下
	道路斜线的斜率：住宅地域内为1.25，其他的为1.5
	根据道路宽度限制绝对高度
	与两条以上的道路毗连时的适用道路斜线
	建筑密度的标准：住宅地域0.6、商业地域0.8、工业地域0.7
1950年建筑基准法施行	单体规定的全国适用
	采用由建筑主管执行的"确认"制度
	采用建筑审查会、建筑协定等制度
	都市规划道路内的建筑许可
	将用途地域增加到4种（准工业地域）
	特别用途地区制度（特别工业地区、文教地区等）
	指定将空地地区划进住宅地域内
	根据道路宽度限制绝对高度
	加强防火地域、准防火地域等的防火规定
	按照综合设计的住宅区
	电气、电梯、消防设备的规定
1957年	在政令中再补充道路内可建的建筑的规定
	商业地域内的建筑密度：7/10→8/10
	追加临时店铺

续表

1959年	升降机规定的整备
	防止工地现场危害
	为耐火建筑物、简易耐火建筑物下定义，全面更改对象建筑物
	引入定期报告制度
	扩大避难设施的适用范围
	新设内部装修标准
	加强接道条件
	加强水泥预制板结构的补充规定
	大幅修正结构强度的规定
1961年	新设特定街区
	新设内部装修标准
	在建筑协定的协定事项中增加用途
1964年	新设容积地区制度，废除地区内绝对高度标准
	关于高层建筑物的防火、避难规定的整备
1969年	将都市规划道路内的规制转移到都市规划法
	防火区划中的竖穴区划、空隙填充等
	双方向避难楼梯的设置
	地下层中避难楼梯、特别避难楼梯的设置
	地下室的基准
	加强内部装修标准
1971年	人口25万人以上的城市设置建筑主管的义务
	对违规建筑物设计师等的处分
	长屋、集合住宅界墙的隔声
	废除绝对高度标准，走向容积制
	新设邻地斜线、北侧斜线
	新设综合设计制度
	加强防火区划、内部装修标准等
	新建排烟设备、紧急照明装置、紧急通道、紧急电梯等
1975年	加强工业专用地域内的建筑密度
	特定建筑物的用途规定
1977年	扩大需要"确认"建筑物的范围
	新设日照规定
	加强受道路宽度制约的容积率(住宅地域:0.6→0.4)
	放宽第一种住宅专用地域内的绝对高度标准(可放宽到12m以内)
	跨地域、跨地区时的合理化措施

第 2 章　住宅相关的法律与制度

续表

年份	内容
1981 年	全面修改结构计算基准，新抗震基准的实施
	燃气泄漏对策的整备
1984 年	免除建筑主管的确认、检查的要求
	为新设的木结构住宅建筑士进行的调整
	放宽消防长等的同意制度的部分规定
1987 年	修订使用集成材的木结构建筑物的规定
	放宽木结构建筑物结构的高度标准
	放宽以离特定道路距离的长短对容积率进行的限制
	大幅放宽以退后距离的长短确定道路斜线、邻地斜线的适用范围
1988 年	放宽再开发区规划区域内的限制
1990 年	修改住宅地高度利用区规划制度
1993 年	出台许可条件与违规措施
	在建筑物定义中补充"类似建筑"
	准耐火结构的新设、从简易耐火建筑物向准耐火建筑物的转换
	放宽对文化遗产的规定
	允许建 3 层木结构集合住宅等
	用途地域种类的详细划分从 8 种增加到 12 种
	商业地域的容积率规定的补充（补充 200%、300%）
	推荐容积制
1994 年	放宽住宅地下层部分的容积限制
1997 年	放宽集合住宅的公共走廊等的容积限制
1998 年	住宅居室的日照享有义务的废除
1999 年	新设建筑基准适合判定资格者、民间确认及检查机构
2000 年	中间检查制度
	将完成检查由报告变为申请
	确认对象法令的明确化
	允许在准防火地域内建 3 层木结构的住宅、集合住宅及宿舍等建筑物
	将防火规定、结构规定等转化为性能规定
	放宽需采光居室的范围及推出采光有效的门窗面积的估算方法
	解除对地下层作居室的限制
	修订升降机规定
	引入限界耐力计算
	型式适合认定制度的整备

续表

2001年	集团规定开始在准都市规划区域内适用
	用途地域中无指定区域内的容积率、建筑密度、日照标准等
	特别用途划定地域
	特例容积率适用地域
2003年	补充建筑密度、容积率规定,放宽道路宽度的容积率
	放宽日照标准
	出台不健康建筑(sick house)的规定(建筑材料的标准与机器换气设备的设置)
2006年	全面禁止使用石棉
2007年	引入由都道府县知事实施的结构计算适合性判定
	变更结构基准
	三层以上集合住宅的中间检查义务化
	出台《加强对违反有关结构性能规定的设计者的惩罚条例》

注:表中1尺=1/3.3米。

2.4 《确保住宅品质促进法》(《品确法》)

2.4.1 立法目的与要点

《确保住宅品质促进法》于1999年公布,2000年施行。一般简称为《品确法》。《品确法》的立法目的,在其第一条中如下叙述:

(1) 促进确保住宅的质量;

(2) 保护住宅购买者的利益;

(3) 迅速并且合理地解决有关住宅的纠纷。

以此来提高国民生活水平,以及有助于国民经济的健全发展等是《品确法》的主要目的所在。

为了实现这一目的,具体制定了以下的法律制度。在这些制度中既有强制性的规定,也有自愿选择的规定。

表2-4为《品确法》的制度与性质。

2.4.2 住宅性能表示制度

(1) 住宅性能的评定与表示的共同规则

《品确法》的制度与性质　　　　　　　　　　　　　　　表 2-4

《品确法》的制度		制度的性质
1. 住宅性能表示制度	(1) 日本住宅性能表示标准的适用	自愿（选择制）
	(2) 向注册的住宅性能评定机构提出申请	自愿（选择制）
	(3) 视为合同的规定	（在合同上有所规定时）适用于所有新建住宅
2. 住宅纠纷的处理体制	指定住宅纠纷处理期间的申请	自愿（选择制）
3. 缺陷担保责任的特例	(1) 10 年缺陷担保期的义务化	适用于所有新建住宅
	(2) 20 年缺陷担保期的长期特例	自愿（选择制）

如同消费者可对住宅性能做相互比较一样，为了对住宅性能进行合理的评定，需要制定共同的规则。

(2) 住宅性能表示制度的对象

住宅性能表示制度是一种自愿性的制度，是根据申请者的自由选择而决定使用的。对于申请者的要求也没有特别的规定，住宅的施工人员、销售者、设计者、住宅开发者、购房者都可以自愿申请，但是需要收取一定的费用。

2000 年制度刚开始施行时，只将新建住宅作为对象，但是从 2002 年开始，现有住宅也被列入了对象范围。

(3) 由第三者机构实行评定

住宅性能的评定由经过公平性、中立性的审查的，已注册的"住宅性能评定机关"（2008 年/共 113 家机关）进行评定，最后发行《住宅性能评价书》作为评定的结果。

对于新建住宅，住宅性能评定分为两个阶段进行：一是对设计图纸的评定阶段（图纸的审查）；二是对建设的评定阶段（现场检查）。

(4) 合同中《住宅性能评价书》的法律地位

如果住宅供应商在承包合同或买卖合同的文件上附上《住宅性能评价书》或其副本，在法律上被视为已保证其进行的住宅施工工程拥有《住宅性能评价书》中所认定的性能（或其销售的住宅拥有《住宅性能评价书》中所认定的性能）。住宅性能表示制度本身虽然为自愿性的制度，但是此类合同却赋有强制力，成为瑕疵担保责任（可参考 2.5.4）的对象。

(5) 性能表示事项

关于住宅的性能，《住宅性能表示制度》规定了需认定的事项以及其认定方法。

对于新建住宅，规定了 10 个方面和 32 个事项。而对于现有住宅，作为"个别性能的表示事项"，一共规定了 7 个方面和 27 个事项。此外，还另外规定了"由现状调查所确认的劣化等状况的表示事项"。

性能表示事项是基于下列思想设定的：

  1）评定所需技术已成熟，能够广泛使用。

  2）可在设计阶段进行评定。

  3）从外观不易判断的事项优先。

  4）居住者容易更改的设备机器等，原则上不作为评定对象。

  5）客观上不易评定的事项，不作为评定对象。

性能表示事项是以等级和数值来表示。以等级表示时，数字越大表示性能越高。最低等级为等级 1（现有住宅中也有等级为 0 的情况），最高等级从等级 2 到等级 5，表示事项不同，等级也不同。

如图 2-3 所示，可从 10 个方面的基准看住宅性能表示的图像。住宅的性能表示事项与适用范围如表 2-5 所示。

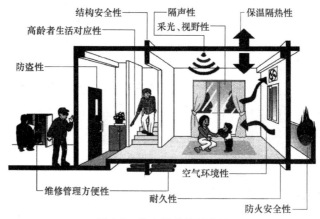

图 2-3　住宅性能的示意图

（参考资料：日本《住宅性能表示制度宣传手册》）

性能表示事项与适用范围　　　　表 2-5

方　面	性能表示事项	适用			
		单户住宅	集合住宅	新建住宅	现有住宅
1. 结构安全性方面	1-1　抗震等级（防止房屋结构主体的倒塌等）	●	●	●	◎
	1-2　抗震等级（防止房屋结构主体的损坏）	●	●	●	○
	1-3　其他（防止地震时房屋结构主体的倒塌及损坏等）	●	●	●	◎

续表

方面	性能表示事项	单户住宅	集合住宅	新建住宅	现有住宅
1. 结构安全性方面	1-4 防风等级（防止房屋结构主体的倒塌及损坏等）	●	●	●	○
	1-5 承受积雪等级（防止房屋结构主体的倒塌及损坏等）	●	●	●	○
	1-6 地基或桩的允许承载力等及其设定方法	●	●	●	◎
	1-7 房基的结构方法及形式等	●	●	●	○
2. 防火安全性方面	2-1 火灾报警装置的设置等级（自家发生火灾时）	●	●	●	◎
	2-2 火灾报警装置的设置等级（邻居发生火灾时）	—	●	●	◎
	2-3 避难安全措施（邻居发生火灾时/公共走廊）	—	●	●	◎
	2-4 逃离措施（火灾时）	●	●	●	◎
	2-5 耐火等级（有延烧危险的部分（门窗部））	●	●	●	◎
	2-6 耐火等级（有延烧危险的部分（门窗部以外））	●	●	●	◎
	2-7 耐火等级（墙壁与楼板）	—	●	●	—
3. 耐久性方面	3-1 房屋劣化措施等级（结构主体等）	●	●	●	○
4. 维修管理及更新便利性方面	4-1 维修管理措施等级（专用管道）	●	●	●	○
	4-2 维修管理措施等级（共用管道）	—	●	●	○
	4-3 更新措施（共用排水管）	—	●	●	○
	4-4 更新措施（住户专用部）	—	●	●	○
5. 保温隔热性方面	5-1 节能措施等级	●	●	●	—
6. 空气环境性方面	6-1 防甲醛措施（内部装修以及吊顶等）	●	●	●	—
	6-2 通风措施	●	●	●	◎
	6-3 室内空气中的化学物质浓度等	●	●	●	◎
	6-4 建筑材料是否含有石棉等	●	●	—	◎
	6-5 室内空气中石棉粉尘的浓度等	●	●	—	◎
7. 采光、视野性方面	7-1 单纯开窗率	●	●	●	◎
	7-2 不同方位的开窗率	●	●	●	◎
8. 隔声性方面	8-1 防地板重量冲击声措施	—	●	●	◎
	8-2 防地板轻量噪声措施	—	●	●	◎
	8-3 隔声等级（分户墙）	—	●	●	◎
	8-4 隔声等级（外墙开口部）	●	●	●	◎
9. 高龄者生活适应性方面	9-1 高龄者生活应对措施等级（专用部分）	●	●	●	◎
	9-2 高龄者生活应对措施等级（共用部分）	—	●	●	◎
10. 防盗性方面	10-1 门窗部位的防盗措施	●	●	●	◎
现状检查中所发现的劣化等状况	通过现状调查确认的老化等状况	●	●	—	◎
	特定的由现状调查所确认的劣化等状况（腐烂、蚁害）	●	●	—	◎

注：●为适用；—为适用范围外；◎为适用于所有的现有住宅；○为只适用于新建时已拿到建设住宅性能评价的现有住宅。

2.4.3 住宅纠纷处理机制

利用前面所讲的住宅性能表示制度,将已取得《住宅性能评价书》的住宅称作为"评价住宅"。当评价住宅发生纠纷时,不需经过法院审判,直接通过"指定住宅纠纷处理机关"进行斡旋、调停和仲裁等,就能顺利、便捷且经济(1万日元)地处理住宅纠纷。这样的制度就是所谓的"住宅纠纷处理机制"了(图2-4)。

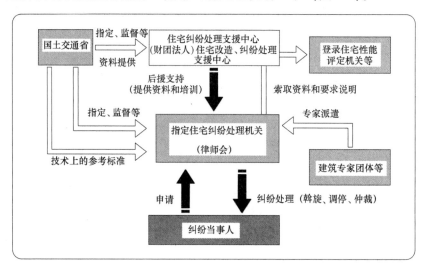

图 2-4　住宅纠纷处理机制

(参考资料:日本《新建住宅的住宅性能表示制度指南》)

2.4.4 缺陷担保责任的特例

(1) 缺陷担保责任

住宅的品质或性能与当初住宅销售者的描述或承诺不一致时,通常称作为"缺陷"。交付的住宅出现缺陷时,住宅销售者有义务对其进行修缮或赔偿等。这种义务通常被称为"缺陷担保责任",而其履行期间就称为"缺陷担保期"。

根据《品确法》的规定,所有的新建住宅对于住宅"基本结构部分"都必须强制性地执行为期10年的缺陷担保责任。即使当事人之间已达成协议,也不能随意缩短缺陷担保期。

新建住宅交付10年以内,住宅购买者可以向住宅销售者提出对缺陷进行无偿修缮或进行损坏赔偿等要求。

(2) 缺陷担保责任的对象

由于《品确法》中的缺陷担保责任具有非常强的法律效力，因此其对象也只限定于住宅使用中不可缺少的部分，这部分称为"基本结构部分"。其中"基本结构部分"又分为"结构承载力的主要部分"和"防止雨水侵入的部分"。缺陷担保责任的对象见表2-6。

缺陷担保责任的对象部分 表 2-6

	结构承载力的主要部分	房基（包括地基）、地桩、墙壁、柱、房顶骨架、基础卧梁、斜材（斜支柱、斜撑等）、地板、顶棚、水平构件（房梁、横梁等）
新建住宅的为期10年缺陷担保责任的部分	防止雨水侵入的部分	(1) 住宅的房顶或外墙； (2) 设计在住宅房顶或外墙上的窗户、框或其他拉门等； (3) 为了排出雨水而设置的排水管以及房顶、外墙的内部或屋内的某些部分

(3)《住宅缺陷担保履行法》

即使根据缺陷担保责任来要求修缮或赔偿损失等，也会出现企业缺乏资金或企业已经破产倒闭之类的情况。

为了使消费者能够安心购买新建住宅，必须有相应的法律促使企业为确实履行缺陷担保责任而采取"资金保障措施"。为此，关于确保特定住宅缺陷担保责任的履行等的法律从2009年10月开始施行。

此外，为了能确实进行缺陷维修工作，对于向消费者提供新建住宅的建筑从业人员或住宅建设人员，规定其要履行购买保险或托管等义务。

所谓的保险制度是指，当新建住宅出现缺陷时，负责维修工作的企业可以领取保险金的一种制度。加入保险时事先要接受对建筑工程的检查。

所谓的托管制度是指，企业需按法律规定，将一定数额的保证金（现金）预先存进法务局等托管所的一种制度。当企业出现破产倒闭时，购买了带保险住宅的消费者就可以直接要求从保险金或保证金那里获得一定的赔偿。

2.5 其他相关法令

2.5.1 《居住生活基本法》

《基本法》是明确国家政治重要领域中，国家制度、国家政策等的理念及基本方针的法律。通常由此制定了一系列相应的措施。基本法是制定各个行政领域法律法规的根据。因此，基本法规定的内容大多都是抽象的，由训示规定、计划规定等内容构成，不直接影响国民权利义务。基本法可以说是连接宪法和个别法律法规间的桥梁法律。

《居住生活基本法》于 2006 年公布实施。在此之前，根据 1966 年制定的《住宅建设计划法》，制定并实施了"住宅建设五年计划"（第 1 期 1966 年～第 8 期 2005 年）。为了满足对新建住宅的需求，所以前两期计划的中心主要是确保住宅的数量。第 3 期（1976 年）以后，住宅数量逐渐达到饱和，计划中心也渐渐地转移到了追求住宅质量上来，使日本住宅的居住水平得到一定的提高。

但是最近，随着少子女化和高龄化的加剧，导致人口减少，社会要求从根本上改革以公共住宅为中心的计划制度及实施体系。因此，废止了原来的《住宅建设计划法》，建立起了新的《居住生活基本法》。

《居住生活基本法》的立法目的（第一条）在于确保居住者生活的安定和提高，明确基本理念和制定相关的政策及事项，从而实现富裕的居住生活。

为推进政策的实施，《居住生活基本法》提出了 4 个基本理念（见表 2-7）。国家、地方公共团体（地方政府）必须遵照这 4 个理念，制定相关基本政策。

《居住生活基本法》的 4 个基本理念　　　　表 2-7

	基 本 理 念	基 本 政 策	
1	无论是现在还是将来，确实做好优质住宅的供应、建设、改良、管理工作	改善住宅质量和性能，促进住宅管理的合理化	普及抗震改造、节能化及管理知识的普及、信息的提供
2	营造居民喜爱的良好居住环境	保持良好的地域居住环境	完善公共设施、便利设施等，创造良好的环境
3	保护业主的权益	确保住宅交易及流通的合法化、正当化	提供正确的信息、普及住宅性能表示制度
4	确保住宅的供应，特别是有特殊要求的住宅的供应	促进住宅的稳定供应	促进公营住宅、灾后重建用住宅以及高龄人、养育子女用的租赁住宅的供应

《居住生活基本法》中所说的"质"，不仅仅是指房屋本身，而且还包括居住环境、地域环境、流通市场，稳定的住宅供应等大范围的"质"。

为整体地有计划地推进居住生活稳定及改善政策，《居住生活基本法》规定了必须

第2章 住宅相关的法律与制度

制定及实施《居住生活基本计划》。此基本计划由两层体系组成。第一层体系是由国家制定的《全国计划》，第二层是地方公共团体（地方政府）根据全国计划制定的《都道府县（省）计划》。

居住生活基本计划（全国计划）规定：①重视现有住宅；②重视市场；③与社会福利、城市建设等相关实施政策协调；④立足现状采取具体措施。这四点规定，贯穿了整个全国计划。同时，制定了13个成果指标（表2-8）。

居住生活基本计划13个成果指标 表2-8

目 标		表示目标完成情况的成果指标	
建设可成为社会财富的优质的住宅	基本的安全性	(1)现有住宅的新抗震基准适合率	75%(2003年)→90%(2015年)
	高龄化社会对策	(2)现有公共住宅的无障碍化率	10%(2003年)→25%(2015年)
	地球环境保护对策	(3)现有住宅的节能对策率（双重窗框等的使用率）	18%(2003年)→40%(2015年)
	适当的维持管理（长寿命化）	(4)改造的实施率（年间·对现有住宅总数）	2.4%(1999~2003年平均)→5%(2015年)
		(5)考虑25年以上的长期修缮计划而设立公积金的集合住宅比例	20%(2003年)→50%(2015年)
形成良好的居住环境	住宅区的基本安全性	(6)需重点改善的密集地区(8000公顷)的配备率	0%(2002年)→约100%(2011年)
		(7)地震时有危险的大规模填土造地数量	约1000处(2005年)→约500处(2015年)
治理能满足国民对各种住宅的需求的住宅市场环境	提供适当的信息	(8)住宅性能表示的实施率(新建)	16%(2005年)→50%(2010年)
	形成循环型市场（长寿命化）	(9)现有住宅的流通份额	13%(2003年)→23%(2015年)
		(10)住宅的有效利用机关 ① 拆除住宅的建后平均年数	约30年(2003年)→约40年(2015年)
		② 住宅的拆除率 （5年间·对现有住宅）	8%(1998~2003年)→7%(2010~2015年)
	支援育儿家庭	(11)育儿家庭的诱导居住面积水准实现率	全国:42%(2003年)→50%(2010年) 大都市:37%(2003年)→50%(2010年)
确保住宅的供应,特别是有特殊要求的住宅的供应	住宅困难户对策	(12)最低居住面积水准未达标率	早期消除
	确保高龄者的安全、安心	(13)高龄人住宅的无障碍设施的设置率： ① 利用顺畅化基准设施	29%(2003年)→75%(2015年)
		② 利用顺畅化诱导(推荐)基准设施	6.7%(2003年)→25%(2015年)

2.5.2 《节能法》

(1) 目的及由来

《节能法》是《能源使用合理化法律》的简称。

第一条：为顺应国内外能源经济社会的发展，提高燃料资源利用效率，综合促进工厂、运输、建筑物、机械器具等能源利用的合理化以及其他能源利用的合理化，应采取必要措施来保障国民经济的全面发展，制定本法。

现行的《节能法》由工厂的相关措施、运输部门的相关措施、建筑物的相关措施、机械器具相关措施四个部分组成。

1970年代爆发了2次石油危机，使日本开始注重在生产和日常生活中推进节能政策，促进能源的有效利用。但是能源的消费量依然持续攀高。基于这一形势，1979年，节能就以法律的形式确定下来。

《节能法》至今经过了2次大的修改。

第一次修改是在1998年。根据气候公约第三缔约国大会的相关规定，在汽车的燃料基准、电气机器等的燃料基准中实行了Top Runner基准（以市场上最优产品的消费效率为基准）。

2005年进行了第二次修改。其主要内容是：①统一了工厂企业能源管理标准；②运输部门也引入节能对策；③贯彻实行建筑物的节能对策，提高消费者节能意识，投身节能行动。

近年来，原油等能源价格的上涨给人民生活造成极大的影响。再加上温室效应的加剧，要求加强防治温室效应政策，进一步推进节能的呼声不断加强。因此，需要对《节能法》进行修改，预计于2009年实施。这次的重点由过去的产业部门转向了能源消费量不断增加的办公室、商店和家庭。

(2) 建筑物相关措施

《节能法》提出两点措施作为业主的"努力义务"（自觉实行，不强制）来实行：

1) 防止建筑物外墙、窗户等的热损失（绝热）；

2) 提高建筑物的空调和设备的效率。

但是，若建筑物达到一定规模（2000m^2以上新建、增建、大规模修缮住宅等），就有义务向所属行政厅报告节能措施。行政厅可以对不合格的节能措施提出警告，如不服从，可将其不当行为进行公示（不作处罚）。

(3) 住宅的节能基准

住宅的节能基准主要由下面两个文件组成：

1)《所有者的判断基准》；

2)《设计施工指针》。

《所有者的判断基准》是性能型的基准，通过冷暖气负荷、热损失系数、相当间隙面积、采光系数等来表示住宅节能措施的基准。而《设计施工方针》则是标准型的基准。它具体规定了住宅的哪些部分需要采用保温结构、保温材料和开口部的措施以及施工时要注意的地方。两者基本上是建立在同一水平上的，采用任一基准皆可。

日本的国土面积虽然只有中国的1/25，但是由于南北狭长，跨越纬度大，有从亚寒带气候到亚热带气候的分布。

节能基准把全国从Ⅰ区域（寒冷区域）到Ⅵ区域（热区域）分成6个区域，根据每个部分的气候特点，制定不同的节能基准。

(4) 节能基准的水准的国际比较

图2-5是将日本的节能基准的水准与其他国家的进行的对比。

1992年的节能基准虽然与欧美国家的基准存在一定的差距，但是现行的新节能基准基本与欧美国家达到同一水平。

2.5.3 《建设再利用法》

《建设再利用法》是《建设工程材料资源再资源化法律》的简称。为促进建筑材料的正确使用以及促进资源再利用，2000年颁布了本法，并于2002年全面实施。

(1) 主要内容

1) 对于一定规模的建筑物，施工者必须将建筑材料分类拆卸。然后对分类好的特定的废弃物，进行资源再利用处理。

2) 发包者必须事先向都道府县知事（省长）提出工程的分类拆卸方案。另外，施工者必须在完成建筑材料再资源化之后，以书面形式向发包者报告，并妥善保存好记录。

3) 拆卸施工者不论大小都必须事先得到都道府县知事的认可。另外，拆卸施工者必须任命工程的技术管理人。

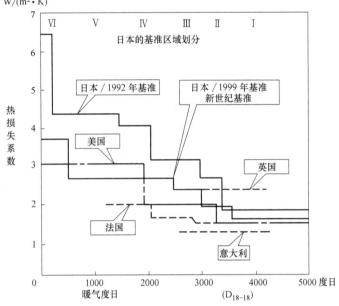

图 2-5 节能基准的国别比较

(参考资料：日本"财团法人 建筑环境与节能机构"网页)

(2)《建设再利用法》的适用范围

1) 建筑物的拆卸工程：建筑面积合计 80m² 以上。

2) 建筑物的新建、增建工程：建筑面积合计 500m² 以上

3) 建筑物的维修工程（改修等）：工程承包金额 1 亿日元以上。

4) 建筑物以外的拆卸工程、新建工程等（土木工程等）：工程承包金额 500 万日元以上。

(3) 必须进行分类、资源再利用的特定建筑材料：混凝土，混凝土和铁屑建筑材料，木材，沥青混凝土。

2.5.4 《建筑士法》

1950 年，与《建筑基准法》同时制定了《建筑士法》。

《建筑士法》是认定建筑人员在建筑物的设计、工程监管等方面的资格，以促进业务的正当化及提高建筑物质量为目标的法律。

建筑士分三种（1983 年）：一级建筑士、二级建筑士、木结构建筑士。

通过专业学科和设计考试合格者才能成为建筑士。表2-9为《建筑士法》的制度。

根据建筑士资格种类的不同，来限定该建筑士可从事设计、工程监管的建筑物的结构和规模范围（见表2-10）。

然而，2008年修改了建筑士法，导入了更具专业性的"结构设计一级建筑士"和"设备设计一级建筑士"。建筑士法规定必须要有以上资格才可以进行一定规模的建筑物结构设计、设备设计。

《建筑士法》的制度　　　　　　　　　　　　　　　　　表2-9

	一级建筑士	二级建筑士	木结构建筑士
实行考试·颁发证书	国土交通大臣(部长)	都道府县知事(省长)	
报考资格	(1)大学建筑·土木工程系毕业＋2年建筑实践经验 (2)大专、中专建筑·土木工程系毕业＋4年建筑实践经验； (3)4年的二级建筑士	(1)大学·专科学校建筑系毕业； (2)大学·专科学校土木工程系毕业＋1年建筑实践经验； (3)高中建筑·土木工程系毕业＋3年建筑实践经验； (4)7年建筑实践经验	
有资格人数(2007年)	32.6万人	70.2万人	1.5万人

注：有资格人数有可能重复，而且包括已死亡人数，因此实际人数比表中的人数少。

建筑士可从事的业务范围　　　　　　　　　　　　　　表2-10

结构·规模	木结构			其他结构		
	高度≤13m、并且屋檐高≤9m		高度＞13m 屋檐高＞9m	高度≤13m、并且屋檐高≤9m		高度＞13m 屋檐高＞9m
总面积 $A(m^2)$ 用途	层数1	层数2	层数3以上	层数1	层数2以上	
$A≤30$	○	○	二级	一级	○	二级	一级
$30<A≤100$	○	○	二级	一级	二级	二级	一级
$100<A≤300$	木结构	木结构	二级	一级	二级	二级	一级
$300<A≤500$	二级	二级	二级	一级	二级	二级	一级
一般　$500<A≤1000$	二级	二级	一级	一级	二级	二级	一级
一般　$1000<A$	二级	一级	一级	一级	二级	二级	一级
特殊建筑物　$500<A$	一级	一级	一级	一级	一级	一级	一级

注：表中○为非建筑士也可以设计、工程监管；木结构为需要一级、二级、木结构建筑士资格的范围；二级为需要一级、二级建筑士资格的范围；一级为需要一级建筑士资格的范围。

2.5.5 《建设业法》

《建设业法》的目的是"提高从事建设业者的素质,推进建设工程承包契约的合理正当化,确保合理施工,保护发包者,从而促进建设业以及公共福利事业的健康发展"(第一条)。《建设业》法于1949年制定,先于《建筑基准法》和《建筑士法》。

从事建设业者必须取得都道府县(省份)还有国土交通大臣(部长)的许可证。建设业授予28个专业的种类的许可证,没有取得许可证的工程原则上不可以进行施工。具体为:土木工程,建筑工程,木匠工程,泥瓦匠工程,竹工·土工·混凝土工程,石材工程,屋顶工程,电气工程,管道工程,瓷砖·砖·砌体工程,钢结构工程,钢筋工程,铺装工程,疏浚工程,钣金工程,玻璃工程,油漆工程,防水工程,室内装修工程,机械器具安装工程,热绝缘工程,电气通信工程,园林工程,挖井工程,门窗工程,水道设施工程,消防设施工程,清扫设施工程。

2.5.6 《建筑物抗震改造促进法》

1995年,兵库县南部发生地震,很多现行的《建筑基准法》的"新抗震基准"实施前建成的楼房倒塌,而新基准实施后建成的楼房受损害程度较轻。

基于这教训,1995年末实施了《建筑物抗震改造促进法》,不符合现行"新抗震基准"的建筑物,需积极进行抗震鉴定、抗震加固。

2.5.7 《区分所有权法》

1962年制定的《建筑物区分所有权法》通称《区分所有权法》,或者《集合住宅法》。与后来制定的《关于推进集合住宅管理合理化的法律》(2000年)、《关于便捷实现集合住宅重建的法律》(2002年)合称为"集合住宅三法"。

《区分所有权法》是将一栋建筑物划分成若干部分,规定建筑物的权利关系以及管理方法等的法律。

(1) 专有部分和共有部分

将一栋建筑物区分所有权时,对各个区分部分的拥有权叫作"区分所有权",此权利的拥有人就叫作"区分所有人",区分所有人独自拥有的区分部分叫作"专有部分",专有部分以外的都是"共有部分"。专有部分与共有部分用墙壁、窗、门隔开,里面的部分属专有部分，门的外面和阳台属共有部分。

共有部分通常归每个区分所有人所有。各区分所有者对共有部分的持有份额一般按照专有面积的面积比例来分配。共有部分的分配额与专有部分是不能分离的。

(2) 区分所有的建筑物与土地的关系

建设集合住宅用地的土地所有权（或者是地上权、租赁权）多归区分所有者共有。相应于专有部分的所有权，建筑物用地的权利称为"用地利用权"。用地的分配额一般按照专有部分的面积比例来决定，不可以与专有部分分开买卖。

(3) 集合住宅管理委员会

全体区分所有人为进行集合住宅的管理而组成管理委员会，并根据《区分所有权法》的规定召开会议，制定规条，推选管理员等。

(4) 规条

集合住宅的管理及其方法、区分所有人相互间的活动规则可通过此规条来制定。

规条规定了管理委员会的操作方法、专有部分和共有部分的范围、管理费用以及维修公积金等内容。全体区分所有人都必须遵守此规条。

规条的设定、变更、废止需要通过管理委员会召开会议讨论投票，超过四分之三者才可以通过。

(5) 改建决议

集合住宅的改建必须得到五分之四以上的区分所有人的同意才能进行。

若是改建共有用地内的一栋建筑，除了要得到该栋建筑的五分之四以上的区分所有人的同意外，还需要得到小区总管理委员会四分之三以上的同意才可进行。

另外，如果得到小区全体的五分之四以上，各栋的三分之二以上的同意，可以对小区进行整体改建。

2.5.8 《都市规划法》

1919年制定《市区建筑物法》的同时，也制定了《都市规划法》（旧法）。旧法中，地方城市没有都市规划的权限，最终需要内务大臣来决定。现行的都市规划法是1968年制定的，修改更新了有关中央集权的内容。新法明确了要建设国家、公共团体（地方政府）、居民三位一体的城市理念，并与《建筑基准法》有密切的关联。

在《都市规划法》里，把包括市町（乡）村的中心城市在内的区域，作为一体的城市中需要综合整顿、开发、保全的区域指定为"都市规划区域"或者"准都市规划区域"（表2-11），作为规划对象。《建筑基准法》的集体规定只适用于此区域。

区域划分　　　　　　　　　　　　　　　　　　　表2-11

都市规划区域	都市化区域	即将形成都市、在约10年之内优先地有规划地将其都市化的区域
	都市化调整区域	应抑制其都市化的区域
	未划分的区域	以上两区域之外的区域

《都市规划法》划分为以下地域和地区，特别是12种的"用途地域"和"防火地域"、"准防火地域"大范围地分布在都市规划区域内，《建筑基准法》也受它的制约，见表2-11。

1）地域：①第一种低层居住专用地域；②第二种低层居住专用地域；③第一种中高层居住专用地域；④第二种中高层居住专用地域；⑤第一种居住地域；⑥第二种居住地域；⑦准居住地域；⑧近邻商业地域；⑨商业地域；⑩准工业地域；⑪工业地域；⑫工业专用地域。

2）地区：①特别用途地区；②特定用途划定地域；③特例容积率适用地区；④高层居住诱导地区；⑤高度地区；⑥高度利用地区；⑦特定街道；⑧都市再生特别地区；⑨防火地域；⑩准防火地域；⑪特定防灾街道配备地区；⑫景观地区；⑬自然风景地区；⑭停车场配备地区；⑮临港地区；⑯历史风土特别保存地区；⑰第一种历史风土保存地区；⑱第二种历史风土保存地区；⑲绿地保存地域；⑳绿化地域；㉑业务流通地区；㉒生产绿地地区；㉓传统建筑物群保存地区；㉔防止飞机噪声地区；㉕防止飞机噪声特别地区。

在《都市规划法》里，除此之外还有促进地域、都市设施、都市开发事业、都市开发事业预定区域、地区规划等6种规定。另外，该法也规定了对开发行为的规范和都市规划设施内的建筑的规范。

2.5.9 《消防法》

《消防法》的主要目的是预防火灾。由于内容的大部分与建筑物有关，因此《消防法》与建筑有很密切的关系。此法于1948年制定，早于《建筑基准法》。

《消防法》的主要内容如下：

1) 预防火灾关系：规定作为防火对象的建筑物所要采取的措施、建筑物的建设许可及"确认"要得到消防长的同意等。

2) 设置防火责任人。

3) 关于储存危险品的规定。

4) 设置与建筑物规模相当的消防设备。

5) 检定消防器具。

6) 火灾的戒备，灭火行动，急救业务等。

根据修改后的《消防法》，从 2006 年开始，全部的住宅寝室等都必须安装住宅用防灾器具（火灾报警器等）。

2.5.10 《无障碍法》（原 Heartful Building 法）

为对应高龄化社会的到来，为提高高龄人、残疾人的自立能力和参与社会的能力，提倡在公共建筑里，设置方便高龄人、残疾人利用的设施。为此，1994 年制定了有关法律。

另外，有关公共交通设施（车站）和公共交通工具的无障碍化设计规定，也于 2000 年以法律的形式固定下来，称为《交通无障碍设施法》。

2006 年，废止了以上两部法律，制定了《关于为使高龄人、残疾人等生活无障碍的法律》，简称《无障碍法》。

《无障碍法》中规定了最低水平的"利用顺畅化基准"和高水平的"利用顺畅化诱导基准"。制定了走廊、通道的宽度、轮椅专用洗手间、视觉障碍者用升降电梯、缓坡、盲文点字板等的基准。

《无障碍法》适用于多数人利用的特定建筑物，希望所有者自觉达到基准的要求。但是，超过一定规模有特定用途的建筑物，即"特别特定建筑物"必须达到"利用顺畅化基准"。

另外，根据《无障碍法》，地方公共团体（地方政府）依据条例可以进行扩充。东京都等地区扩大了必须达到相关基准的建筑物范围。

虽然不是强制性的，但相应地制定了优惠贷款、优惠税制、提高容积率等措施，鼓励相关建筑建设时达到标准。

2.6 规格与规范

2.6.1 规格与规范的制定

规格有依照法令制定的国家规格,有公益法人制定的规格和民间团体制定的规格等多种。但即使是国家规格,它的初稿也是由公益法人制定的。

如本章第一节所述,规范在日本称为"规准"或"指针",对于具体的规范名为了方便查找,以下不把"规准""规格"或"指针"译为"规范",而是直接使用原语。规格一般由公益团体制定。

制定规格与规范的公益团体分为"社团法人"与"财团法人"两种。公益团体的设立要具备以下三个条件:

1) 从事有利于公共利益的事业;
2) 不以赢利为目的;
3) 需要取得有关政府部门的许可。

但是,2008年对这部法律进行了修改,不以公共利益为目的也可以设立"社团法人"与"财团法人"。为了区别,今后将从事公益事业的称为"公益社团法人"与"公益财团法人"。

社团法人是以某一目的聚合起来的会员团体,所谓业界团体大多是社团法人,一般靠会员缴纳的会费来维持。而财团法人则是为某一目的所投入的财产的集合体,不存在会员。一般来说,财团法人比社团法人的公共性更强。

由公益法人制定的规格和规范,除了依照法令制定的国家规格以外,并没有法律上的强制力,只是对法律上没有详细规定的部分进行补充或对法律以外的领域作规定,但是它是最接近技术操作层的,特别是经过政府部门(国土交通省等)"监督制定"的,在实际工作中具有与法令相同的效力。但也有像"日本建筑学会"这样的学术团体,原则上独立于法律之外,它制定的规范虽然只是学术上的共识,却具有不容置疑的地位。

另外,在制定法律时,公益团体对国家机关有着非常大的影响力。

对与建筑行业关系密切的公益团体以及从事的主要业务、发行的主要规格与规范等在表 2-12 中作了列举。

制定建筑关联规格与规范的主要公益法人 表 2-12

公益法人名	主 要 业 务	发行的规格和规范等
财团法人：日本规格协会(JSA)	制作 JIS 规格的初稿 从事标准化的调查研究	JIS 规格表、JIS 规格单行本、JIS 规格手册等
财团法人：日本建筑中心(BCJ)	1. 以公正的立场审查申请国家评定的建筑或建材的新技术（采用超出了法律规定范围的新技术时，必须经过 BCJ 的评定或评价）。 2. 建筑确认检查《建筑基准法》，住宅性能评价《品确法》。 3. ISO 标准审查。 4. 调查研究	《建筑物的结构关系技术解说书》（对建筑基准法中的结构技术基准作的解析以及运用方法等，结构设计上最为重要的技术书之一） 其他的以结构、设备、环境为主的技术书籍
社团法人：日本建筑学会(AIJ)	通过会员的相互协力，以促进建筑的学术、技术、艺术进步为目的的公益法人。会员数约为 35000 人，是以研究者为中心的调查研究机关： 1. 进行调查研究（研究发表会） 2. 信息的传递与收集（论文集、出版、图书馆、博物馆等） 3. 振兴教育、建筑文化	各种建筑工程施工标准（JASS） 各种结构计算规准 各种设计手册和施工手册 其他建筑关联学术书籍
财团法人：日本建筑防灾协会	关于建筑防灾制度与技术的调查、研究与普及 防灾新技术的审查与评定 关于建筑防灾的调查与鉴定业务	各种结构的抗震鉴定与抗震加固的基准 《特殊建筑物等的定期检查业务基准》 其他
财团法人：Better Living(良好生活)(BL)	关于住宅与住宅部品的调查研究 优良住宅部品(BL 部品)的认定和普及 《建筑基准法》与《品确法》关联的评价与认定业务	《优良住宅部品的认定基准》 《百年住宅建设系统的认定基准》 其他
独立行政法人：住宅金融支援机构(JHF)	为民间金融机关的长期固定利率住宅融资(Flat35)提供证券化支援业务 （符合右面施工标准的住宅融资）	《住宅工程施工标准》（财团法人：住宅金融支援协会）
财团法人：住宅保证机构	住宅缺陷担保责任法人 住宅的性能保证（加入 10 年质量保证期保险的住宅，必须符合右面所示的施工标准） 完成保证（建设途中开发者或施工者破产的话，由住宅保证机构担保工程费用的保险）	《性能保证住宅设计施工基准》

续表

公益法人名	主要业务	发行的规格和规范等
财团法人：建筑环境与节能机构(IBEC)	关于建筑物节能的调查与技术开发 对环境共生住宅、太阳能住宅、符合节能基准住宅的评定	环境共生住宅和太阳能住宅的认定基准 建筑物综合环境性能评价体系(CASBEE)
财团法人：住宅与木材技术中心(HOWTEC)	关于木材利用与木结构住宅的调查研究和技术开发 关于木结构住宅的质量性能的试验、评价、认定等	《木梁柱结构住宅的容许应力度设计》 用于木结构建筑物的"金属接头规格"、"试验规格"、"表示规格"等
财团法人：建材试验中心	建筑材料和构件的试验、检查、证明	(JSTM)(质量与性能试验的财团规格)
社团法人：公共建筑协会(PBA)	关于公共建筑的调查研究 对建筑材料、设备机器的质量性能的评价	《公共建筑工程施工标准》（政府监修） 《建筑工程监理指针》
财团法人：建筑保存中心(BMMC)	关于政府设施的保存的调查研究和技术开发 对建筑物保存技术（民间技术）的审查和证明	《公共建筑改修工程施工标准》（政府监修） 《政府设施的综合抗震鉴定和改修基准》

还有的是其他的与建筑有关的公益法人，它们都在不同的领域制定了专业规格或规范。例如：预制组装建筑协会，幕墙与防火开口部协会，日本2×4轻木结构建筑协会，日本木结构住宅产业协会，舒适生活协会，住宅生产团体联合会，新都市住宅建设协会，日本电梯协会，日本卷门与大门协会，日本白蚁对策协会，建筑与设备维持保全推进协会，日本建筑结构技术者协会，建筑设备技术者协会，不锈钢结构建筑会，日本隔震结构协会，预应力混凝土技术协会，日本混凝土工学协会，日本灌浆协会，日本钢结构协会，建设电气技术协会，日本金属屋面协会，日本石膏板工业会。

2.6.2 规格与规范示例

(1)"日本工业规格"(JIS)、"日本农林规格"(JAS)

根据建筑基准法，用于建筑物安全、防火、卫生等方面上重要部分的材料，除特别指定情况外，都必须符合 JIS、JAS。

日本工业规格（JIS：Japanese Industrial Standards）是基于《工业标准法》（1949年制定，通称 JIS 法）制定的工业标准，是日本国家规格之一。例如矿工业品，从它的形状、尺寸、结构、品质、成分、性能等内容，以及对这些内容的分析及测定方法都有规格。JIS 涉及的对象广泛，2007 年止，就已经制定了 9939 个对象的规格。

JIS 有以下特点：

    1) 是日本的"国家标准"；

    2) 有法律根据的"合法标准"，有一定的公正性；

    3) 是"工业标准"，不适用于药物及农林物资等。

JIS 本身属于"推荐性标准"，但是法令如果引用的话，可作为强制性标准，具有法律效力。

日本农林规格（JAS：Japanese Agricultural Standards）是基于《农林物资的规格化以及品质表示的正当化法律》（1950 年制定，通称 JAS 法）而制定的关于农、林、水产、畜产品及其加工品的品质保证规格。除了对象变成农林物资以外，具有同 JIS 一样的特点。

虽然有很多是与饮食品相关的标准，但也有木材、夹板、集成材等木质建材标准等与建筑相关的标准。

JIS 规格和 JAS 规格的初稿由接受了主管大臣（部长）委托的、财团法人日本规格协会等的公益法人拟定，经主管大臣（部长）认定成为国家标准（图2-6）。

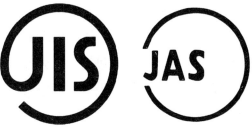

图 2-6 JIS 和 JAS 标志

(2)《建筑工程施工标准》（JASS）

社团法人日本建筑学会制定的建筑施工标准，是 Japanese Architectural Standard Specification 的简称。它是学会制定并推广的合理的施工标准，目的在于保证一般建筑物的质量。学会自 1920 年代开始致力于施工的标准化，经过不断改进，一直持续到现在。

钢筋混凝土工程、钢结构工程、屋顶工程、幕墙工程、油漆工程等根据工程的类别的不同制定了 30 种 JASS。

JASS 因其仅是标准，需要添加工程合同书才具有效力。但是学会广泛听取学界、施工界、材料界、行政部门等的意见，使 JASS 成为各时代实质的标准施工方法，也起到施工方法的技术说明书的作用。

(3) 住宅金融支援机构的《住宅工程施工标准》

1950 年设立的住宅金融公库，为建设及购买住宅提供长期、固定、低利的贷款。符合一定的技术基准成为贷款的条件之一，公库监修发行了《住宅工程施工标准》。

施工标准每年都进行修改，里面除记录贷款基准以外还有详细的技术基准。同时为理解方便还附上文字注释、参考图、附录等。施工标准对《建筑基准法》中不明确的部分进行了追加说明，起到了很好的指导作用。特别是对于木结构住宅来说，施工标准可以成为工程承包合同中的合同内容。

2007 年，住宅金融公库改成独立行政法人住宅金融支援机构。停办个人贷款业务，向民间金融机构的长期固定利息住宅融资（FLAT 35）的证券化（买卖等）业务形态转变。施工标准也作为协调 FLAT 35 的技术标准被继续使用。

(4) 建筑物综合环境性能评价体系"CASBEE"

CASBEE 是"建筑物综合环境性能评价体系"的简称，由 Comprehensive Assessment System for Building Environmental Efficiency 的首字母组成。自 2001 年起，作为日本国土交通省的政策之一被开发推广。

CASBEE 通过环境性能来分等级评价建筑物。在节能、环保、循环利用等减少环境负荷的性能标准里，还包括了对室内舒适性及景观设计等的环境品质的评价。

CASBEE 的特征是分成两个方面来进行评价，一方面是建筑物和用地内部的环境品质 Q（Quality），另一方面是用地对外部产生的环境负荷 L（Load）。再将 Q/L 的值作为环境效率（BEE）分等级来进行评价（图 2-7）。BEE＝1.0 时，认为是一般的性能，分成从 S 等级到 C 等级五个等级。

CASBEE 本来是设计者考虑环境设计时的自我评价，或者作为对建筑物资产评价时的可利用的工具被开发出来的产物。但是，各地方通过相关条例规定了一定规模以上的建筑物必须要进行 CASBEE 评价，它被用作加入公共设施的设计标准的例子也不断增加。因此，为确保评价的信用性及透明度，也开始了评价认证制度。

第 2 章 住宅相关的法律与制度

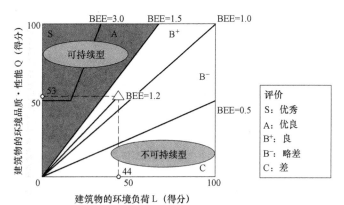

BEE 值在图中的直线分布分成不同的区域、以此分布
表示建筑的可持续等级

图 2-7 以 BEE 为基础 CASBEE 的环境等级区分

(资料提供：东京大学清家刚准教授)

第3章 住宅产业化

3.1 住宅产业化概述

3.2 住宅部品

3.3 工业化住宅

3.4 预制组装混凝土结构

3.1 住宅产业化概述

3.1.1 背景与意义

日本的住宅产业化是从20世纪的50年代开始发展起来的，它的背景是大量的住房需求，原动力是政府的方针政策，实施的骨干力量是民间企业。而在至今为止50多年的时间中，它所体现的效果和意义，随着社会环境的变迁有了很大的变化。也就是说，住宅产业化的开始可能有具体的目的和目标，而当它真正成为社会的支柱产业之后，伴随着社会环境变化和经济沉沦，它也在自我调整与更新，持续地生存和发展着，并没有因为原来的目的有了变化，或者目标已经达成了，而失去了意义。

20世纪的50年代是日本战后的混乱期，大量的城市住宅在战火中烧毁，大量的侨民和旧军人又陆续地回到日本，住宅不足成为严重的社会问题。为此，如何在短期内向社会提供大量的住宅成为首要课题。这就是日本走向住宅产业化的时代背景。

另一方面，这个时期的建筑材料由土、木等自然材料转向使用钢材、水泥、非铁金属、塑料等人工材料。建筑工程原来以现场加工成形为主，随着使用人工材料的增多，现场外的预制成型的力度逐渐增大，许多工作可以在现场以外进行了，而将这些工作集中于固定的工厂，建立工业生产的流程，无论从改善工作环境、提高质量、降低成本等方面都可获得良好的效果，从物质上形成了住宅产业走向工业化的基础。

1955年成立的日本住宅公团，从一开始就提出工业化方针，以大量需求为背景，组织起学者、民间技术人员共同进行了建材生产和应用技术、部品的分解与组装技术、商品流通、质量管理等产业化基础技术的开发。然后，向民间企业大量订购工厂生产的住宅部品，向建筑商大量发包以预制组装结构为主的标准型住宅建设工程，由此达到高速度高质量地建设公共住宅、解决住宅不足问题的目的。与此同时，培养出了一批领跑企业，以他们为核心，逐步向全社会普及建筑工业化技术，向住宅产业化方向迈出了第一步。

民间企业在初期仅仅是实行者，按公团的设计生产公团定购的产品。在生产和管理体制成熟之后，他们积极进行自主开发，一方面向公共住宅建设团体推荐新的部品，另一方面向公共住宅以外的民用住宅建设业积极地、大量地提供住宅部品，逐渐地取代了公团成为研究开发的主角。自此之后，公团建立起民间技术上的审查认证制度，由自主开发转向了采用民间技术。

20世纪的五六十年代的大量需求时期，随着众多的钢铁、化学、家电企业相继加入，住宅生产的工业化逐渐从幼稚走向成熟，形成了社会经济的新兴行业，为解决当时住宅不足的问题作出了巨大贡献。1968年，正当住宅的建筑户数达到年100万户规模的时候，当时的建设省官员内田元亨先生在杂志上发表了题为《住宅产业——经济成长的新主角》的论文，正式提出了住宅产业的概念，确定了它在社会产业结构中的地位。

20世纪60年代末，日本全国的既有住宅总户数已经超出了总家庭数，也就是说住房不足的问题已经基本得到了解决。住宅生产的发展开始了从"量"向"质"的转换，特别是20世纪70年代经历了二次石油危机之后，对住宅提出了节能要求。住宅产业在维持每年新建100万户以上的高水平的同时，在扩大居住面积、提高住宅的品质和性能、丰富居住设备等方面也取得了很大的成果。

20世纪的90年代，日本开始进入了少子女、高龄化时代。劳动力呈现不足，尤其被称为"3K"的危险、重体力、肮脏（日本语的头音都为K）行业的建筑业的现场劳动力问题，比其他行业更为严重。这一时期，数十年发展起来的住宅产业化的成果，在提高现场劳动生产率方面体现出了重要的意义。今天，无论从经济结构、产业结构、劳动就业等方面来看，日本的住宅产业都是稳定、健全的骨干产业。

3.1.2 住宅产业化的体系

以上交错地使用了"产业化"和"工业化"的两个术语，这在日本同样存在着两个概念。从产业政策上来说，住宅产业首先将工业化住宅生产商放在首位，同时包括产业链上的建材和部品的制造、物流、商流、管理等行业，而以传统的现场建筑为主的中小住宅建设业，虽然仍占市场的大半，但在住宅的产业政策上没有受到太多的重视，换言之，它们仍归于建设业。因此，什么是"产业化"应该从与传统建设业的区别来理解。住宅产业不但不隶属于传统建设业，而且为其他行业提供了加入的空间，在涉及资源、资金等分配的国家产业政策上以及在劳动就业政策上都占有独立的地位。

住宅工业化是指将住宅分解为构件和部品，用工业的手法进行生产，然后在现场进行组装的住宅建筑方式。原来在现场的大部分工作被移到设备与工作环境良好的工厂内进行，以量的规模效应促进技术革新、提高质量和降低成本。工业化本来只是建筑生产方式的一种改良,并不等于产业化,但它是实现产业化的手段和前提。

要实现工业化生产,将住宅分解为构件和部品是必不可少的手段("构件"是中文术语,日文称为"部材",但两者在意义上没有太大的区别,本书采用中文的术语)。构件的定义可从以下几方面来考虑:一是结构体的一部分;二是工厂制造的产品;三是它一般与建筑物成一对一的关系,不具备商业流通性。

"部品"一词原是日文的术语,严格地按中文来说应为"非结构构件",但部品一词蕴含着日本建筑工业化的精髓,近来在国内也有使用的,因此本书中直接使用原语。什么是部品同样须从多方面来定义:一是非结构体,比较容易从建筑物里分解出来;二是工厂制造的产品;三是可以通过标准化和系列化的手段独立于具体的建筑物,实现商业流通。与构件不同,部品有品牌有型号;四是应具有适合于工业生产与商品流通的附加价值,换而言之,太特殊或太简单的不具备成为部品的条件。

日本的住宅产业化是从部品生产和流通开始的,尤其在促成其他业种的加入、提高住宅品质等方面具有非常重要的意义。部品生产实现产业化的过程和模式,可以用图3-1的形式来表现。图中不同深浅的工厂生产代表了不同专业制造商的加入,但应该注意,图中所表示的住宅产业只是形成初期的模式,现在的所谓住宅产业范围甚广,包含了开发、生产、建设、流通、管理等环节,远不能作图中的狭义的理解。

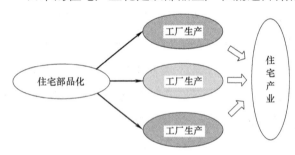

图3-1 从部品生产实现产业化的过程和模式

下面从住宅部品、工业化住宅、预制组装结构的三方面详细阐述住宅产业化的发展过程。

3.2 住宅部品

3.2.1 目的与课题

将住宅分解为部品,由性质相近的企业参与生产,是住宅产业化的具体方法之一。相比起汽车的部品,住宅的部品可能更具有流通性,它本身就是商品,它的市场不限于某一牌子的住宅，也不限于工业化住宅，还包括以现场建筑为主的一般建筑业，而且还在零售市场流通，提供给现有住宅的改装等使用。

部品的发展与集合住宅有很密切的关系。日本传统的住宅是单户型的，20世纪50年普及开来的集合住宅完全是一种新的居住方式。与单户型住宅相比，集合住宅的日照、通风等不利因素要靠设备来解决，尤其涉及用水的设备大多是以集合住宅的应用为中心发展起来的。

最初部品生产的目的是发挥大量生产的工业化优势来提高住宅质量和降低成本。毋庸置疑，工业制品比建筑现场加工极大地提高了质量水平，但是否达到了降低成本的目标还不能直接得出结论。往往工业生产的部品，在机能、性能、质量上达到与现场制作无法相比的水平，甚至实现了从无到有，它对提高住宅性能和居住水平作出了不可否认的贡献。然而，它往往又与节省建设费用产生矛盾。对于降低成本的效果，只能建立在同一性能与质量的水平上的比较，可以看到，工业化生产的优势是明显的。例如，据开发者回忆说，铝合金窗面世时，价格相当于木窗和钢窗的4倍，它是否真有实用价值人们都半信半疑，但结果是性能优越的铝合金窗得到迅速地普及，而价格低的木窗和钢窗反而被淘汰了。

建筑与部品、部品与部品之间，如果不遵循合理的标准设计，它们就无法顺利组装。标准不适当，或在尺寸与规格上放任自流的话，部品的种类就会变得庞大，无法获得由少种类大批量生产体制所带来的效果。部品化的初期，学术界展开了以模数为主的一系列部品分解与组装的理论研究，为制定具体标准奠定了良好的理论基础。当时，与机械等行业一样，这是实现工业化必不可少的环节，而随着计算机辅助设计和加工机械的进步，它的意义逐渐变得弱化，因为不按标准进行部品的生产已经变得可能，而且不太困难。尽管如此，如果不以住宅全体的价值观加以统一，部品生产自身就有可能偏离应循的轨道而步入歧途。例如，虽然能生产但是不配套、制造容易将来更换困难等。另一方面，部品生产本身是工业，从经济学的角度来看，追求增大产品的附加价值是生产行为应有的目的，与强迫它满足降低住宅建设造价的要求本身是矛盾的。因此，在实现部品生产之后，如何调解住宅与部品之间的关系就成了新的课题。

3.2.2 部品生产的发展过程

表 3-1 是近一个世纪日本的住宅部品发展的年表。它不但详细地列举了各种部品

表 3-1 住宅部品生产的历史

住宅部品种类	战前	20世纪40~50年代	20世纪60年代	20世纪70年代	20世纪80年代	20世纪90年代	21世纪
社会活动与基础设施	1872年日本最初的瓦斯灯 1878年最初的电弧点灯 1887年正式供应自来水	1954年电冰箱、洗衣机、吸尘器三种电器、罐装燃气出现 1957年制定自来水法	1961年高度经济成长 1964年东京奥运会 1968年GNP世界第二位	1971年都市化、信息化社会 1973年石油危机、社区一代 1978年日元高涨、海外旅行流行	1981年自我限制汽车的出口 1985年外币币价的协议 1986年高档名牌、肉需激增	1990年导入消费税 1994年价格破坏 1995年阪神淡路大震灾	2000年信息化、社会的进化、少子高龄社会 2004年修改了《消防法》，住宅里设置消防器材义务化
住宅关系		1950年制定《建筑基准法》，建立住宅金融公库 1951年制定《公营住宅法》 1955年创设住宅公团，开始向住宅贷款 1959年采用KJ部品	1961年工业化住宅出现 1961年千里新社区（最初的社区开发） 1962年公库的住宅贷款达100万户 1966年住宅建设计划法，开始开发多摩新社区	1970年向集合住宅的商品房贷款 1971年2×4住宅、单元式工业化住宅 1974年BL认定制度 1976年公团采用方式，KEP实验住宅	1980年住宅节能基准 1981年住宅、都市整备公团发售 1982年百年住宅建设系统 1983年向节能住宅增加贷款额 1984年促进现有住宅的改造更新	1990年开发环保住宅 1991年公团实施高龄者住宅设计 1995年阪路大震灾受灾住宅贷款 1995年社会寿命长的住宅设计指针 1998年公团KSI住宅 1999年《品确法》，住宅公团改名为都市基盘整备公园，制定新时代节能基准	2002年住宅的性能表示制度 2003年针对不健康住宅修改了《建筑基准法》，35年固定利息贷款制度开始 2004年建立都市再生机构
厨具	1899年国产燃气炉	1950年不锈钢橱台	1960年回转喷射式的自动洗碗机	1971年煤气高速烤炉	1980年集成式厨具系统通过BL认定	1990年IH电炊具	2002年高效率燃气炉

第3章 住宅产业化

续表

住宅部品种类	战前	20世纪40~50年代	20世纪60年代	20世纪70年代	20世纪80年代	20世纪90年代	21世纪
燃气加热厨具	1924年电气炉	1955年带烤箱的双头燃气炉	1961年集成式厨具系统	1971年带洗碗机的厨台	1980年内藏式带烤炉的燃气炉	1991年带过热安全装置的燃气炉	2003年75cm宽的电炊具(普通为60cm)
电加热厨具	1931年自动电饭锅	1957年开始采用不锈钢橱台	1963年搪瓷橱台	1973年国产集成式厨具系统,小型橱具系统	1982年内藏式洗碗干燥机	1994年高龄者、残疾人对应的厨具系统	2000年多功能的机能多样化
洗碗器具		1958年燃气自动饭锅	1966年家庭用微波炉	1975年桌上放置型燃气炉	1984年简易施工型厨具系统	1996年瘦长型上部开闭式洗碗干燥机	2004年浴缸
				1978年制定厨具系统的JIS规格	1986年桌上放置型小型洗碗干燥机		
浴缸、浴室	19世纪后半叶至20世纪初铁制浴缸	1957年强化纤维塑料浴缸	1960年普及了家庭浴室	1972年面板组装式集成式浴室	1980年人造大理石浴缸	1990年多功能淋浴设备流行	2000年代浴室的机能多样化
			1962年钢制浴缸	1975年集成式浴室通过BL认定	1982年中高层住宅用的集成式浴室通过BL认定	1992年适合高龄者的集成式浴室通过BL认定	2004年保温浴缸
			1963年室内安置型简易单元浴室	1976年适用于单户式住宅的集成式浴室	1984年24小时常温入浴系统	1995年用于数灾临时住宅的集成式浴室	
			1968年酒店用单元浴室需求激增		1989年集成浴室的出货量超过单体的浴缸	1999年高龄者、残疾人对应的规格成为主流	
			1969年不锈钢浴缸				
洗脸化妆台			1964年安置在木架上的带陶制洗脸盆的洗脸台	1970年镜台一体式洗脸化妆台	1985年洗发洗脸化妆台	1990年洗化化妆台通过BL认定	2004年洗脸化妆台系列
			1968年家庭用洗脸化妆台的开发	1973年洗脸化妆台的JIS规格	1987年流行桌上淋浴	1996年带洗发机功能的洗脸化妆台	
内装修		1952年公营住宅寝食分离的20K户型登场	1963年室内用平板踏门的KJ部品	1974年预制木楼梯	1984年内装修系统通过BL认定	1991年高龄者、残疾人对应的规格	2000年实行了楼梯必须设扶手的规定

续表

住宅部品种类	战前	20世纪40~50年代	20世纪60年代	20世纪70年代	20世纪80年代	20世纪90年代	21世纪
内装修		1958年制定了木制平板门的JIS规格	1966年公团采用3LDK的户型 1968年拼装型楼梯出现	1976年吊顶收藏式楼梯 1977年集成壁柜通过BL认定 1978年木制平板门通过BL认定	1985年室内门趋向于带把手 1988年集成门 1988年室内楼梯通过BL认定	1992年在地板的BL认定中增加了隔声项目 20世纪90年代后半期洗脸化妆合门用使用熔合树脂 1997年发表了关于甲醛值的标准	2003年室内门与楼梯使用无甲醛的材料
窗	1865年引入钢窗 1914年国产钢窗	1950年铝合金窗的诞生 1952年高气密钢窗的开发 1956年规格钢窗出现	1960年代进入铝合金窗时代 1961年规格铝合金窗的出现 1964年住宅公团专用铝合金窗	1974年隔声窗通过BL认定 1975年塑料窗出现 1978年铝合金窗通过BL认定	1981年凸窗通过BL认定 1985年铝合金窗B型通过BL认定 1988年天窗通过BL认定 1980年代末铝合塑料合成窗出现	1990年代铝合金保温窗登场 1992年铝合金窗C型通过BL认定 1994年教灾临时用门窗通过BL认定 1997年长寿社会对应窗通过BL认定	2002年住宅用窗的新尺寸体系 2003年对应木健康规制
锁	1914年开始生产回转型锁	1957年公团采用固定型门锁			1984年门锁通过BL认定	1992年电子门锁通过BL认定	2004年防盗门锁通过BL认定
门		1955年公团采用单面平板大门 1959年指定了KL部品的大门		1971年大门的自关装置通过KJ认定 两开平面大门通过KJ认定 1978年大门与自关装置通过BL认定 1979年耐震大门登场	1984年烧涂装饰大门通过BL认定	1992年保温大门通过BL认定 1998年长寿社会对应大门通过BL认定 1999年长寿社会对应拉门通过BL认定	2004年大门的防盗规格通过BL-bs认定

续表

住宅部品种类	战前	20世纪40~50年代	20世纪60年代	20世纪70年代	20世纪80年代	20世纪90年代	21世纪
扶手栏杆		1956年公团采用钢制扶手 1957年千代田电电大楼的楼梯扶手的施工	1961年日比谷电电大楼的阳台用钢栏杆施工	1972年成田机场栏杆施工 1974年集成式扶手通过BL认定 1979年集成式扶手A型和B型通过BL认定	1985年高龄人辅助扶手	1992年高龄人辅助扶手通过BL认定	2004年椭圆形截面的辅助扶手通过认定
邮箱	1871年实施邮政制度 1901年红色圆形邮筒		1962年指定KJ集体邮箱(钢制) 1968年规定改为不锈钢材料		1980年B型邮箱通过BL认定 1984年宅急配送箱开发 1987年AM型邮箱通过BL认定 1988年报纸配送箱通过BL认定	1993年宅急配送箱通过BL认定 1995年邮政省制定宅急配送箱补贴制度 1997年AK型邮箱通过BL认定 1999年大门多功能板通过BL认定	2000年代配送箱多样化 2001年智能柜延生 2003年电子锁邮箱
热水器	1910年输入外国的热水器	1946年CF大型热水器 1955年取水温式太阳热温水器	1962年BF热水器 1964年电热水器(深夜电力制度) 1966年压电点火小型热水器	1975年FF热水器 1975年水温自动调节电热水器 1977年燃气比例控制式热水器 1979年RF热水器	1980年设置在配管箱里的热水器 1980年强制循环型太阳能热水系统 1983年热水电热水器 1984年使用第二深夜电力热水器	1990年带恒温机能的热水器 1992年浴缸用自动覆水电热水器 1993年低氮氧化物热水器 1996年混合式太阳能热水系统	2000年余热回收高效率热水器 2001年二氧化碳热泵热水器 2002年燃气动力热电供应器 2005年导入家庭用燃料电池水系统

第3章 住宅产业化

续表

住宅部品种类	战前	20世纪40~50年代	20世纪60年代	20世纪70年代	20世纪80年代	20世纪90年代	21世纪
热水器	1931年快速热水器	1951年外置热水器			1985年多功能热采热水器	1999年高压力型电热水器	2006年余热回收高效率煤油热水器
煤油热水器			1962年芯式煤油热水器 1965年BF热水器 1967年带淋浴的BF热水器	1971年自来水直通型快速加热煤油热水器 1976年RF热水器 1979年RF浴缸热水器 1979年煤油综合热水器	1983年全自动入浴系统 1986年带气泡发生功能的热水器 1986年全自动煤油热水器	1990年煤油比例控制式热水器 1999年带清洁功能的热水器 1999年高压力型煤油热水器	
便器		1955年制定的JIS生陶器规格	1960年公团采用坐厕 1964年发售输入的洁身座圈 1969年洁身座圈国产化	1975年小便器的节水系统 1976年节水消声型坐厕 1978年节水型装置	1986年制定洁身座圈的JIS规格	1990年开始向高附加价值商品进化 1995年改装式便器 1996年高龄人对应便器 1998年节能便器	2002年最高节能水准便器
换气系统		1958年公团指定换气扇	1963年房间用换气扇 1969年吊顶收藏式换气机	1970年热交换型换气扇 1972年遥感自动换气扇 1977年深型换气扇通过BL认定	1984年浴室用换气、干燥、暖气机 1988年空调换气系统	1991年强型灶台合排气扇 1996年小风量换型转时运换气系统	2003年所有的房间都必须安装机械换气设备

续表

住宅部品种类	战前	20世纪40~50年代	20世纪60年代	20世纪70年代	20世纪80年代	20世纪90年代	21世纪
取暖设备	1856年铸铁暖炉	1958年陶制红外线燃气暖炉	1967年燃气热水器	1971年FF热源机	1980年燃气暖气机	1991年舒适干燥型TES空调	2000年高效率余热回收热水地暖气机
煤油设备	1913年国产燃气暖炉	1959年自带油箱型煤油暖炉		1973年FF燃气空调	1983年设置在配管箱里的热源机,浴室换气干燥机	1993年带小骨架的温水地热板	
燃气设备				1974年双管系统	1985年带地热功能的罐式煤油炉		
电器设备				1976年薄型浴室地热板77TES	1986年多管架桥工法		
				1978年煤油暖气机	1987年全自动浴缸热源式		
				1978年温水式地热板	1988年软式温水地热板		
冷暖空调		1952年窗式家庭冷气发售	20世纪60年代初分体式发售,热泵方式	1970年代程控节能空调,一机多头空调	20世纪80年代初变换器空调,后半期开发双回转,滚筒式压缩机	1999年最高节能水准空调	
			20世纪60年代中开发一次通过耦合冷媒配管	1975年室外机低噪声化	1982年意匠型空调机		
			1960年发售壁挂式分冷媒		1980年代中带地热等多功能化		
					1987年冷煤由R22改用为R410A		
公共电视系统		1953年电视播放开始(VHF制式)	1960年彩色电视播放开始	1970年UHF天线,分配器,二分信器,UV直列系统放送用系统放送指定为KJ部品	1984年BS卫星电视通助器,接受器通过认定	1992年波形CS卫星电视播放开始	2000年数码BS卫星电视播放开始

续表

住宅部品种类	战前	20世纪40~50年代	20世纪60年代	20世纪70年代	20世纪80年代	20世纪90年代	21世纪
公共电视系统			1963年UHF波段电视播放开始；1968年VHF天线被指定为KJ部品	1978年电视的公共接受系统通过BL认定	1987年BS卫星电视通过卫星天线认定；1989年波形BS卫星电视播放开始	1994年CATV有线电视用辅助器通过认定；1996年数码CS卫星电视通过认定；1997年CS卫星电视天线通过认定；1998年CATV数码有线电视传送开始	2002年110度CS数码电视卫星播放开始；2002年BS-110度CS天线通过认定；2003年地面数码电视播放开始
住宅信息系统		1951年开始生产办公室用门铃对讲机；1958年住宅用门铃对讲机出现	1962年黑电话（600型）出现；1969年罐装燃气用警报器	1970年保安机能搭载；1972年宅内电话出现	1980年管道燃气用警报器（81BL认定）；1981年带屏幕对讲机出现；1983年不完全燃烧警报器；1984年住宅通过BL认定；1987年信息盘诞生；1987年手机诞生	1995年燃气泄漏一氧化碳复合警报器；1997年带彩色屏幕对讲机诞生；1999年火灾、燃气泄漏警报器	2006年带IC标记的警报器通过BL认定
供水箱		20世纪50年代以钢制水箱为主	20世纪60年代强化纤维塑料水箱；1963年高架强化纤维塑料水箱成为主流	20世纪70年代不锈钢水箱（焊接一体型）发售；1975年提出六面检查义务化；1978年强化纤维塑料水箱通过BL认定	20世纪80年代不锈钢板组装水箱发售；1980年制定强化纤维塑料水箱抗震设计基准；1984年住宅通过BL认定	1996年修改和提高丁强化塑料水箱抗震设计基准	
电梯			1964年制定升降机的检查基准JIS规格	1971年制定升降机检查资格制度；1977年电梯（吊索型）通过BL认定	1986年逆变器控制电梯诞生	1994年制定中低层集合住宅用电梯的设计指针	

（参考文献：《ALIA NEWS vol.100》）

的名称以及开发时期，而且还结合时代和政策的背景，非常完整地反映了住宅部品化的发展过程。虽然在这里不能对所有的项目进行阐述，但可以结合它理解以下介绍的项目所代表的意义。

关于部品生产的发展过程，日本的住宅部品生产专家岩下繁昭先生在1999年发表的《日本住宅部品产业的发展》一文中，作了以下的划分：20世纪50年代是材料工业化时代，20世纪60年代是部品开发时代，20世纪70年代是集成化时代，20世纪80年代是系列化时代。

20世纪50年代，不锈钢橱柜、铝合金窗、强化纤维塑料浴缸等用新材料制作的部品相继被开发，逐渐进入了住宅。随着水、电、燃气的普及，卫生部品、冷暖空调、燃气用具等也相继登场。1955年成立的日本住宅公团从一开始就积极参与部品的开发。1959年，包括公团在内的所有的公营住宅都开始采用"公共住宅用标准部品"（KJ部品）。首批的KJ部品有不锈钢橱台（图3-2）、厨房抽风机、钢门（图3-3）、小型洗面器等。KJ部品制度一直延续了18年，总共17种类的部品被指定为KJ部品，1978年由后述的BL制度所取代，从而完成了它的历史使命。

图3-2　KJ部品的不锈钢橱台

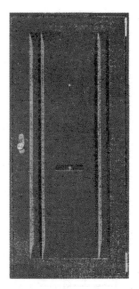
图3-3　KJ部品的单面锻压钢门

（参考文献：日本《ALIA NEWS vol.100》）

20世纪60年代，以开始成熟的部品制造商为主力，积极地进行了新部品的开发，新的部品迅速得到普及，对提高居住环境水平作出了很大贡献。其代表之一是家庭浴

图 3-4　日本早期的家庭浴室热水器和快速热水器

（参考资料：日本燃气资料馆编《燃气与生活的一世纪》）

室的普及，浴缸、浴室热水器、淋浴设备等应运而生。图 3-4 所示的是有代表性的燃气热水器，浴室热水器是由公团住宅开始使用的，其后增加了淋浴功能而得到了迅速的普及。快速热水器设置和配管都非常简单，使用方便，虽然外形上有些变化，至今仍是非常广泛地用于厨房的部品。代表之二是铝合金窗（图 3-5）的普及。自 1961 年正式推出以来，普及率以每年 10% 的速度递增，到 1974 年已达到 87.6%。

1966 年日本建设省在《住宅建设的工业化构想》中指出："为了顺利地达到住宅

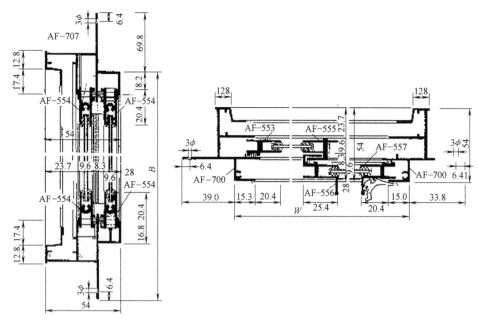

图 3-5　1961 年发售的平开铝合金窗截面图

（参考文献：日本《ALIA　NEWS vol. 100》）

建设的五年计划，必须大力推进住宅建设的工业化，材料和部品实现工厂生产化，原来的大部分现场工作也应尽量移到工厂内进行，由此来提高生产效率。"1969 年，日本建设省工业技术院开始实行《关于推进住宅产业标准化的五年计划》，制定了住宅的基准尺寸和模数，并进行集成设备系统的设计，进行了制作和组装试验。

20 世纪 70 年代是住宅建设由量向质的转换期，装修和设备部品的生产量和种类都急剧增加，而且部品的规模趋向大型化和集成化。例如，集成式厨具系统实现了国产化，它将水、电、燃气等系统集为一体，包含了洗洁、炊事、照明、排气、收藏等厨房的所有功能（图 3-6）。它在现场的施工内容只有安装和连接水、电、燃气的接头，非常有效地减少了现场的劳动量和加快了施工速度。另一个有代表性的集成部品是单元式浴室。它是包括地板、天花和四周的隔墙的完整的一个立方体，里面包含了浴缸、淋浴设备、给排水、照明、换气空调等所有设备。它最初是为酒店建设开发的，20 世纪 70 年代开始应用于住宅（图 3-7）。到了 20 世纪 80 年代，它的销售量已超过了单体浴缸的销售量。现在，新建的集合住宅的 100%、单户住宅的 90% 采用的是单元式浴室。

图 3-6　最近的集成橱柜

（参考文献：日本《ALIA　NEWS vol. 100》）

集成化的对象为前述的橱柜、浴室等设备复杂、涉及的工种多而又对质量要求高的部位，集成化多采用将空间和机能上密切相关的部分集约起来的方法（除此之外的集成化方法还有以材料为中心的集约和以工种为中心的集约等）。集成化结果势必使部品变得大型复杂（图 3-8），而且部品的生产涉及许多工种。例如，厨具系统的生产

图 3-7 最初的酒店用单元式浴室和早期的集合住宅用单元式浴室

(参考文献:日本《ALIA NEWS vol. 100》)

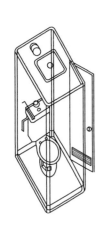 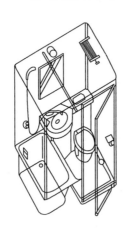 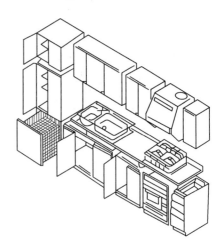

图 3-8 单元式厕所、单元式浴室、集成橱柜的示意图

(参考文献:日本《结构用教材》)

涉及水、电、燃气等工种和专用设备。其实这是一个由小部品集成为大部品的过程,这时候的标准化对象主要控制在小部品的水平上,大部品则是以小部品不同的排列组合增加自身的自由度和多样性。

集成化的优点,可以归纳为以下几点:

1) 增加部品的附加价值。高附加价值的商品即使市场规模小也容易成立,也就是说集成化更具有对应少数需求的灵活性。

2) 集成部品内是独立的系统。系统内许多本来不能成为单独部品的部分,也因为被归纳到集成体内而可以在工厂进行生产。

3) 设计和定购的工作简化。采用小部品的话,现场面对的厂商多,资料信息复杂，工种多，工人也多，而采用集成化部品则可以节省许多调整和管理工作，往往更容易为设计和建筑商所接受。

4) 减少现场工作量，加快施工速度和提高质量的稳定性。

关于20世纪70年代还值得一提的是取消了"公共住宅用标准部品（KJ部品）"制度，其部品被归纳到1974年新建立的BL部品（优良住宅部品）认定制度里。建立BL部品认定制度的目的是通过对其性能等的认证来采用民间的部品，促进民间企业的发展。

20世纪80年代，随着社会整体富裕程度的提高，住宅以及部品的需求越发变得多样化，部品趋向于系统化，种类急剧增多。据岩下繁昭先生的所述：1978年至1995年的17年里，铝合金窗的种类增加了12倍，而价格仅仅提高了1.26倍。洗脸化妆台的种类增加了23倍，价格反而降至原来的82%。某铝合金窗制造商的商品目录1979年为240页，1994年则增至2852页，18年里增加近12倍。而这时期开始付之实用的计算机CAD/CAM系统又极大增加了部品的设计和生产自由度，使多种类、少批量生产体制成为了可能。

住宅部品种类繁多并不都是规格化、标准化方面努力不够的问题，原因是多样的，可以归纳为以下几方面。

(1) 用户的原因

1) 社会需求的多样化倾向。

2) 追求差异，强调个性化。

3) 各地方的规范不一。

4) 尺寸系统不统一。

(2) 生产者的原因

1) 行业内过度的竞争。

2) 多种类少量生产体制的形成。

3) 部品的形式与性能趋向多样化。

4) 部品的集成化和大型化。

5) 不断开发新的，旧的又原封不动地保留下来。

(3) 开发商的原因

1) 不积极采用标准部品，过度追求差异化。

2) 把自己销售上的需要说成是用户的要求。

3) 对尺寸、性能的要求过于严格。

(4) 建筑行业的原因

结构形式，建筑方法多种多样。

住宅部品种类繁多所带来的问题，可归纳为以下几点：

(1) 制造成本和库存费用增大。

(2) 订货、制造、发货等容易产生差错。

(3) 信息庞大，选择费时，而且到底哪一个是最合适的不明确。

(4) 安装和调整等施工时间增长。

(5) 改装或更换困难。

关于20世纪90年代以后住宅部品生产的变化，首先，随着1999年《品确法》的实施，不但提高了对部品质量的要求，而且必须明确地表示其所达到的性能级别。其次，每年的新建住宅户数虽然仍高居不下，但住宅市场已呈饱和的状态，市场的重心已开始转向旧房改造，部品的形式和种类也为适应其特点而发生变化。再次，节能、环保、满足高龄人适应性、残疾人需求成为了对部品开发的新要求。最后，随着数字技术的发展，住宅部品走向多功能和智能化。

3.2.3 部品的信息传达

部品的运用过程中，比商流与物流更为重要的是信息传达系统，在其中可以清楚地了解到有关各方所处的地位和负责的工作。

图3-9是从日本的一般状况归纳起来的信息传达模式。首先可以看到部品的制造商是不隶属于开发商或建筑商的独立行业，部品的推销与制造以它为中心来展开。这一方面反映了制造商是部品的开发者，另一方面，部品和部品的生产工厂大多需要经过认证，部品的规格等不能任由开发商等更改。其次，在这种模式中部品的商流和物流只发生在建筑商和部品制造商之间，开发商一般采用总承包的方式将工程委托给建筑商，而具体的部品型号和厂家一般由设计决定。虽然开发商并不直接向制造商订购部品，但它不失为部品市场需求信息的重要来源。再次，在这个模式中，设计所担任的主要工作是调整部品与部品、部品与建筑之间的关系，并保证所使用的部品能满足建筑物的性能要求。最后，部品制造商不只提供部品，还包括为设计者提供设计技术说明和为施工者提供施工技术说明，它的内容往往不限于部品的范围，为了保证质量

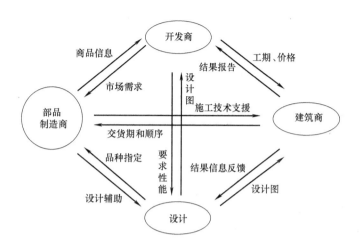

图 3-9 部品运用中的信息传达

和发挥应有的性能，甚至还包括与周围的关系和安装连接的技术标准。与部品有关的部分的设计和部品的安装连接也由部品制造商负责的情况也不罕见。

3.3 工业化住宅

3.3.1 工业化住宅的发展过程

这一节所介绍的工业化住宅是全部或大部分在工厂生产，然后到现场组装的单户住宅。在日本亦称为预制组装住宅。它的结构种类有钢结构、木结构、钢筋混凝土结构等多种多样，是住宅建设的一种主要做法。从图 3-10 可见，工业化住宅占全住宅的建设户数的 15% 左右。全住宅建设户数的半数左右是集合住宅。如果光从单户住宅来看，工业化住宅所占的比例达三成以上。从结构种类上看，钢结构住宅的六成以上实现了工业化生产。如此大规模地、彻底地以工业化手法进行住宅建设，在世界上并无二例。虽然本书以集合住宅为主要内容，但在此把它作为数十年来的产业化成果之一加以介绍。

日本传统的住宅绝大部分是木结构的单户住宅，直到今天，这种住宅无论是现有户数还是新建户数中仍占大半。传统的住宅建设的主力，是广泛分布在地方各个角落

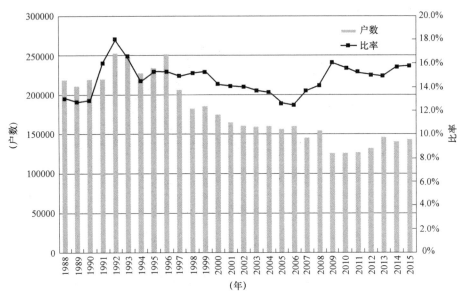

图 3-10 工业化住宅的建设户数与所占比例

（参考资料：日本《建筑与住宅统计情报》）

的、以木工为主的"工务店"。工务店实际上是住宅建筑从设计到施工的总承包，担任工头的木工称为"大工"，他们多数同时是工务店的经营者。工务店是根深蒂固的地方型住宅建筑商，他们与居住者为邻，不光负责住宅的建设和维修，在很大程度上还对该地区的结构与景观起着决定性作用，甚至其他的建筑关联工种，例如水、电、门窗等工人，都由他们调配，建材也多经由他们的手流通。

以工务店为主的住宅建筑体制的问题，可以归纳为以下几点：

1）性质上属于个人经营的小型、分散经济，营业范围窄，不利于技术革新和设备投资。

2）工务店的经营多数是代代相传，从社会经济的角度上看，有很大的局限性，而且在资金和人才上存在着许多不安定因素。质量和性能也取决于各自的技术水平，非常参差不齐。

3）建筑行为多以现场加工制作为主，劳动生产率低，技术面窄。例如，他们所能建造的住宅几乎全为木结构，这种生产体制对技术进步和多元化来说是一大障碍。

20世纪50年代，二战后的日本住宅严重不足，到了1960年日本建设省仍称36%的家庭是住宅贫困户。而传统上建住宅所用的木材又因战争中乱砍滥伐所剩无几。综合各种因素，要靠小规模、以木结构和工务店为主的住宅建设体制来解决燃眉之急的住宅问题是不可能的。

1962 年，出于废除木结构的公营住宅的目的，日本建设省召集了有关的企业和团体，建立了"推进量产公共住宅协议会"。同一时期，以开发轻钢结构住宅的企业为主，同样在建设省的指导下成立了"预制组装建筑恳谈会"。同年，建设省还设立了作为建设大臣的顾问会议的"促进建筑生产近代化协议会"，强力地推行建筑生产的现代化政策。在此形势下，由企业组成的上述两民间组织实施了合并，成立了"预制组装建筑协会"，直到今天，它仍对日本建筑现代化起着重要的作用。

作为推行住宅建筑现代化的政策之一，"住宅金融公库"同年制定了向"不燃组装住宅"贷款的制度。并对"不燃组装住宅"作了以下的定义：

1) 使用工厂生产的材料。
2) 主要部分使用具有良好的耐火性、耐久性和高强度的不燃材料。
3) 具有优于传统木结构住宅的居住性能。
4) 建筑工期为 1 个月以内。

因此，满足上述条件的轻钢结构预制组装住宅开始蓬勃发展。1964 年，该制度扩大到包括经过改良而具备了耐火性能的木结构住宅。图 3-11 是这些后来被称为工业化住宅的早期的例子。

3.3.2　生产、组装、销售

住宅的工业化生产，如前节所述的住宅部品化一样，促进了其他相关产业加盟住宅产业。现在已成为一流大企业的住宅生产商的原来所属产业有钢铁、化学、汽车、木材产业以及大建筑商，而从传统的工务店发展过来的则很少。

工业化生产的方式主要有两种：一种是将住宅的墙和楼板等分解为平面构件，在工厂进行生产的方式。以这种方式生产的钢筋混凝土结构住宅、钢结构住宅、木结构住宅都不乏例证。它不但结构合理，而且工厂的生产效率高，运输也容易。很多在工厂时就已经把门窗装上了，甚至有些将外装修、内装修、保温层、门窗等全集成为一体，最大限度地减少现场的安装工作。图 3-12 是钢筋混凝土结构工业化住宅的示意图，钢筋混凝土构件的生产和组装与后述的工业化集合住宅基本上是一样的。图 3-13 和图 3-14 是一组由 MISAWA HOME 株式会社提供的木结构住宅的生产与组装的照片，从中可以看到生产构件的流水线自动化程度很高，可以与汽车工厂的生产线相媲美。

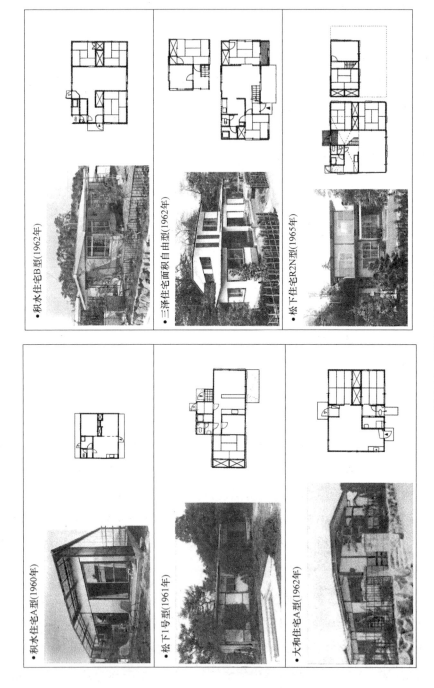

图 3-11 早期的工业化住宅
(参考文献:松村秀一著《工业化住宅·考》)

第3章 住宅产业化

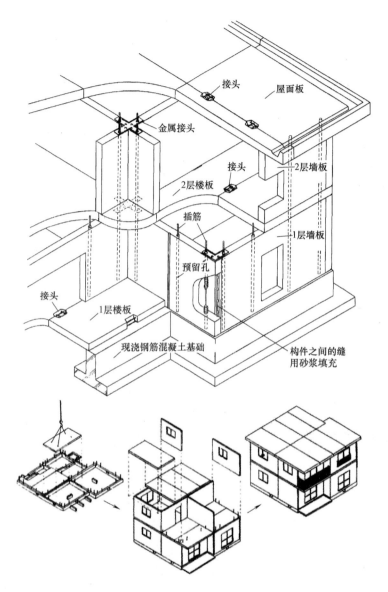

图 3-12 钢筋混凝土结构工业化住宅的示意图

(参考文献：日本《结构用教材》)

另一种方式是将住宅分解为立体空间的单元体，每一个单元体在工厂的流水线上生产，出厂时单元体内的墙、楼板、设备、装修等，所有的构成物件都已安装完毕，运到现场组装，数小时后，至少在外形上一栋住宅便拔地而起。单元体的大小主要取决于道路运输的条件和住宅形状。采用这种方式建住宅的工业化程度更高，原来在现

图 3-13　木结构平面构件的生产线（日本 MISAWA HOME 株式会社提供）

图 3-14　木结构工业化住宅的组装（日本 MISAWA HOME 株式会社提供）

场的工作绝大部分移到了工厂内进行。但相比起前一种方式，工厂生产效率和运输效率稍低，由于构件的体积大，为调整工期而存放时所需的空间也大。图 3-15 是单元体的生产线，从中可以看到单元体里的外墙、内装修、门窗、厨厕设备都已经装上。图 3-16 是现场组装的情形，8：50 开始吊装第一个单元体，到 16：30 已建成了一栋住宅，剩下的只有在室内进行的接线和连接部的处理。

住宅生产工业化的目的之中少不了追求降低成本。与上节所述的部品一样，成本问题包括社会物价的变动、比较双方的性能、质量水准不同等因素，很难直观简单地得出结论。而工业化住宅带来的最大的经济成果，非常有意义，但不是一开始就被人们所预料到的，就是它真正实现了住宅的商品化。

第 3 章　住宅产业化

图 3-15　单元体的生产线（日本 MISAWA HOME 株式会社提供）

① 8:50 现场平始吊装

② 11:00 首层吊装完毕

③ 15:00 二层吊装完毕

④ 16:30 当天之内屋顶吊装完毕

图 3-16　单元式工业化住宅的组装（日本 MISAWA HOME 株式会社提供）

早期的工业化住宅全都是标准型，规模、外形、户型、材料等都是固定的，它只有型号而没有商品名，给人的是千篇一律、无可选择、廉价普及住宅的印象。进入 20 世纪 70 年代以后，住宅市场渐趋饱和，再加上石油危机的冲击，住宅的需求急剧减少，这促使住宅生产商追求与他人的差异，走商品化的路线。所谓概念型商品住宅便应运而生。概念型商品住宅的外观风格、性能规格是固定的，还包含许多具有个性的独立部品和设备，以此来吸引顾客刺激市场。人们可以在住宅展示场里（图 3-17），从各生产商、各牌子的商品系列中，选购自己所喜欢的风格与样式，要求的性能等都可以直接看得见摸得着。选定以后，由该生产商按自己的用地大小进行详细的规模和户型设计，不久之后，自己所购买的住宅就坐落在自己的土地上了。这种以工业化住宅商品概念为本，通过具体的设计来对应各客户的意向和要求的手法也被称为设计商品化。原来发包与承包的建筑行为变成了具备商流和物流的商业行为，住宅由建造变成了可以购买，真正成为了商品。日本之所以能在住宅市场饱和之后仍维持着高水平的新建住宅数量，与用商业手法来刺激市场的行为是分不开的。

图 3-17　住宅展示公园

现在，工业化住宅已经抛弃了呆板、单调、廉价的形象，走向了成熟阶段，成为优质安定、信赖性好的住宅的代名词。它的优点和缺点可简单地归纳如下。

1）以工业化生产为手段实现了住宅产业化，极大地促进了技术进步，提高了劳动生产率。

2）经营规模大、社会信用度高，有利于保证住宅质量和提高长期信用保障。

3）作为工业产品的住宅，质量和性能良好而且稳定。

4）实现了住宅的商品化，对市场经济是一个极大的刺激。

5）大范围的营业、频繁的新商品开发、庞大的厂房设备，往往成为生产商的沉重负担，也是工业化住宅的价格高居不下的原因之一。

6）某种程度上仍然受到少品种、大批量生产体制的束缚，建筑的自由度仍有待提高。

现在任东京大学教授的松村秀一先生在 1987 年出版的《工业化住宅・考》一书中指出，居住文化的创造与商品的买卖有所不同，包含了许多在商品买卖中所不能体现的意义。作为商品的工业化住宅，在这个过程中没有留给居住者足够的空间，让他们以主角的身份参与建设自己的住宅。最后对工业化住宅的意义与未来作了以下的总结：

"至今为止的工业化住宅为了成为商品，在提高质量、降低成本等多方面都作出了极大的努力。这些成果全都积累在产业体制里，重要的不是生产出来的住宅，而是在这过程中培养起来的产业体制。这个体制一方面应该把成果以某种形式还原给社会，另一方面应在全行业中起领头者的作用。也就是说，今后的工业化住宅应该超出商品的范畴，更充分地发挥独自的优势。

从这个意义上讲，现在已成为创造居住文化核心的工业化住宅行业，应该超越制造商的范畴，结合各自的特长，发挥商品化中培养起来的技术和体制的优势，创造出新时代的住宅建设总体系统。"

3.4 预制组装混凝土结构

3.4.1 早期的预制组装结构

自从 19 世纪末开始普及混凝土结构之后，日本一直努力追求其施工合理化。其中，最具有代表性的是预制组装工法，简称为 PC（Precast Concrete）工法，或 PCa 工法。前者容易与预应力混凝土结构（Prestressed Concrete）混淆，最近趋向于使用后者。

表 3-2 归纳了日本的预制组装混凝土结构的发展过程。

PCa 年表 表 3-2

年份	事件
1907 年	Tilt Up 工法的开发（美国人 Thomas Collins）
1919 年	伊藤为吉式 PCa 组装工法方案
1922 年	组装式混凝土围墙
1941 年	田边平学、後藤一雄的组装混凝土结构方案
1947 年	不燃组装住宅"预制混凝土房"推出
1947 年	纯剪力墙钢筋混凝土结构集合住宅（高层住宅）建设
1950 年	多用于学校建筑的"丰预制混凝土"推出（旧丰田混凝土株式会社）
1952 年	《纯剪力墙钢筋混凝土结构住宅设计规范》（日本建筑学会）制定
1952 年	纯剪力墙 Tilt Up 工法的应用
1955 年	住宅公团成立
1957 年	PCa 二层集合住宅建设
1960 年	PCa 工法的中层化研究
1961 年	采用纯剪力墙 Tilt UP 工法建设四层的集合住宅
1961 年	现场用蒸汽养护生产大型 PCa 板
1962 年	促进建筑生产近代化协议会、量产公共住宅推进协议会成立
1963 年	预制组装建筑协会成立
1964 年	联合国专门调查委员向日本政府提出建筑生产近代化的建议书
1964 年	住宅公团批量生产试验场设立
1965 年	住宅公团的现场纯剪力墙 PCa 制作工厂建立
1966 年	第一期住宅建设五年计划制订
1966 年	众多的民间预制工厂设立
1966 年	HPCa 工法的前身 YS 工法应用于住宅建设
1968 年	模板兼用 PCa 板工法试用
1970 年	从德国输入半楼板技术
1970 年	SPH:公共住宅用大型 PCa 板中层集合住宅标准设计委员会成立
1970 年	HPCa 工法运用
1972 年	民间各企业竞争开发新的结构体工法（KIDS. FRPC. PASH）
1973 年	开发了代替 SPH 的 NPS
1974 年	八层纯剪力墙 PCa 工法的开发
1974 年	RPCa 工法（框架）的开发
1977 年	公团开始采用性能发包方式
1977 年	建立采用民间开发的工业化住宅建设技术的制度
1981 年	施加预应力的 R-PC 工法试用
1985 年	复合化工法试行
1986 年	半 PCa 化技术开发
1989 年	日美共同研究 PCa 结构
1990 年	墙式框架的 PCa
1990 年	日美共同研究半 PCa 结构
1996 年	众多的运动场、仓库、立体停车场的建设采用了预应力预制混凝土结构（PCPCa）
1997 年	超高层钢筋混凝土结构普遍采用预制化

PCa 工法的原型是 1907 年由美国人（Thomas Collins）发明的、一般在现场进行的平打竖立（Tilt Up）工法。日本住宅公团，运用近似的方法从 1956 年开始试验建设二层的集合住宅，并开始应用于中层集合住宅的研究，其成果反映在 1961 年四层集合住宅的建设上。

平打竖立工法虽然是 PCa 工法的原型，但它只是在现场制作，生产条件比现场浇筑并没有太大的改善，一个工程的使用量毕竟有限，无法使用大型的生产设备，也不能取得大量生产的效果。在此工法的基础上追求工业化，首先需要工厂和大量生产的技术，其次还离不开将又重又大的制品从工厂运到现场的手段。1964 年公团设立了批量生产试验场，开发了使用水平钢模板、蒸汽养护的工厂制作技术。从此，PCa 工法真正成为工业化的主角登上了舞台。

1966 年，"第一期住宅建设五年计划"提出了新建 270 万户的目标，大量的民间预制工厂应运而生。住宅公团一方面向民间工厂大量发包 PCa 工法的集合住宅工程，另一方面积极地吸取民间的新方案和新技术，极大地促进了 PCa 技术的进步。这一年，纯剪力墙 PCa 结构已经盖到五层。为了向高层发展，同时进行了 PCa 板内藏有 H 钢（工字钢）的 HPCa 工法的开发。

初期的 PCa 集合住宅，继承了平打竖立工法的纯剪力墙结构，墙体和楼板都是平面构件。在钢制的平台上制作，通过蒸汽养护一天之内即可脱模，立起来存放，非常适合工业化大量生产。为了提高生产效率、降低成本，公共住宅采用了标准设计。图 3-18 是 1970 年 SPH（公共住宅标准设计）的标准设计之一，住户的开间以 15cm 为模数调整，纵深则固定为 7.5m，由此设计出的户型有 2K、2DK、3K、3DK 等（参见第 5 章）。当然建起来的住宅呆板、千篇一律是那个时代的烙印。经历了石油危机的冲击后，大量建设的时代已告结束，对生产技术体制提出了灵活性和多样性的新要求，公团也于 1973 年以比较灵活的 NPS（公共住宅新标准设计系列）取代了 SPH。SPH（公共住宅标准设计）是标准化的户型，而 NPS 是设计规则，既能维持 PCa 的有效性和生产效率，又能充分地对应各种建筑物的具体要求。随之，民间在灵活性要求更高的分售住宅建设中也采用了 PCa 工法。

图 3-19 是纯剪力墙 PCa 结构的示意图。PCa 板之间通过钢板焊接或钢筋搭接等方法使建筑连为一体，以充分保证它的抗震性能。早在 1952 年，日本建筑学会就已制定了纯剪力墙结构的设计规范，以后又制定了纯剪力墙 PCa 结构的专门规范，为这种工法的出台提供了设计依据。

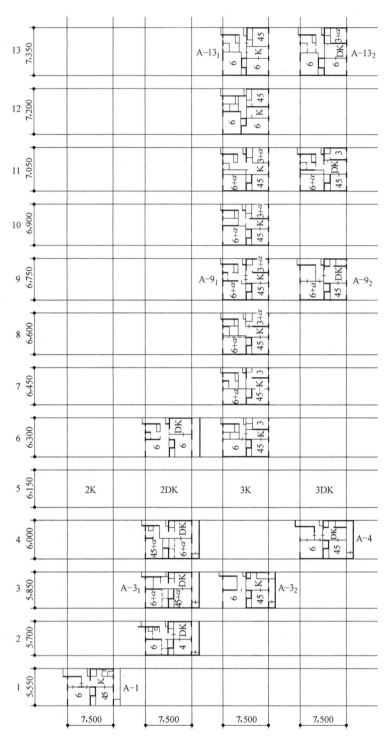

图 3-18　SPH 公共住宅系列表的 A 系列

第 3 章 住宅产业化

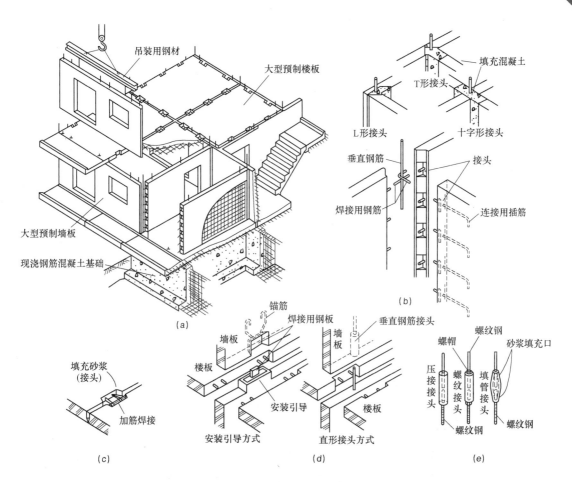

图 3-19 纯剪力墙 PCa 结构的示意图

(参考文献：日本建筑学会《结构用教材》)

(a) 全体组装图；(b) 墙板垂直接头；(c) 接头部位；(d) 墙板与楼板的接头；(e) 钢筋接头

表 3-3 列举了 1967~1974 年之间进行的一系列足尺结构试验，充分考证了 PCa 结构体系的抗震性能。几十年来，这种结构经历了数次大地震。除了 1964 年新潟地震中因地基液化发生过整体倾倒之外，没有因为本身的结构问题而出现损坏的任何报告。

PCa 结构体系的结构试验　　　　表 3-3

1969 年	PCa 板组装式钢筋混凝土结构五层住宅足尺抗震试验
1968 年	现浇纯剪力墙钢筋混凝土结构五层住宅的足尺极限试验
1969 年	丘陵地带用错位型现浇纯剪力墙钢筋混凝土结构住宅的足尺试验
1971 年	现浇的纯剪力墙钢筋混凝土结构八层住宅的足尺试验
1974 年	PCa 板组装式纯剪力墙钢筋混凝土结构八层住宅的足尺试验

(参考文献：泽田光英著《我的住宅工业化与产业化的源泉故事》)

3.4.2 近期的预制组装结构

1980 年代以后的 PCa 工法，从目的到方法都发生了极大的变化，具体的比较在表3-4作了简单的归纳。

20 世纪 80 年代以后 PCa 技术的变化　　　　　　表 3-4

年代	20 世纪 70 年代以前	20 世纪 80 年代以后
社会背景	住宅不足	劳动力不足
PCa 化目的	大量建设	大规模建筑
	品质安定、标准化	个性化建筑
	降低成本	短工期、高质量
	工业化	省力化、文明施工
建筑规模	低层、中层	高层
结构形式	纯剪力墙	框架
结构种类	钢筋混凝土	钢筋混凝土
		钢骨钢筋混凝土
		预应力结构
PCa 范围	全 PCa	半 PCa，按部位选择工法
量与种类	小规模多工程的集约	大规模单工程对应
生产体制	少种类、大批量生产	多种类、少批量生产

这个时期，日本已解决了住宅数绝对不足的问题。但随着人口向大城市集中，城市集合住宅的建设量仍不断增加，而且建筑规模越来越大，数十层数万平方米的大型住宅项目层出不穷。此时劳动力的慢性不足已经成为了社会问题，预制组装工法成为省力化、保证工期、确保质量的重要手段。与纯剪力墙 PCa 工法不同的是，高层住宅的 PCa 化已不是成套的固定的工法，而是各项目根据时期、地点、建筑物的特点，具体进行梁、柱、楼板等各部位的工法选择，预制件的形式也多为半 PCa 化，留出现浇的部分有利于保证建筑的整体性。由于规模大，单项目里就有相当数量的 PCa 构件，而且可以分类归纳，具备工厂生产的基本条件。但是，项目之间并无共通的标准，与纯剪力墙 PCa 时代的少品种、大批量生产体制有根本上的区别。这一时期的另一个特点是预制组装工法已不限于钢筋混凝土结构（图 3-20），钢骨钢筋混凝土结构（图 3-21）、预应力混凝土结构的应用也不乏例证。

近来众多的预制组装结构中，工业化程度和建筑技术水平都达到非常高水平的可

第3章 住宅产业化

图 3-20 在超高层集合住宅建设中采用的半 PCa 工法

图 3-21 钢骨钢筋混凝土结构的半 PCa 梁和半 PCa 楼板

说是预应力组装工法（PCPCa 工法）。它的结构概念如图 3-22 所示，构件与构件之间不需要连接的钢筋或钢材，只是通过钢索施加的预应力保证建筑的强度和整体性。这种连接方法被称为压力连接，最近也有叫"关节工法"的。形象地说，结构如人体的骨架，预应力钢索如人体的筋，这样形成的节点就和人体的关节一样，既有力又灵活，不但对提高抗震性能非常有利，而且施加了预应力的混凝土结构体在耐久性方面也得到很大的提高。

图 3-23 是黑泽建设株式会社提供的一组该工法的照片。构件是在带张拉装置和

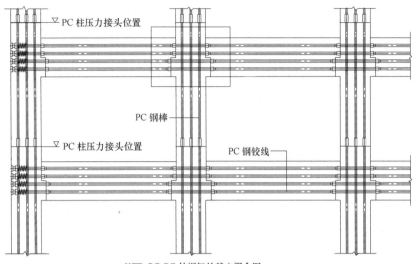

KTB·PCaPC 外框架的基本概念图

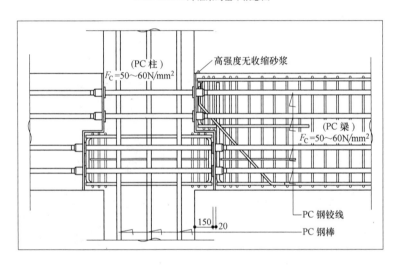

图 3-22 预应力组装的结构概念图（日本黑泽建设株式会社提供）

蒸汽养护的长达百米以上的生产线上生产的，生产出来的构件需要在良好的环境下存放，构件的运输除了陆路以外也经常采用水路。在吊装的照片中可以看到为穿插预应力钢索而留的孔，在现场基本上省去了模板工程和钢筋工程。

这种工法广泛应用于大型运动场、大型仓库、集合住宅、单户住宅、学校等，流行一时，并出现了不少获得各种大奖的有名建筑。图 3-24 是采用该工法的有名建筑之一"公立函馆未来大学"。高达 20 多米高的柱子分节在工厂制作，现场的组装是以施加预应力连接的，不需现浇的接头。屋顶的梁和天花楼板同样是采用了预应力构件，

第3章 住宅产业化

图 3-23 预应力组装结构的构件制作和组装（日本黑泽建设株式会社提供）

既不要模板也不需连接钢筋,构件笔直轻巧的线条和光洁的清水墙面,非常完美地展现出建筑物的设计风格。

图 3-24 预应力预制混凝土结构的"公立函馆未来大学"
(日本黑泽建设株式会社提供)

第4章 住宅的可持续性发展

4.1 SI 住宅
4.2 百年住宅建设系统（CHS）
4.3 住宅性能表示制度的耐久性规定
4.4 200 年住宅
4.5 住宅的再生

4.1 SI 住宅

4.1.1 Skeleton（骨架）与 Infill（填充体）概念的引进

(1) SI 一体化的盲点

当今的日本，SI（Skeleton Infill）住宅成为了实现住宅长寿化各种尝试中的基本理念。这个理念是指通过将骨架和基本设备与住户内的装修和设备等明确分离，从而延长住宅的可使用寿命。这种建筑思想得以在日本被理解及运用的原因，是因为大量的住宅虽然骨架还健全但装修和设备等却早已老化，因无法很好地改装和更新从而导致不得不拆掉重建。新建住宅往往过于注重设计上的方便和缩短工期，把使用年限不同的骨架与装修、设备等混在一起建造，这是造成了建筑物短命的重要原因。

(2) Open Building（敞开型住宅建设）

SI 住宅的核心思想是 Open Building（敞开型住宅建设）理论。这是由荷兰的学者哈布拉肯教授（N. John Habraken）所提出，因其出版的著作《Supports, an Alternative to Mass Housing》（支撑体——大量住宅建设的一个选择）而为人们所熟知。此理论的独特性在于融合了住户参与和工业化这一点上。当时在欧洲，大量生产的单调住宅已遭到人们的质疑，而哈布拉肯教授认为，单调的住宅是由于对工业化技术使用不当而造成的，应该将住宅建设的过程向居住者敞开，让他们参与，进而适当地活用工业化技术，可以达到良好的效果。

敞开型住宅建设理论主要在三个层面来解释住宅环境：Urban Tissue（城市肌理）、Support（支撑体）和 Infill（填充体）。这是对应公（社会）、共（群体）和私（个人）这三个在住宅建设中不同地位的代表而引进的概念。具体可参照表 4-1 所示的区分便非常清楚明了。在敞开型住宅建设理论中，这种按层面划分的手法特别受到人们的关注。另外，在地震多发的日本，人们对结构强度的关注度特别高，因此自然而然地以 Skeleton（骨架）取代了 Support（支撑体）并沿用下来。

(3) 两阶段供应方式

虽然在概念上可以将居住环境从城市肌理、骨架和填充体这三个层面整理出来，但是应用到实际的住宅建设中，还需要结合各国的相关法规和工程惯例等进行研究开发。在日本，对 SI 住宅供应进行实践性研究的先驱是京都大学的巽研究室，他们从 20 世纪 70 年代后期开始致力于所谓"两阶段供应方式"的开发，大阪府住宅供应公社作为事业的实行者进行了试验性建设。

集合住宅的协议形成层面与居住环境的各种属性　　　　　表 4-1

层面	Urban Tissue	Skelton	Infill
意思决定主体	社会	群体	个人
物质形态	街区	骨架与基本设备	室内装修与设备
主要生产手段	土地处理技术	现场施工技术	工厂生产
主要使用者	近邻住民	建筑物居住者	家人
财产性质	不动产		动产
耐用性要求	长期		短期

两阶段供应方式以满足居住者的多种需求，与以住宅供应而形成社会资产两立为目的，基本的问题设定继承了哈布拉肯教授的理论。但是，这种方式没有将公与共分层面考虑，而是将住宅供应公社设想为"公共"，从而将"公共"结合为一个概念。这是因为从初期的研究开始一直以公营住宅为主要对象，而作为公共事业实行者的供应公社同时担任着都市规划，因此 Urban Tissue（城市肌理）作为层面考虑的必要性降低了。这样，有关两阶段供应方式的研究课题被收敛为 Skeleton（骨架）和 Infill（填充体）这两个层面。

4.1.2　SI 住宅供应方式的探讨——《集合住宅综合开发项目》

(1) SI 住宅供应方式的先例

SI 住宅研究现阶段的最高点是《集合住宅综合开发项目》。所谓的《集合住宅综合开发项目》，是指日本国土交通省从 1997 年至 2001 年所实施的大型公共研究开发项目，正式名称为国土交通省综合技术开发项目《长期耐用都市型集合住宅的建设、再生技术的开发》，而更为人所熟知的是简称《集合住宅综合开发项目》。

《集合住宅综合开发项目》也可以说是为了实现集合住宅的长寿化，而尝试摸索一种介于分售与租赁之间的中间型供应方式。日本的尝试与摸索便是上述的两阶段供应方式，作为它的先例是对《集合住宅综合开发项目》产生了重要影响的"筑波方式"（筑波是地方名，独立行政法人建筑研究所的所在地）。这是由独立行政法人建筑研究所即原日本国土交通省建筑研究所开发的方式，由于在设定为"定期借地权"的土地上建造的 SI 住宅，因此也被略称为"Skeleton 定借"（骨架定借）。在日本现行法律制度下，"筑波方式"被公认为是完成度最高的、介于分售与租赁之间的中间型供应方式。但是，为了与现行的相关法规相适应而采取的巧妙对策却成为一般民众难以理解的地方，从而严重阻碍了它的普及发展。

在此就以"筑波方式"（图 4-1）的背景，对日本的特殊情况作补充说明，这特殊情况就是借地方式陷入机能不全的困境。日本是土地私有制的国家，但在战后没有健全的借地制度，几乎没有真正施行过新的借地合同，结果是过度保护了借地人的权利，借地期限事实上也变成了无限长。为了改变这样的状况，日本于 1992 年制定了不延长的、定期结束的借地制度（定期借地制度）。"筑波方式"正好是在土地私有制下，通过借地来实现介于分售与租赁之间的住宅供应方式，换个角度来看，其实"筑波方式"也可以说是一种对定期借地权的有效运用方法的摸索。

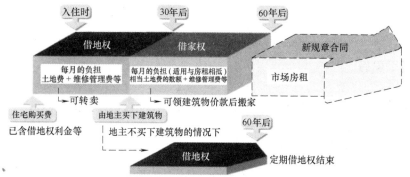

图 4-1 筑波方式的结构图

（参考资料：日本建设省编《何为骨架住宅？——持久型集合住宅建设的思考》）

(2)《集合住宅综合开发项目》的探讨范围

《集合住宅综合开发项目》为谋求集合住宅的长寿化，主要在以下三个课题上进行研究和探讨：①SI 住宅的普及；②改建技术的开发；③重建手法的开发。具体来说，其一是通过运用 SI 住宅的手法实现住宅的长寿化；其二是通过开发对现有住宅的改修技术来延长住宅的可使用寿命；其三看似与住宅长寿化相矛盾，实际上是对一些因为权力上的纠纷等原因而无法有效地维护管理的集合住宅，为使它们能顺利地重建制定的一系列法律制度。

与本节内容有关的是第一个课题，它的最大特征是，将供应方式的探讨摆在了中心位置。在此之前，公共住宅部品的开发项目中也曾经围绕着供应方式展开过讨论，但毕竟是可以通过建筑生产体制的内部调整可以解决的范畴。而《集合住宅综合开发项目》中，以《建筑基准法》建筑确认制度的内容和手续为中心，议论还进而涉及了《区分所有法》、《民法》等的范畴。

表4-2是根据藤本秀一先生的《SI建筑的设计与项目》一文里的内容归纳出来的、《集合住宅综合开发项目》中所进行的试验项目和内容。在SI住宅的利用手法中，既有近似于通常租赁的，也有近似于分售的，而根据租赁合同的签约方式不同，也会产生很多的变化。此外，在公共事业者与民间开发者之间，由于开发事业的目的等大

SI住宅的试验项目和内容（摘选）　　　表4-2

实验项目及主要探讨内容	名称（供给方式及主体）
1. 骨架租赁住宅中简易可变Infill的设置试验： ①简易可变Infill的施工性、可变性的验证； ②骨架租赁住宅的对应维修管理系统的探讨	Flex Court　吉田 大阪府住宅供给公社　租赁
2. 包含外墙移动的Infill的变更试验： ①包含外墙移动的住户内部全面改造的费用及施工期的探讨； ②制定住户内部全面改造的规则手册	实验集合住宅NEXT21 民间Skeleton租赁
3. Skeleton与Infill的两阶段建设试验： ①有关建筑确认、假使用承认、竣工检查等的探讨； ②有关登记、融资制度的探讨	丘之上HOUSE cooperative Skeleton定借
4. 公营住宅中SI技术的引进试验： ①假想为公共租赁住宅的建筑物改造的对应方针的探讨； ②超长期的修缮计划及迁居系统的探讨	会津本乡町营县道沿路团地 会津本乡町　町营住宅
5. KSI住宅中开发技术的适用试验： ①Infill的分开订货及分开施工； ②施工期缩短化、省力化、低噪声化等施工方法的探讨	Confort横须贺本町 都市地基整备公团 租赁
6. 由民间事业主体所进行的Skeleton租赁的示范试验： ①Skeleton租赁的合同事项的探讨； ②采用PCa施工方法的Skeleton	Opening House久之原 民间Skeleton租赁
7. 由民间事业主体所进行的Skeleton分售的示范试验： ①Skeleton分售的各种合同、协定事项的探讨； ②Infill按户施工方法中法律规定、融资方面的课题探讨	Uni Heim与力町公园 民间Skeleton分售

有不同，因此必要的探讨项目也有所不同。在示范试验中，针对各种各样的中间型供应方式，分别做了其效果验证，同时也抽出了需要继续探讨的课题和新发现的问题。

(3) SI 部位区分的整理

将集合住宅的各个部分区分成 Skeleton（骨架）与 Infill（填充体）这两个范围是 SI 住宅的事业规划和设计的中心思想。但是，这两者之间的界限存在不少模糊之处。例如，窗户一般归为 Skeleton（骨架），但也有将其归为 Infill（填充体），大小和位置都可由住户安排。换而言之，Skeleton（骨架）与 Infill（填充体）之间的界限存在着供事业开发者和设计者可以自行决定的余地，而也可体现出各开发项目的建筑设计上的独特性。

图 4-2 为根据《集合住宅综合开发项目》所整理后的 SI 部位区分概念图。通过引进区分 2 与区分 3 来显示出性质模糊部分的归属方向。Skeleton 的区分 1 与 2 是根据维修工程的频繁程度来划分的，其中区分 2 中还包含有防水层、外部涂装、电梯等。另一方面，Infill（填充体）的区分 3 与 4 是根据在改修时需要经过批准或同意的层面来划分的，其中区分 3 中包含了大门和窗户等。

(4) SI 住宅的指针（草案）——SI 住宅中应注意的事项

表 4-3 为基于《集合住宅综合开发项目》的探讨上所编写出的《SI 住宅的指针（草案）》的一个框架，可供 SI 住宅设计参考的具体内容则在各事项的解说中有所论述，在此不详细叙述，但是实际上对于日本的建筑技术人员来说，这并不是什么崭新的内容，其实它的绝大部分可以认为是由下一节介绍的百年住宅建设系统（CHS：Century Housing System）的思想与"性能评价住宅"中的一部分评价项目共同构成的。

换言之，追求集合住宅长寿化的硬技术的开发，无论在制度上还是在设计手法上，基本上都在《集合住宅综合开发项目》之前已经完成了，因此《集合住宅综合开发项目》中将 SI 住宅的实用供应方式作为重点的探讨对象。当然少不了对 Skeleton（骨架）与 Infill（填充体）本身进行研究，但是正如表 4-2 所示的那样，毕竟只是考察它对于不同的供应方式的适合性。

(5) SI 住宅的供应及现行法律制度

以《建筑基准法》为首的日本建筑相关法律和法规，是以建筑物全体的新建工程作为主要对象，原则上没有对将 Skeleton（骨架）与 Infill（填充体）分离的供应方式考虑。但是，这还是建筑生产体制的内部问题，也比较容易解决。实际上，如表 4-4（参考文献

第 4 章 住宅的可持续性发展　111

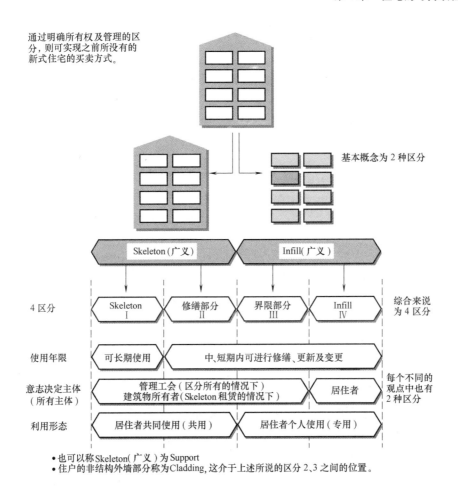

图 4-2　SI 部位区分概念图

(参考资料：日本国土交通省编《今后的骨架住宅》)

与表 4-2 相同) 所示，在经过《集合住宅综合开发项目》的探讨之后，也完成了对《消防法》的调整。反而在 SI 住宅这样的中间型供应方式的普及过程中，问题更加严重的却是与《区分所有法》、《登记法》等法律之间的矛盾。这也是由于若不能解决这些矛盾的话，就无法取得像"Flat 35 (旧住宅金融公库融资)"这样的融资。

例如，登记是以建筑物为单位来进行的。因此，还有 Infill (填充体) 未完成的住户混在一起的建筑物，以前就会视为建筑物整体未完成而无法登记。通常，融资是在抵押权确定之后实行的，因此未登记的话就无法取得融资。现在已经引入了像"居宅

(户内未装修)"这类型的概念，因此就算是 Infill（填充体）未完成的住户也可以进行登记了。

SI 住宅的指针（草案）　　　　表 4-3

1. Skeleton 与 Infill 充分考虑到建筑物中材料的使用年限及空间利用主体间的差异,从而谋求两者分离
1-1 谋求充分考虑到建筑物中材料的使用年限的 Skeleton 与 Infill 的分离；
1-2 谋求充分考虑到空间利用主体间的差异的 Skeleton 与 Infill 的分离
2. 确保骨架结构的耐久性及耐震性
2-1 确保骨架结构的耐久性(采取相关措施来减轻建筑物的老化程度)
2-2 确保骨架结构的耐震性(地震时的安全性)(采取相关措施)
3. 确保建筑物的维持管理及更新的容易性
3-1 确保共用部分(尤其是保护骨架结构部分)的维持管理及更新的容易性
3-2 确保共用及专用部分的管道、管线等维持管理及更新的容易性
3-3 采取相关措施,使维持管理及更新能有效地实施(设计图纸等建筑物信息的整理备案、管理体制与区分的明示等措施)
4. 确保住户的户内装修及设备(Infill)的可变性(确保可变性所需的空间余地)
4-1 骨架结构内的空间面积(Skeleton 面积)需保持在一定的宽广程度以便保证住户的可变性
4-2 骨架结构的净高(Skeleton 净高)需保持在一定的高度以便保证住户的可变性
4-3 当户内存在有如承重墙、承重结构的柱等时,不能影响住户的可变性
4-4 骨架结构要能实现确保了主要居室的采光及通风等问题的住户规划
5. 确保舒适、宽裕的居住性能
5-1 要对骨架结构做出规划,以使共用部分(尤其是走廊、楼梯、共用设施等)在空间上有宽裕
5-2 要对骨架结构做出规划,以确保近邻间的隔声性能
6. 须考虑建筑物与周边环境的和谐

实际上，始于 Open Building（敞开型住宅建设）理论的 SI 分离供应，在日本或欧美等国也并没有得到普及，但是其未普及的原因却有很大的不同。在日本，主要原因是只考虑了租赁和分售的法律制度的不成熟，阻碍了像 SI 住宅这样的中间型供应方式的实现。而另一方面，在欧美也同时存在着如 Leasehold（长期租借占用权）等的中间型供应方式，如 SI 分离供应这样的中间型供应方式从一开始就不太符合社会要求。

不管怎样，在创造可持续居住环境的意义上，建立分售和租赁以外的第三种住宅供应方式是必不可少的。半个世纪以来，日本一直都是采用从建筑物骨架到室内装修、设备等一气呵成的建设手法，由此建造起为数不少的不利于可持续性的、无法实现长寿命的集合住宅。如今，正是基于这种反省，日本正在努力摸索集合住宅的新型供应方式。

SI 住宅与法律制度的抵触 表 4-4

	法律制度等	问题的内容及发生条件	对策的方向性及遗留下的问题
工程竣工检查	《建筑基准法》	Infill 未完成住户混合在一起居住时的建筑物使用	适当地运用临时使用承认制度(通告 1997.3.31)对于已完成户内装修的住户,要追加发出临时使用承认的通知书
	《消防法》	Infill 未完成住户混合在一起居住时的建筑物使用	Infill 未完成时住户混合在一起居住的建筑物视为完成状态(通告 2000.3.27)。其中的一户的户内装修完成并开始使用时,即开始审查
合同	《宅地建筑物买卖业法》	Skeleton 买卖与 Infill 承包的一揽子合同	合法。定为带有 Infill 建筑条件的 Skeleton 买卖合同。但是,在广告中,必须把经过建筑确认的 Skeleton 与 Infill 分别标明价格
	公正买卖委员会	Infill 承包合同的第三者指定	允许。但是,Skeleton 卖主在关于 Infill 的买卖合同上拥有多个选择
缺陷	《品确法》	与 Skeleton 和 Infill 都有关系的项目的缺陷	特别指定修补等的责任者恐怕会遭遇困难。今后,有必要开发 SKeleton 的买卖合同书
登记	《登记法》	Infill 未完成时住户混合在一起居住时的建筑物登记	已完成户内装修的住宅被为"居宅"而 Infill 未完成的住宅则作为"居宅"(户内未装修)来进行登记
融资	住宅金融支援机构	Infill 未完成时住户混合在一起居住的建筑物的融资	Flat35 在设计检查后可更改设计。但是,最终需要检查完了证明,因此尚未决定入住者的住宅也可在完成户内装修之后再接受工程竣工检查

4.1.3 SI 住宅的试行

(1) KSI 住宅的开发

都市再生机构充分继承了从日本住宅公团时期以来的成果,开发了"机构型 SI 住宅"(简称 KSI 住宅),其基本技术要素都已在 1998 年建成的实验楼中获得验证,还包括如可变地板、同层排水方式等的 Infill (填充体)相关技术。在那以后,通过应用于实际工程,不断得到改良发展。

表 4-5 记载了 KSI 住宅在设计时的 4 个要素。原来的公团住宅是采用高低楼板来避免给排水配管带来的楼面的高低差。但是复杂的结构体会影响建筑物的可使用寿命,为此 KSI 住宅采用的是平楼板,而通过增加层高来解决这个问题。结构体与设备分离的思想原来是由下一节所述的 CHS 提出的,而 KSI 住宅则更为彻底地避免将电线、给排水管道等埋入结构体里。

表 4-6 所列的是 KSI 住宅的几个代表例。它们所采用的技术则如图 4-3 所示。KSI 住宅的内装修原则上是采用先铺地板后立墙的方式。在实际的工程中将各个主要技术有机地结合起来。

KSI 住宅设计的 4 个要素　　　　　　　　　　　　　　　　　　　表 4-5

1.	高耐久性的结构体	通过降低混凝土的水灰比建造高耐久性的结构体
2.	无次梁的大型楼板	减少户型设计上的障碍,采用空间可变性高的大楼板
3.	把共用的排水管设置在住户的外面	把共用的排水管设置在住户的外面的目的在于增加改装时的户型空间的可变性
4.	电线与结构体分离	采用吊顶内配线或薄型电线,将配线与结构体分离,有利于以后的修理和改装

（参考资料：都市再生机构《KSI—Kikou Skeleton and Infill Housing》）

KSI 住宅代表案例　　　　　　　　　　　　　　　　　　　　表 4-6

名　称	总面积	户数	特　征
	层数	层高	
City Court 目黑	38400m²	484 户	・KSI 住宅第 1 号。 ・包括 SOHO 都心型住宅的新方案
	9～13 层	2875～2950mm	
Acty 汐留	88000m²	760 户	45～56 层为民间企业租用的租赁住宅
	56 层	3050～3250mm	
River Harp Court 南千住	17500m²	231 户	由内装修材料制造商进行试验性施工
	10 层	3050mm	
Acty 三轩茶屋	3900m²	47 户	利用可移动家具作间墙的可变户型
	6 层	3000mm	
Heart lsland 新田一号街・二号街	53200m²	566 户	以 KSI 系统实现的环保住宅
	7～14 层	3000mm	
百合树路 33 号街	10600m²	127 户	结构上采用了扁平梁的设计,增大了门窗的面积
	4～5 层	3050mm	
La Verte 明石町	29900m²	199 户	低层部分设置高龄人设施的都市复合型集合住宅
	22 层	3150mm	

(2) Skeleton（结构）设计案例——Grand Hills 港南台

图 4-4 为民间开发商——野村不动产株式会社所供应的 SI 住宅的 Skeleton 规划图。该建筑物共 7 层,2001 年竣工。这个 Skeleton 规划图的特征可归结为三点。第一点,虽然是框架结构,梁柱都没有向户内突出,具体的手法是把柱设在阳台和共用走廊上,把梁的宽度也调整到与住户间隔墙厚度一致。第二点是在住户的中部设置了"多目的共用竖井"。竖井可以从屋顶进入,共用给排水管的修理与更换都不用进入住户里。而浴室、厕所、厨房等用水设备被规定设置在离这个竖井约 5m 的范围内,设计上认为这个范围内已经足以确保了空间布局的灵活性。最后一点是管线与骨架结构分离。在过去的住宅里,电线等设备常被埋设在楼板里,这个例子说明了骨架与设备可以实现完全分离。

第 4 章 住宅的可持续性发展

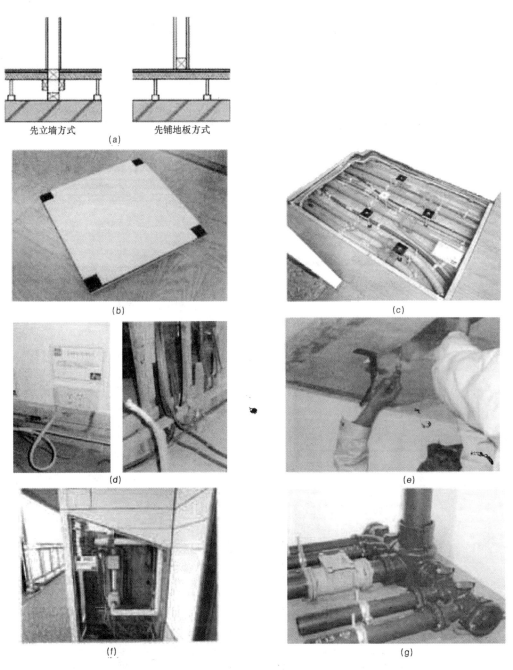

图 4-3 KSI 住宅采用的主要技术

(a) 先铺地板后立墙的方式；(b) 铺设型地板；(c) 地板下配线管道，要保证约 300mm 高的空间；(d) 地板下配线：电线不埋在楼板里；(e) 胶带线槽施工法，电线不埋在楼板里；(f) 共用排水管：设置在住户外；(g) 排水接头：实现了放坡只有 1/100 的排水

(参考资料：都市再生机构《KSI—Kikou Skelton and Infill Housing》)

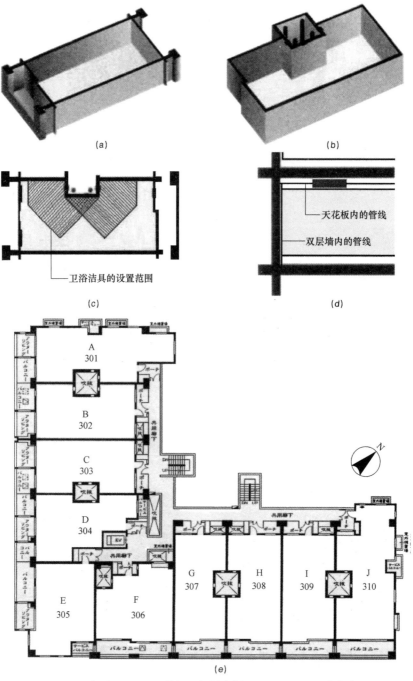

图 4-4　中层 Skeleton（骨架）规划实例——Grand Hills 港南台

（a）Skeleton 形状的单纯化；（b）多目的天井设置；（c）卫浴洁具地带的设定；
（d）骨架结构与管线的分离；（e）标准层的 Skeleton
（参考资料：日本野村不动产《Grand Hills 港南台销售宣传小册》）

(3) Infill 的施工实例——Confort 横须贺本町

图 4-5 是分住户采用不同装修方式施工、从而进行实验比较的例子。在日本，室内装修和设备安装都实行了分工化，因此户数一旦减少，施工者的工作效率就会明显地下降。而在 Infill（填充体）开发过程中，通过多能工（一人担任多种技能工作）来

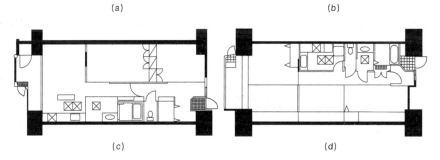

图 4-5　Infill 分户供应方式开发的施工试验——Confort 横须贺本町

(a) Infill 的施工；(b) 完成以后的 Infill；(c) Infill 住户 1（松下电工）；
(d) Infill 的住户 2（东京燃气）；(e) 工时的比较（参考文献：门胁
耕三等《集合住宅中 Infill 分离工程的施工特性》）

解决这个问题。如图 4-5（e）所示，Infill（填充体）的工作效率有了提高，但是花费的总工作日却比传统的施工方法要多，原因在于双层地板的施工上。在 SI 住宅中，为了实现隔墙的自由变更，都是先铺地板后建隔墙。结果，与先划分房间、以房间为单位来进行的地板施工相比较，施工的面积增大了，水平调整需要花费的时间也增加了。这个调查结果反馈到 Infill（填充体）的设计中，从而对双层地板的施工进行了改进处理。

4.2 百年住宅建设系统（CHS）

4.2.1 百年住宅建设系统的概要和构架

百年住宅建设系统（CHS）是为实现可持续地提供舒适的居住生活的住宅而建立的、包括设计、生产、维护管理等全过程在内的思想体系，CHS 是 Century Housing System 的缩写。通过确保物理的耐久性和功能的耐久性，从而实现"无论何时都能享受到舒适优质的居住生活"。同时也如 Century（世纪）所表达的字面意思一样，将可以持续约 100 年的长期使用定为设想目标。

百年住宅建设系统（CHS）是原日本建设省（现为国土交通省）于 1980 年作为"提高居住功能开发项目"的一个重要环节而提出并致力开发的。之后，为了促进其发展，"财团法人优良生活"（Better Living），于 1988 年开始了"百年住宅建设系统认定事业"，并一直持续至今。

此外，还由"财团法人优良生活"制定了《百年住宅建设系统认定基准》。它申请的主要是住宅开发企业，它们根据认定基准对自己的住宅商品和设计系统进行整理和提出创新建议，然后申请通过认定。

评定审查由有学识经验的人士组成的委员会进行。由于百年住宅建设系统的认定不是法律制度，因此认定基准没有规定详细的样式和要求（尤其是 2000 年修正以后），而是非常重视申请者提出的创新建议。所以，由担任审查的专家进行判断的情况不少，这是百年住宅建设系统认定制度的一个特征。

除了设计、结构及使用材料实现长寿化以外，还要求对维护管理进行计划，确实建立从设计、生产、供应及售后服务等的一条龙体制。

百年住宅建设系统认定分为单户住宅和集合住宅。此外，还分为在特定的地方、以特定的户型和样式供应的"个别供应型",以及不限地方、将户型和样式归纳为可以灵活地、持续地供应的"系统供应型"等类型。

4.2.2 《百年住宅建设系统认定基准》的要点

在《百年住宅建设系统认定基准》中,百年住宅被定义为"可持续地提供舒适的居住生活,而且居住者可以通过自身的维护和更新有效性进行再利用的住宅"。由此定义,进而把"有助于形成可持续的居住环境"作为其目的。

《百年住宅建设系统认定基准》主要由以下六个要点组成:

1) 可变性原则:可对房间的大小及户型布置进行调整更改。将住宅的居住领域与厨、厕、浴的用水区域分开,通过提高居住区域的可变自由度,居住者可以根据自己的爱好和生活方式进行分隔,也可配合高龄化带来的生活方式的变化进行变更,让住宅具有长期的适应性。

2) 连接原则:可在不损伤住宅本体的前提下更换部品。将构成住宅的各种构件和部品等按照耐用年限不同进行分类,设计上应该考虑好更换耐用年限短的部品时不能让墙和楼板等耐用年限长的构件受到损伤,以此决定安装的方法和采取方便修理的措施。

3) 独立、分离原则:预留单独的配管和配线空间。预留单独的配管和配线空间,不把管线埋入结构体里,从而方便检查、更换和追加新的设备。

4) 耐久性原则:提高材料和结构的耐久性能。基础及结构应结实牢固,具有良好的耐久性。为提高耐久性,可采取加大混凝土厚度,以涂装或装修加以保护,对于木结构应进行防湿、防腐、防蚁处理等措施。

5) 保养、检查原则:建立有计划性的维护管理的支援体制。应建立长期修缮计划和确实实行管理、售后服务及有保证的维护管理体制。

6) 环保原则:要考虑环保因素。应考虑好节能,积极选用可循环再利用的部品和建材,抑制室内空气污染物质,做好环保计划。

百年住宅建设系统的这些原则,在明确住宅的必要性能和促进住宅长寿化上起了非常重要的先导作用。自从2000年开始施行住宅性能表示制度后,由于类似的原则以法律的形式固定下来了,百年住宅建设系统这个制度本身的利用价值有所降低。但是在众多原则中,"部品群划分"和连接原则是百年住宅建设系统独有的思想,是其最大特征。

4.2.3 部品群划分

将构成住宅的各种各样的部品和构件，按一定的标准进行划分，称为"部品群划分"。划分的标准可以列举出下面几个：

1) 位置与空间上归纳为一体；
2) 使用上或移动安置上归纳为单元；
3) 按耐用年限不同划分；
4) 按拆除后的再循环利用的可能性划分；
5) 与居住时所有形态的区分等结合起来划分；
6) 按施工组织、生产组织、流通组织进行划分。

对划分出来的部品群，应设定它应有的耐用性能。这里所说的耐用性能，不只是指物理上的耐久性，还包括机能上的耐久性和社会耐久性等，是一个综合性的标准。

耐用性能可分为以下 5 种类型：

1) 04 型：预计有 3～6 年的耐用性；
2) 08 型：预计有 6～12 年的耐用性；
3) 15 型：预计有 12～25 年的耐用性；
4) 30 型：预计有 25～50 年的耐用性；
5) 60 型：预计有 50～100 年的耐用性。

4.2.4 部品群间的连接

在百年住宅建设系统中，不但对每个部品群都进行耐用性能的设定，而且必须设计相应的部品群之间的连接和构造方式。

原则上，耐用年数短的部品群，相对于耐用年数长的部品群，在设计上定为"滞后"，必须采用维修更换时不能让对方受损伤的连接方式和构成方法（见图4-6、图 4-7）。

这样的原则，虽然不过是一般常识，但是在实际的设计过程中要严格地遵守并不容易，看漏、看错的情况也不少见。另外，也确实存在无法完全按照原则进行设计的地方。在百年住宅建设系统中，对这些不合原则的地方，设计时应有计划性地考虑对策，并做好标记和说明。

对于整理及标记的方法没有特别的规定，通过制作如表 4-7 所表示的划分与连接图是有效的方法之一。

Interface Map 的例子　　　　　　　　　　　　　　　　表 4-7

		60 型		30 型												15 型									08 型				
		地基	骨架	屋顶	外墙	室外开口部	室外设备	室内一次装修	室内家具	室内地板A	室内墙壁A	室内天花A	管线	管道	卫浴洁具	间壁墙A	室内地板B	室内墙壁B	室内天花B	室内设备机器	电器	冷暖气设备、热水供给设备	单元式浴室	单元式收纳箱	室内地板C	室内墙壁C	室内天花C	间壁墙B	浴缸
60型	地基																												
	骨架	○																											
30型	屋顶		○																										
	外墙		○	○																									
	室外开口部		○		○																								
	室外设备		○		○	○																							
	室内一次装修		○																										
	室内家具							○																					
	室内地板A		○					○																					
	室内墙壁A		○					○		○																			
	室内天花A		○					○			○																		
	管线		○	○						○	○																		
	管道		*1	*2				○																					
	卫浴洁具									○				○															
15型	间壁墙A		○					○		○	○																		
	室内地板B		○					○		○	○				*3	○													
	室内墙壁B		○					○		○	○				*3	○	○												
	室内天花B		○					○		○	○	○				○		○											
	室内设备机器		○					○		○	○		○	○				○											
	电器							○					○					○											
	冷暖气设备、热水供给设备							○					○	○															
	单元式浴室		○	○				○		○			○	○															
	单元式收纳箱		○					○		○	○	○				○													
08型	室内地板C		○					○							*3	○	○												
	室内墙壁C		○					○							*3	○	○	○							○				
	室内天花C		○															○	○							○			
	间壁墙B							○		○							○									○			
	浴缸														○								○						

注：○：纵栏的部品群对比起横栏的部品群在问题解决方面上为"优先"，更新时不应该产生障碍。

　　*1～*3：纵栏的部品群对比起横栏的部品群在问题解决方面上为"滞后"，但对住宅更新方面有所改善的部品。

　　空白栏：纵栏的部品群与横栏的部品群间相互不关联的部品。

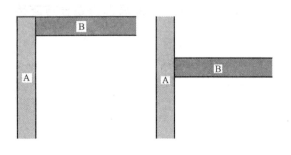

图4-6 设计上的"优先"与"滞后"

注：A优先；B滞后

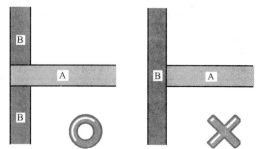

图4-7 设计上把耐用年数长的部品群定为"优先"的原则

（注：A：耐用性长的部品群；B：耐用性短的部品群。）

4.3 住宅性能表示制度的耐久性规定

4.3.1 住宅性能表示制度

2000年，依据《品确法》，开始实行住宅性能表示制度。住宅性能表示原则上是自愿的，但是要表示的话，必须符合国家制定的标准，并且接受已注册的第三者机关的评价（参见本书2.4）。

住宅性能表示制度中的10个区分和32个事项的性能表示事项中，与住宅长寿化有直接关系的事项为"耐久性方面"的1个事项及"维护管理及更新便利性方面"的4个事项。

其内容上与上节所述的百年住宅建设系统认定基准等有着许多共同之处，但更加详细具体，而且还规定了适用对象范围。这是因为住宅性能表示基准是基于法律而制定的，无论何人都能进行客观评价。此外，性能表示仅限于在住宅设计时从设计图纸中能作出评价的事项。

4.3.2 耐久性评价

在耐久性方面，对如何延缓住宅的劣化进行所采取的措施的评价，有"劣化对策等级（结构体）"的1个事项（表4-8）。

评价的对象只限于需要长期间支撑建筑物的"结构体"等，而设想在较短期间便需进行更新的户内装修及设备等没有列入评价范围。

关于延缓劣化的表示事项　　　　　　　　　　　　　　　　　　　　　　　表 4-8

表示事项	说　　明	表示方法
劣化对策等级（结构体）	应采取适当的措施，延长结构体修理等大规模改修工程的周期	等级1～等级3

根据对策的优越程度，劣化对策等级分为3个等级：

1) 等级1：《建筑基准法》所规定的最低标准；

2) 等级2：结构体的耐用年限可达2代人（50～60年）的对策；

3) 等级3：结构体的耐用年限可达3代人（75～90年）的对策。

在表示住宅劣化对策等级中的等级2或等级3的时候，要附上"在通常可以设想到的自然条件及维护管理条件下"的说明。因此，并不是对不进行任何维护管理的住宅的耐用性作出评价和保证。

实际上，为了能准确地表示等级，还必须有更详细的规定。表4-9分别对木结构、钢结构、钢筋混凝土结构和钢筋混凝土砌体结构等作出了具体规定。

劣化对策等级（结构体）的详细规定事项　　　　　　　　　　　　　　　　表 4-9

木结构	(1)外墙的梁柱	通气结构，防腐、防蚁措施等
	(2)基础卧梁	防腐、防蚁措施、选用适当的树种等
	(3)浴室和更衣室	防水措施或者采用单元式浴室
	(4)地基	防蚁措施
	(5)基础	超出地面
	(6)一层地板下	防湿措施、换气措施等
	(7)屋顶内侧	换气措施
	(8)结构材料等	《建筑基准法》所规定的最低标准
钢结构	(1)结构体	防锈措施
	(2)一层地板下	防湿措施、换气措施等
	(3)屋顶内侧	换气措施
	(4)结构材料等	《建筑基准法》所规定的最低标准
钢筋混凝土结构等	(1)水泥的种类	使用符合JIS规格的水泥
	(2)水灰比	根据保护层厚度定在50%～55%以下
	(3)截面设计与配筋	定保护层的厚度时应考虑施工误差
	(4)混凝土的品质	强度、坍落度、单位用水量等
	(5)施工计划	浇筑、浇筑的衔接、养护
	(6)其他的结构材料等	《建筑基准法》所规定的最低标准
钢筋混凝土砌体结构	(1)水泥的种类	填充材料、接缝砂浆
	(2)水灰比	根据保护层厚度定在50%～55%以下

		续表
钢筋混凝土砌体结构	(3)砌体和砂浆的性能	压缩强度、水灰比等
	(4)施工计划	浇筑、浇筑的衔接、养护
	(5)防雨水渗透措施	外装修,遮雨檐
	(6)圈梁	符合钢筋混凝土结构标准
	(7)其他的结构材料等	《建筑基准法》所规定的最低标准

4.3.3 维护管理与更新

在这个区分中,对于耐用年限较短的部分,特别针对给排水管、供热水管、燃气供气管等,评价进行定期检查、清洁、修理等的难易程度。另外,对集合住宅还要评价更换排水管工程的容易程度。具体参见表 4-10 所列的事项。

有关维修管理与更新的表示事项　　　　表 4-10

表示事项	说明	表示方法
维护管理对策等级(专用配管)	对专用的给排水管、供热水管与燃气供气管等容易维护管理(如检查、清洁、修补等)而采取的对策的有效程度	等级1～等级3
维护管理对策等级(共用配管)	对共用的给排水管、供热水管与燃气供气管等容易维护管理(如检查、清洁、修补等)而采取的对策的有效程度	等级1～等级3
更新对策(共用排水管)	为容易更换共用排水管而采取的对策	
更新对策等级(共用排水管)		等级1～等级3
共用排水管的位置	共用排水管设置的位置	项目选择
更新对策(住户专用部分)	为住户专用部分的间隔容易变更而采取的必要对策	
结构的净高	住户专用部分的上、下楼板之间的高度	数值记录,项目选择
住户专用部分中是否有承重墙或柱	住户专用部分是否存在有碍间隔变更的承重墙或柱	项目选择

(1) 维护管理对策等级（专用配管）

评价对象是专用的排水管、给水管、热水供水管、燃气供气管等 4 种,适用于单户住宅和共同住宅。

根据对策的优越程度,可表示为以下 3 个等级:

1) 等级 1:达不到等级 2 的水平;

2) 等级 2:采取了如不把配管理在混凝土内等的、有利于维护管理的基本措施;

3) 等级 3:采取了如设置清洁口和检查口等的、非常有利于维护管理的特别措施。

(2) 维护管理对策等级（共用配管）

评价对象是共用的排水管、给水管、热水供水管、煤气供气管等4种，只适用于集合住宅。

根据对策的优越程度，可表示为以下3个等级：

1) 等级1：达不到等级2的水平；

2) 等级2：采取了不把配管埋在混凝土内等的、有利于维护管理的基本措施；

3) 等级3：采取了将清洁、检查、修理的开口设置在住户外等的非常有利于维护管理的特别措施。

(3) 更新对策（共用排水管）

评价对象是共用排水管，也就是与专用排水管连接的接头到室外最初的漏斗的横管以及立管。只适用于集合住宅。

评价分为3个等级中的"更新对策等级（共用排水管）"，并制定了"共用排水管的位置"记录。

以下是更新对策等级（共用排水管）的主要内容：

1) 等级1：达不到等级2的水平；

2) 等级2：采取了不影响结构体、不用进入住户便可更换排水管的措施；

3) 等级3：在等级2的基础上，增加了更换时可以减少切割、敲打的措施和可以增设新的配管的措施。

以下具体表示"共用排水管的位置"选项：①面对共用走廊的共用部分；②外墙面、通风处等的住户外周部分；③阳台；④住户的专用部分；⑤其他。

作为长寿化的对策，1~3是最理想的，如果不是1~3，要标明4或5。

(4) 更新对策（住户专用部分）

该更新对策只适用于集合住宅、长屋住宅（参见第5章）。对于集合住宅专用部分，表示其是否采取了可容易地改变户型的必要对策。

首先，它具体以"几毫米以上"的方式记录楼层的净高。所谓楼层的净高，是指住户专用部分里结构的楼板之间的高度，这与装修以后的从地板到顶棚的高度是不同的概念。楼层的净高越高，在顶棚上、地板下就越容易铺设配管和配线，对应户型变化的自由度也就越高。

接着，还具体表示了"住户专用部分内是否有承重墙或柱"。用"有"、"无"来表示是否存在有碍户型变更的墙或柱。

4.4 200年住宅

4.4.1 "200年住宅构想"的背景和由来

少子女、高龄化、地球环境、废弃物等问题日益严峻，证明了20世纪拆旧建新的大量消费型社会发展是行不通的。因此，当务之急是向"建好的、经常维护保养、长期间持续使用"的储存型社会的转变。

在这个进程中，2006年制定了《居住生活基本法》（参见第2章），彻底改变了原来追求"量"的住宅建设方针，今后政策转向注重提高国民居住生活的"质"的方面来。

另外，住宅市场上，不断积累了有关住宅长寿化的技术，开始转向关注住宅的资产价值。

在这样的背景下，日本2007年5月发表了"200年住宅构想"，目的是形成超长期可持续循环利用的高品质住宅的社会资产。

这个构想由自由民主党（日本当时的执政党）政务调查会住宅土地调查会总结得出的。当时是以福田康夫会长的名义发表的。发表短短9个月后，福田康夫出任了内阁总理大臣。

福田康夫总理在就任演说中，提出了把建设"200年住宅"作为实现可持续发展社会具体政策的第一步来付诸实施。从此"200年住宅"作为国家的一项重要政策，开始实行了一系列具体措施。

4.4.2 "200年住宅构想"的概要

前述的百年住宅建设系统是大概100年，而最高级的性能表示是假定可实现3代人（75~90年）的长寿命。今后的目标是实现比这更长的超长期耐用年数。因此，"200年"只是住宅长寿命化的一个象征性的概念，而不是表示具体的耐用年数。

"200 年住宅构想"并不是单纯地建设耐用型住宅的硬技术。如图 4-8 所示,除了建立包括有利于超长期维护管理在内的建设系统以外,同时还需建立切实可行的维护管理系统、对既有住宅的正确评价方法和使其在市场上顺畅流通的系统、适合 200 年住宅的金融系统、适合 200 年住宅的包括社会基础设施和街区在内的整顿等。由此可见,它是由复数的个别系统组成的一元化系统。

另外,为了建立这些系统,必须宣传向储存型社会转变的重要性和 200 年住宅的意义,提高国民意识,并且培养实施的人才,建立市场和商业模式。

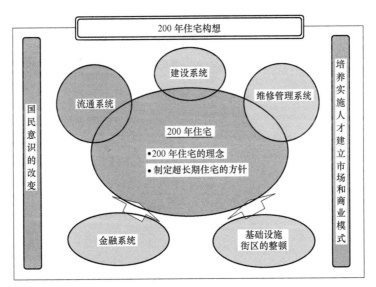

图 4-8　200 年住宅构想的全景

(参考资料:日本"200 年住宅的构想")

1) 对于 200 年住宅的意义可归纳为以下几点:
① 减轻住宅建设、购入、维护管理的国民负担。
② 减少产业废弃物和二氧化碳的排放量。
③ 纠正过于偏重土地的不恰当的国家财政结构。

2) 对 200 年住宅的具体要素作了以下的提示:
① 把结构(Skeleton)与室内装修和设备(Infill)分离,在确保结构的耐久性和抗震性的同时,提高室内装修和设备的可变性。
② 确保易于进行维护管理。
③ 具有能够沿用到下一世代的品质(节能性能、无障碍性能等)。

④ 实行有计划性的维护管理（检查、修理、更换等）。

⑤ 考虑与周边街区的协调性。

4.4.3 "200年住宅构想"里的12条建议

为实现和普及200年住宅，"200年住宅构想"里提出了12条建议（表4-11）。

"200年住宅构想"里的12条建议　　　表4-11

建议1	制定超长期住宅的指导方针	让民众、与住宅有关的企业、国家、地方公共团体形成对200年住宅的共识
建议2	建立住宅档案	不仅包括新建时的图纸和施工纪录，还包括检查、修理、改修的记录
建议3	确立分售集合住宅的适当的维护管理方法和权利设定方式	第三管理者管理、信托运用等方式
建议4	建立改建支援体制，制定长期修缮计划，充实对改建的融资	
建议5	提供关于现有住宅的性能、品质的信息	制定简单而确保一定客观性的《现有住宅评价方法指南》
建议6	提供既有住宅交易的信息	交易价格等
建议7	建立对移居和两地居住的支援体制，整备对移居的融资制度	
建议8	建立对建设或购买200年住宅（SI住宅）的融资制度	建立对Skeleton的超长期贷款和对Infilt的中期贷款方式；由公共团体通过运用期间所有权进行200年住宅的供应
建议9	建立考虑200年住宅的资产价值的新的融资制度	高龄人可以以住宅作为担保申请生活资金贷款，死亡时以处分住宅作为返还
建议10	减轻200年住宅的有关税额	既有住宅交易时的消费税差别化；探讨对200年住宅实行优惠税制
建议11	征集实现和普及200年住宅的引导模式的方案	
建议12	建设和维护良好的街区	灵活运用地区计划制度，培养可担任住宅区管理的人才

4.4.4 征集超长期住宅引导模式的方案

领先于"200年住宅构想"的其他具体措施，2008年实施第11条建议的"征集引导模式的方案"。

该事业广泛征集引入先进的材料、技术、系统，有利于住宅长寿化普及的启发性方案，给予好的方案一定的资金，以辅助其日后的实施。一般称其为"200年住宅方案竞赛"。

2008年4月实施的第一次征集内容为：①新建住宅；②对现有住宅的改修；③整备维护管理和流通等系统；④技术的验证（居住者试验、社会试验等）；⑤信息提供和普及（建设样品房、制作展示模型等）等5个部分。补助金额方面：例如对新建住宅，每户建设费用的一成以内或为达成超长期化标准的差额的2/3以内，上限是200万日元，如果是集合住宅的话，一个小区的上限是2亿日元。

评比活动共收到603个方案，其中40个方案经审定后采用。这些得到高度评价的方案具有敢于作先进尝试的特点，而不是在既有的系统中追求长寿化。具体的方案举例如下：

1）与林业局合作，建立用于住宅的高质国产木材的稳定供应体制。

2）建立为中小型工务店提供设计、资材供应等综合性支援的体制。

3）建立供应者和居住者之间的、通过双向视屏交流的系统，有利于良好的维护管理。

4）与地方银行合作，共同探讨有关维护管理公积金的管理与运用。

采用百年住宅建设系统和住宅性能表示制度，理论上可以实现高质量长寿命住宅的建设，但所带来的费用负担几乎没有从资产价值中反映出来，因此社会利用这些制度的积极性不高。而征集引导模式的方案，可提供部分的资金补助，受到了社会的极大欢迎。

4.4.5 长期优良住宅的认定制度

为普及200年住宅，日本于2008年11月制定了《促进长期优良住宅普及的法律》，于2009年正式实施。

该法律的中心思想是：由地方自治体对"长期优良住宅"进行审查和认定，施行促进普及的支持措施和实行优惠税制。

"长期优良住宅"的具体要点如下：

1）结构的安全性（防腐蚀、防腐朽、防磨损，抗震安全性）。

2）容易适应住宅利用状况的变化。

3）品质和性能（高龄人使用的方便性、能源的效率等）。

国家制定"基本方针",明确国家、自治体、企业等为促进长期优良住宅的普及,在财政和金融等方面应承担的义务。

认定手续是由房主或住宅供应商作成"长期优良住宅建筑等计划",向自治体提出申请。详细的认定标准还在研讨中,下面的内容是有关法律方面的规定:

1) 结构和设备必须是可长期使用型。
2) 要达到一定的建筑规模。
3) 建成后的维护保养方法必须符合国家的诱导(推荐)基准。
4) 建成后的维护保养期间必须 30 年以上。
5) 具有合理的建设和维护管理的资金计划。

还有,计划的实施者承担记录并保存有关建造以及维护保养情况的义务。

按照经过认定的计划建起来的"认定长期优良住宅",可以享受行政上各种优惠。具体的内容还有待今后制定,但可以预想通过税制的修改,登记税、不动产所得税、固定资产税都可有大幅度减免。

有关人才培养、信息提供、积极利用国产材料为主等内容也被写进法律。

"200 年住宅"和"超长期住宅"是一个广泛的概念,包含了对未来的展望等。而"长期优良住宅"是将法律应用于实际的制度上的术语。

另外,比较保守地将维护保养期间定为"30 年以上",这是由于预想到长期维护保养的内容和方法都会有变化,以今后进行修改为前提暂时定下来的。

4.5　住宅的再生

4.5.1　改造、用途变更、改建

住宅长寿命化的出发点是将 SI 住宅的思想贯注到新建住宅里。但是,建成以后所采用的修理、改装、改建等的维护管理方式不同,同样影响住宅寿命。图 4-9 是根据对欧美的集合住宅的调查资料整理出来的,反映了建成后建筑物使用过程中的变化情况。

从这个分类来看,日本只做好了修补和改建这两个极端的项目。但是,欧美的集合住宅在这两者之间还有多种再生的手法。换句话说,在建筑物价值下降到完全不能使用而要拆除之前,还有各种各样的对其进行投资改造的方法,根据条件的不同,改

变建筑物的用途，甚至可以产生出与原来建筑物完全不同的使用方法。日本人看这些事例，只是简单地把它归于欧美人喜欢和重视古老建筑物的传统背景。的确，这是其中的一个因素，但是从欧美住宅再生事例来看，根本原因在于实用主义思想。只要看出有价值之处，再烂再旧的住宅也可以再次被利用，如果实在没有可利用的价值，就毫不犹豫地将其拆掉。

在日本，随着住宅再生市场渐渐变得活跃，人们也渐渐认识到再生手法的重要性。其实，无论是对现有建筑物进行改修还是拆掉重建，对居住环境进行改善的目的是一致的。因此，近年来日本所采用的各种住宅再生方式如图4-9所示并逐步得到推广。

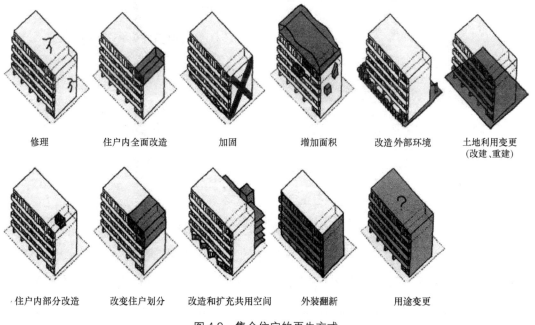

图4-9 集合住宅的再生方式

(参考文献：松村秀一著《团地再生——欧美集合住宅的复活》)

4.5.2 集合住宅的再生

(1) 户内改造 (Reform)

户内改造是日本最盛行的集合住宅再生方式。最大的原因是可以在住户的"区分所有权"(参见第2章)的范围内就可以进行，不需要经过他人同意。还有，在日本一般把户内改造称作"Reform"，这是日本式的用法。母语是英语的人，认为Reform就只有改善制度的意思，本书把日本式的 Reform 翻译为中文的"户内改造"。

在图4-9里，根据工程的规模和性质的不同分为部分改造和全面改造。这不单是规模的问题，两者是性质上不同的改造。部分改造是可以边住边改造的，图4-10是典型的浴室更新的例子。大部分的内部改造都围绕厨、厕、浴室等用水部分进行，目的多是更新设备。

浴室改修前　　　　　　　　　　　　　浴室改修后

图 4-10　住户内部改造

(参考文献：日本 REFORM 编辑部《Super Reform 施工事例》)

另外，"户内全面改造"一般与既有住宅的交易有关。在日本的既有住宅交易中，不经过装修或改修，按原来的样子继续使用的情况很少。所以，不少的购买者都进行内部装修和更新设备，改变户型的情况也不少。近年来为适合社会需要，改变了户型以后才出租的例子也越来越多。随着小家庭的增加，比起房间的数量，居住者更喜欢宽阔的起居室和厨房、饭厅。图4-11就是都市再生机构（旧住宅公团）进行的户内全面改造的例子。都市再生机构为提高市中心的租赁集合住宅的入住率，开始进行了大胆的户型改造。

改造的范围不仅限于一户的住户内部，进而还可以"改变住户划分"，常用英语"Restructuring"来表示。图4-12就是这类型再生的典型例子，它是把2户合成1户。日语用"2户1化"来表示。2户1化主要是运用于一些旧公营住宅，因为在这些集合住宅里，还有很多没有达到现在居住水平的狭小住户。

第4章 住宅的可持续性发展

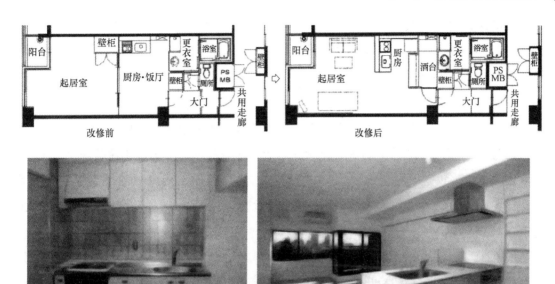

图4-11 住户内全面改造 UR租赁住宅单元南青山

（参考文献：松村秀一等著《建筑再生的推荐方法 储存型时代的建筑学入门》）

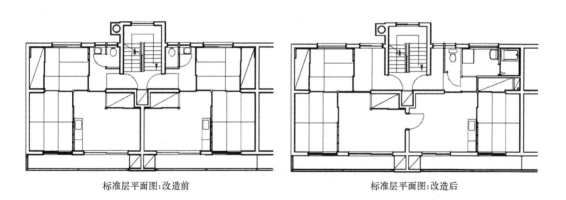

图4-12 改变住户分配的例子

（参考文献：松村秀一等著《建筑再生的推荐方法—储存型时代的建筑学入门》）

(2) 大规模修缮

现在的分售住宅一般都进行共有部分（参见第2章和第5章）的计划修缮。关于计划修缮第5章已进行了介绍，概括地说是对住宅各部分进行适当的周期性维修。复数部位的维修时期重叠在一起、要同时进行的时候，我们把这种综合起来叫作"大规模修缮"，基本上是按屋顶防水的更新周期来计划的。它相当于图4-9的"加固"和"改造和扩充共用空间"。

图4-13就是"改造和扩充共用空间"的一个典型例子。

图4-13（a）是改造共用走廊的例子。改修前，随处是临时修补和漏水的痕迹。经过改修，用氨基钾酸乙酯防水涂膜涂抹地板，对墙和顶棚也进行了涂装。

图4-13（b）是改造建筑物大门的例子。在日本，改造门口一般是为了方便高龄人进出，常与缓坡设置工程一起进行。图中的改造使用了自动关闭大门，在安全性上也有了提高。

图4-13（c）是增设电梯的例子。这是为了方便高龄人的一项对公营住宅的改修。公营的中层集合住宅中没有电梯的不少，为了实现无障碍化，包括增设电梯在内的改造是公营住宅的当务之急。还有，日本的"增加面积（住户部分）"和"改造外部环境"是只有公营住宅才可以进行的再生方法。民间的集合住宅，新建时已经达到法定的最大容积率，往往不会留有以后增加的余地。

大规模修缮的再生类型还包括"加固"和"外装翻新"。在地震多发的日本，所谓的加固和抗震加固大致是同一个意思。抗震加固将在第6章介绍的，由于居民很难达成一致意见，集合住宅抗震加固的进程非常缓慢。关于外观，日本也进行屋顶防水、外墙涂装等计划性修缮。但是，不会像欧洲那样进行大胆、大规模的外墙改造，这因为建筑关联法律不同所致。欧洲国家对于保温的标准非常严格，要求集合住宅的修缮必须包括外保温工程在内，采用外保温的建筑物经过修缮，外观就会焕然一新。

（3）公营住宅的再生

日本公营住宅全国大概有218万户，只占住宅总现存量的5%。但由于低收入者和高龄人比较多，公营住宅的居住环境改善成为社会的一个重要课题。表4-12是有关现有公营住宅的整备制度的变迁。从1969年开始到现在，现有公营住宅的居住环境通过改建等得到了很大的改善。当然，对现有的公营住宅也不是一直在改建前搁置不管。1974年起，由2户1化等开始，实施了各种修缮项目。但是，这些项目归根到底还只是为了使住宅坚持到改建的对策，面对所发生的个别问题进行个别的处理。

但是，最近把现有公营住宅改造作为公营住宅事业的一个支柱，所以公营住宅也渐渐通过改造提高居住水平。这项事业的先例是1998年起东京都推行的"东京都营住

第4章 住宅的可持续性发展

改造前：随处是临时修补和漏水的痕迹

改造后：地板涂抹了防水涂膜

(a)

改造前：两面开掩大门

改造后：平开自动关闭大门

(b)

改造前：无电梯梯间式

改造后：有电梯单外廊式

(c)

图4-13 改造和扩充共用空间的例子

(a) 共用走廊的改造；(b) 共用大门的改造；(c) 电梯的增设

(参考文献：日本建筑学会编《集合住宅的改造》)

宅的大改造（Super Reform）事业"。都营住宅约占全国公营住宅的一成，而其中四成是从 20 世纪 60 年代中期开始到 70 年代中期建设起来的。东京都的计划中，约一半的都营住宅根据大改造计划进行改建再生。再生的内容和下面所述的"全面改造（Total Remodel）"基本相同，通过居住者在住宅区内搬迁，每栋顺次地分别进行改修再生是其一个主要特征。

另一方面，以全国的公营住宅为对象而实施的政策称为"现有公营住宅综合运用计划"。由日本国土交通省在 2000 年推出的这一政策，规定了 5 种现有公营住宅的运用方法：①改建；②全面改造（Total Remodel）；③个别改善；④维护保全；⑤停止使用。其中，"全面改造（Total Remodel）"是新引入的方式，表 4-13 是它的内容。截止到 2002 年，已对约 6 万户实行了全面改造计划。

有关现有公营住宅的整备制度的变迁 表 4-12

1969 年	・新设"改建事业"
1974 年	・"住户改良事业"的制度化（狭小住户的增建、2 户 1 化）
1976 年	・"环境改善事业"的制度化（配备会议室、儿童游乐园等） 住户改良事业和环境改善事业的统一
1982 年	・追加改善事业事项： 1) 针对残疾人的改善 2) 针对高龄人的改善（取消高度差、设置扶手、设置电梯） 3) 安全性能提高型改善（抗震性、防火安全性） 4) 景观改善（外墙的装饰）
1989 年	・追加改善事业事项： 5) 设备改修

现有公营住宅综合运用计划"全面改造（Total Remodel）"的概要 表 4-13

包括只留下骨架，而进行以下全部项目的改修：
・提高居住性：改变住户规模和户型，改变热水供应方式、改建洗脸化妆台等设备；
・适应高龄人：取消高度差，设置扶手，改修浴室、厕所，共用部分的适合高龄人设施，设置电梯；
・确保安全性：改善双向安全通道，厨房墙壁的不燃化，改修浴室、厕所，共用部分的适合高龄人设施，设置电梯；
・改善居住环境：外墙等的装饰，设置视听天线，改善景观，配置会议室、儿童游乐园等

4.5.3 非住宅建筑的用途变更

(1) 剩余和用途变更（Conversion）

再生的对象不仅限于旧住宅，把办公楼、仓库等非住宅建筑作为集合住宅进行再

生也是促进建筑物再生的一种方法。在欧美,"用途变更（Conversion）"从 20 世纪 90 年代中期开始流行,为了促进都市的再生,出台了一些政策引导城市中心积压的剩余建筑物进行用途变更。

从欧美的用途变更例子中,首先是它的多样性。从建筑物的建设年份来看,跨越了 18 世纪到 20 世纪 70 年代这么长的一个时间段。通过用途变更而产生的集合住宅也是多样的。其规模从 5 户到超过 400 户的范围里广泛分布。从利用形态来看,有分售住宅,有租赁住宅,甚至还有公营住宅。

这样的多样化显示了用途变更手法的适用范围之广和有效性。进入 21 世纪以来,日本也开始重视用途变更这一再生手法,出现了一些很有参考价值的例子。

(2) 现有建筑物的最大限度地再利用——Sebon Adagio 文京

"Sebon Adagio 文京"是日本最先运用用途变更的例子之一。从事经营的是民间的开发商,最初计划用于租赁,买入了 1991 年建成的一栋办公楼。但是,后来由于招不到租客,所以 2003 年把它转变成分售住宅进行出售,实现了从办公楼到分售住宅的用途变更。

图 4-13 是用途变更前后的标准层平面图。项目计划在开始的阶段,有过把一层分割为多户的想法,可是考虑到难以确保北边住户的法定安全通道,还有共用走廊的使效率的问题,最终决定改为一层一户、每户约 170m² 的大住宅。实际运作中,将"开阔感"、"270 度的立体景观"作为住宅的大买点写在销售小册上,向顾客推荐。

建筑时间短而且状态良好,用途变更时最大限度地利用了原有的设备。实际上,用于办公室的空调设备可以直接运用到住宅上。当然,达不到住宅要求的部分要进行改善。例如,厚 135mm 的楼板和 40mm 的 OA 地板构成的地板,用于户型住宅的话,不能满足隔声的要求,需要对地板进行改修。改修的方法是在 OA 地板再加上集合住宅用的地板,它的隔声性能在现场通过测试来确认。

(3) 建筑物立面焕然一新——Lattice 青山

"Lattice 青山"建于 1964 年,从办公楼转为家庭办公室（SOHO）（图 4-14）。从这个事例可知,用途变更也可以作为房地产经营手段。经营者本来是出于拆除原有建筑进行改建的目的买入该土地,但是后来由于担心受到附近大规模再开发计划的影响,经营者改为在 10 年里把它改造为家庭办公室（SOHO）用于出租。也就是说,在这个计划中,房地产的现状和未来事业的发展通过用途变更这一再生方法联系起来。

建筑物立面的设计非常巧妙。虽然看上去并不是什么昂贵的外部装潢,但给人以焕然一新的感觉。它分成两部分：高层部分设置了作为法定安全通道兼空调设备的室外机放置场所的阳台，低层部分是方格式木制百叶窗。还有，以 SOHO 利用为前提，顶棚和外露空调箱等简单的内部装修也是其特征。这样的构思在欧美是很常见的，本来是为降低工程费用而运用的内部装修方法，现在却通称它为"Loft Style"。

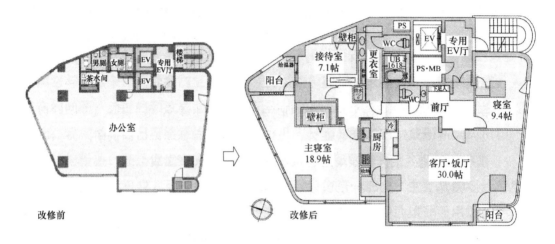

图 4-14　办公楼的用途变更例子（空调设备再利用）

（参考资料：日本《Sebon Adagio 文京销售宣传小册》）

（4）大胆进行结构变更——悠枫园

"悠枫园"现在是面向高龄人的集合住宅，由原来的废弃百货大楼改造而成。原来的大楼建于 1981 年。悠枫园最大的特征是对结构进行了大胆的变更。再生工程分 1999 年和 2003 年 2 次进行，第一期是拆减，第二期是楼顶增建。

拆减是为了从邻地获得充分的日照。具体做法是，拆除南面的 1 跨，东面和西面拆掉外墙和楼板的一部分，里面空出一个半跨左右的开口，总面积减少了 2000 平方米左右，还必须增加新的抗震墙。缩小面积一般不利于盈利，所以经营者很少采用。但是，悠枫园的改建没有因缩小面积所带来的负面影响而停止，而是宁可拆掉无采光的地方缩小面积。

2003 年第二期工程是在楼顶增建供临时居住的房屋。因为用途从百货商店转变为集合住宅，楼板的设计活荷载由 2.9kN/m^2 减轻到 1.8kN/m^2，所以增建得以实现。

另外，在第二期工程前，悠枫园作为高龄人住宅进行了一些有意义的尝试。例如为提高住宅的形象和收益性，招引高级精品店至一楼，同时一楼的大厅出租用作展示厅或者活动场所。在规划阶段，为积极促进与居民间的交流，也曾有过引进大澡堂的想法。

第4章 住宅的可持续性发展

图 4-15 建筑物立面焕然一新的用途变更例子

(a) 改修前；(b) 改修后

(参考文献：日本建筑思潮研究所编《建筑设计资料 98 用途变更》)

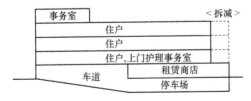

图 4-16 大胆地进行结构改造

(a) 截面变化；(b) 西立面

(参考文献：佐藤考一《关联资料：日本的"由办公楼向住宅转换"Conversion 事例》)

第5章 集合住宅的设计

5.1 集合住宅的历史
5.2 集合住宅的设计要点
5.3 集合住宅的住栋设计
5.4 集合住宅的户型设计
5.5 维护管理计划

5.1 集合住宅的历史

5.1.1 形式的变迁

(1) 近代以前

18世纪，江户（即现在的东京）拥有超过百万的人口，号称当时世界的大城市。虽然武士（统治阶层）与町民（居民）大概各占人口比例的一半，但是町屋（町民所居住的地区）的面积仅占城市总面积的百分之二十，因此町民们大多居住在被称为"长屋"的又狭窄又密集的集合住宅里（图5-1）。而人们又将不临街的长屋称为"里长屋"，其中大部分"里长屋"的每户的面积仅 $10m^2$ 左右，洗浴间与厕所等都是在室外共用的（图5-2）。

图 5-1　江户时代町屋的情景

(参考资料：日本深川江户资料馆主页)

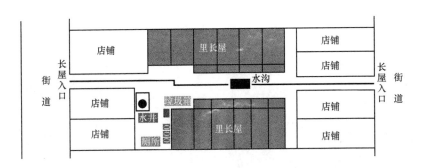

图 5-2 里长屋的平面

(2) 20 世纪初期

到了 19 世纪末，日本开始引进西洋文化，一部分的上流阶层逐渐建造起洋房或和洋结合❶的住宅，但平民的住宅依然以长屋或单户型的低层（大部分是平房）木结构住宅为主流。20 世纪初，从美国传入了将住户分层配置的集合住宅，逐渐建起两层木结构的住宅。但是，真正意义上的集合住宅的建设是在 1923 年关东大地震发生之后的事情。

因关东大地震而遭受了毁灭性破坏的东京，开始主张建造具有良好抗震性和耐火性的钢筋混凝土结构的集合住宅，并将部分捐款作为基金于 1924 年筹备建立起"同润会"。一直到解散之前的 18 年间，同润会为社会提供了震灾复兴应急住宅、木结构长屋及单户住宅等多种多样的住宅，但最为突出的是它开始了钢筋混凝土结构的集合住宅的建设。尤其在 1926 年至 1934 年这 9 年间里，建设了以城市中产阶级为主要对象的 16 个住宅区，同时也建起一批专为职业女性居住及解决贫民窟问题的住宅区。

在这些住宅中，电灯、城市燃气、自来水、垃圾井道及抽水马桶等，在当时是最新最先进的住宅设备。在共用设施和室外设施方面，也配置了饭堂、娱乐室、浴室及洗衣房等，被称为现代都市住宅的起源，因此也深受知识分子们的欢迎（图 5-3、图 5-4）。

1941 年同润会解散，由住宅营团接替其事业。住宅营团是在战争时期作为国策之一而成立起来的机构，目的是向劳动者提供住宅。但是在建筑材料贫乏的当时，在实际的住宅供应上没有太大的成效。

(3) 战后复兴时期

---

❶ 语意类似于中西结合。

外观

读语室

图5-3 同润会 江户川集合住宅

(1934年竣工，所示图片为2003年拆除前的模样)

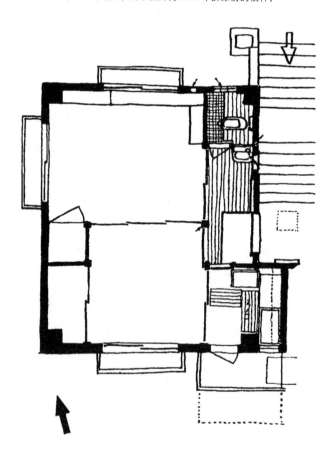

图5-4 同润会 代官山集合住宅的住户

(参考文献：西山卯三《居住法之记》)

第二次世界大战后，随着复兴重建工作的展开，在城市里开始大量地供应集合住宅。1951年公布了《公营住宅法》，然后从第二年开始实施的共5期、共15年的《公营住宅建设3年计划》，在住宅绝对不足的情况下，为解决多数人的住宅问题发挥了很好的作用。

而其中特别值得一提的是，公共住宅（公营住宅、公团住宅等）的典型之作之一的公营住宅"51C型"（图5-5）。它的使用面积约为35m^2，按照西山卯三先生的"食寝分离论"（就餐空间和就寝空间分开）所设计的住户平面，由兼用了就餐厅的厨房（Dining Kitchen）与两间起居室构成。在住栋平面设计上采用了一梯两户的形式。

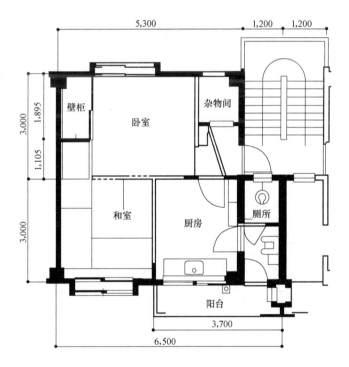

图5-5 公营住宅"51C型"

(参考文献：日本居住环境计划编集委员会编《居住环境计划1 住房问题的探讨》)

(4) 高度经济成长期

1955年日本住宅公团成立，不仅向低收入者，而且也开始向中产阶层以上的人们大量供应公团住宅。公团住宅成了高度经济成长期的20世纪50年代后期，从地方涌入大城市的劳动者们以及新组成的小家庭的乐园。

初期的公团住宅可分为两种形式：一种为低层的、由数家住户在横向上连续排列，可称为排屋，又美名为"小院子住宅"（Terrace House）（图5-6），另一种为中层的、住宅在竖向上分层叠加而成的集合住宅（Town House）。

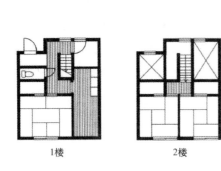

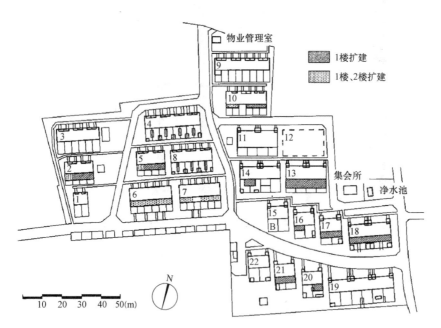

住户数：94户　设计者：日本住宅公团　竣工时间：1958年
所在地：东京都世田谷区

图5-6　公团初期的"小院子住宅"（Terrace House）的范例（乌山第一住宅区）

(参考文献：佐藤考一等著《建筑计划》)

"小院子住宅"（Terrace House）拥有良好的周边环境，而且在沟通交流方面上也显示出较好的性能，它的结构多采用木结构和当时新引进的轻钢结构。但是后来由于这已难以解决大量涌入城市人口的住房问题了，到了 20 世纪 50 年代的后期，它的建设量仅占很少的一部分。

进入了 20 世纪 60 年代，公团住宅开始专门供应钢筋混凝土结构的中层集合住宅。以早期曾经大量供应过的公营住宅"51C 型"中所采用的 DK（Dining Kitchen）户型为基础，通过扩大房间、增加房间数、配置浴室等，逐渐将其扩充发展。

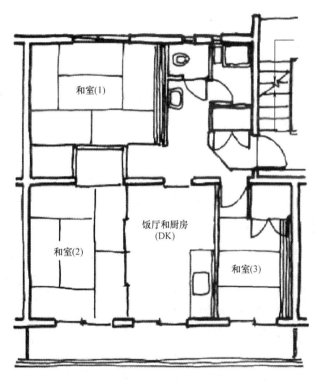

图 5-7 初期公团住宅的平面设计图的范例

（参考文献：日本都市公团关西集合住宅研究会编《集合住宅的规划、设计及管理》）

公团住宅从初期就开始引进先进的住宅设备。厨房的洗碗台采用了当时昂贵的不锈钢板（1957 年），它是以大量订货为条件，促使了生产商开发出用冲压机将水槽部分的钢板强压成形的新技术而实现的。在此之前的厕所一般采用将小便器与大便器分离的方式，而集合住宅为了节省空间，只采用了由大便器兼用。后来出于清洁上的考虑，采用了人们较熟悉的轻薄型西式便器（1960 年）。此外，当时的集合住宅住户里是没有浴室的,即使在公营住宅"51C型"中也没有配置浴室,人们普遍到澡堂里洗澡。后来是公团住宅最早设置了浴室。初期采用的是木制的浴池,后来为搪瓷浴池,最终引进了单元式浴室(Unit Bath 1976年)。

公团住宅的合理方便的设计及多彩的住宅设施博得了人们的喜爱。因此,要想能住进公团住宅,需要通过竞争非常激烈的抽签(注:日本当时的公团住宅供应方式一般采用公开抽签方式来选取迁入者),而入住者则在众多羡慕眼光下荣升为"住宅区一员"。后来这些设计及设施不仅传入民间,用于民间集合住宅的建设,而且其影响也渗透到了单户住宅的设计中。

5.1.2 分售住宅的出现和发展

民间集合住宅大量供应的开端是1962年施行的《建筑物区分所有权法》(通称《区分所有权法》)。此法将集合住宅分为"专有部分"和"共有部分",同时规定了每个权利所有人享有"各自专有部分的区分所有权"、"共用部分的共有持分权"和"用地利用权",三权缺一不可、同时享有。而根据此法,集合住宅就成为了在民法的"一物一权主义(指在一独立物之上仅能设定一个所有权,一所有权之客体以一物为限的原则)"的特例,由开发商向社会销售(图5-8),其销售量也得到了快速的增加。

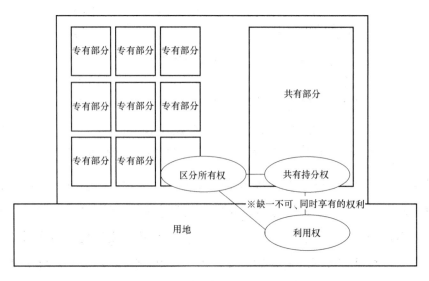

图5-8 《区分所有权法》下的住户所有权的图示

第 5 章 集合住宅的设计

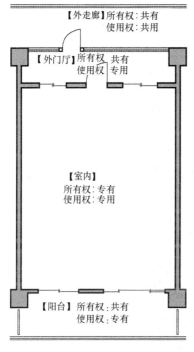

图 5-9 所有权与使用权的区分示例

法律的规定明确了，但具体还必须从所有权和使用权两方面进行详细的划分。例如，阳台平时是归住户专用的，但它又多被设定为安全通道，紧急时邻居有通过它逃难的必要，同时也是维持建筑物外观的重要部位，可见它的公共性很强。因此，在使用权上它是专用的，别人平时不能使用它，而所有权则被定为共有，住户使用时也不能妨碍它作为安全通道的功能，更不能改变它的模样或把它圈为室内房间。图 5-9 是所有权和使用权的区分的一个例子。

以《区分所有权法》为根据，按一户单位出售给个人所有的集合住宅，在日本称之为"分让住宅"。本书中为了尽量中文化，姑且把它称为"分售住宅"。在国内通常把类似的住宅称为"商品房"或"商品住宅"，但在日本"商品住宅"指的是第三章所说的工业化住宅，它可以在住宅展示公园购买然后建在自己的土地上，是无可置疑的商品。为了区别于这类商品住宅，本书另外定义了"分售住宅"的术语。住户面积是以外墙或与邻居的界墙的中心线围成的室内面积来计算的，外门厅和阳台等不算在内。

为了提高土地利用率，民间集合住宅一直向高层化发展，此外为了尽量在有限的宽度上布置更多同一朝向的住户，多采用了外走廊的方式。户型的特点是开间小纵深大。它的构成首先有由 DK（Dining Kitchen 饭厅、厨房）扩大成的 LDK（Living Dining Kitchen 客厅、饭厅、厨房），也就是增加了与饭厅连在一块的客厅，然后是数间各自独立的房间（夫妇的卧室和小孩的卧室）再加厨、厕、浴室。这样的户型很快普及开来，被称为"nLDK 型"（n 指起卧室数）的设计非常适合城市占大部分的中产阶层的新生活方式。它的运用并不局限于集合住宅，对单户住宅设计也产生了很大的影响，并成为城市住宅中典型之作，一直沿用至今（图 5-10）。另外，为了尽量增加室内的有效使用面积，设计上通常尽量把柱往阳台和外门厅方向设置。

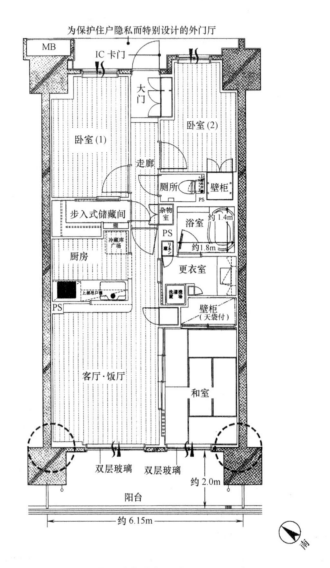

图 5-10　典型的集合住宅户型（71.5m²，3LDK）

图 5-11 是一般的集合住宅的剖面范例。通常无论是分售住宅或租赁住宅，在发售或出租时已经包括室内的装修和设备，入住者没有必要进行二次装修，在第 4 章所介绍的两阶段供应方式仅仅是一个试验，并不是一般情况。住宅以这种高完成度的形式投入市场的方式，既是法律上的要求，又是出于确保质量和性能的需要，也有日本商业习惯上的因素。在日本，不光是住宅，综观其他商业行为，提供半成品或购买半成品进行二次自我加工的情况相对来说非常少。

图 5-11 集合住宅的住户剖面范例

5.2 集合住宅的设计要点

住宅的设计不单是建筑设计，它包含的内容非常广泛。某种程度上，住宅设计可以说是对未来的社会和生活的设计，因此必须充分地考虑景观、节能环保等的社会要求，还要把握生活方式的未来走向，对住宅从建设到使用、维护、更新、拆除等的一生进行综合的计划。

表 5-1 是以集合住宅为中心，从一般的规划和设计业务里归纳起来的要点。虽然很多项目与日本的法律等特定的要求有关，但从对住宅的基本要求的意义上，设计者所必须考虑的问题是共通的。

集合住宅规划和设计的要点 表 5-1

	设计项目和要点
地域条件	地点：地处城市还是郊外
	所属地域：居住地域、商业地域、工业地域等的《都市规划法》规定的地域划分
	环境：自然环境，基础设施，人口集中度，生活环境，交通环境，教育环境，商业环境，附近建筑物，污染噪声等
	防灾安全：避难场所和设施
	动向：调查住宅的需求动向、租金动向、住宅价格动向等
	地域的总体规划和未来指向：建设良好的居住环境还是发展商业工业；控制居住人口还是促进人口增加

续表

	设计项目和要点	
用地条件	大小:是项目开发规模的决定因素	
	形状:是关系到建筑物的布置和形状的重要因素	
	朝向:与住宅布置和朝向关系密切	
	高低地形:必须考虑它对居住环境的利弊和对塌方、水灾的安全	
	连接道路的宽度:与项目开发规模和建筑物高度有关	
	周围的空间和通风日照:必须考虑其对居住环境的利弊和是否有利于防灾救灾	
法规和条例的确认	建筑基准法:容积率＝总建筑面积/用地面积,建筑密度＝建筑投影面积/用地面积,外墙后退距离,绝对高度标准,后退斜线限制(道路斜线、邻地斜线、北侧斜线),日照标准,必要的耐火性能等	
	其他法律的确认	
	地方条例:预留空地的义务,绿化的义务,必要的停车场和自行车位的设置义务,道路设置或提供义务,预留窗前空地或空间,防灾标准等	
项目开发计划	建设目的:公共或民间,分售住宅或租赁住宅,有无复合商业或办公设施	
	面向对象:家庭,单身,SOHO,入住者的社会层次和收入	
	利用形态:长期居住,短期利用,资产投资	
	市场调查:对住宅的需求,租金动向,住宅价格动向的调查结果	
	收支计划:项目成本和预计收入	
	融资计划:融资额、抵押、利息、融资条件,申请融资必须达到的建筑标准	
	补助金计划:国家补助金、地方补助金,申请补助金必须达到的建筑标准	
	工期与完成目标:入学和毕业时期前完成为善	
	维护管理计划:拟定责任者和实行者,制定实施要领,维护管理资金计划	
	类似事例:通过事例进行检证	
	计划书:向开发者、行政、银行、有关单位、住民等发放的说明资料	
设计思想	理念和意图:例如长寿命住宅,永住型住宅,育儿环境型,无障碍住宅,都心价值守恒,郊外舒适宽敞等	
	规模和高度:与地域条件的规模和项目开发计划相吻合	
	机能和档次:按项目开发计划中的建设目的和面向对象等设定住宅的机能和档次	
	造型与风格:除了设计者的自我主张以外,还必须考虑与周围景观的协调	
	结构种类与形式:选择有利于良好居住环境的结构种类与形式,还必须考虑住宅的耐久性、可变性和维护管理的方便性	
	设备种类和形式:根据规模和档次采用相应的设备,不能缺少对将来的升级换代的考虑	
	建设方法:采用工期短、确保质量的建设方法,还必须考虑施工期间对周围的影响和使用再生材料的可能性	
	耐用年限与维护管理:采用确保建筑物可使用寿命的材料、造型和建设方法,还必须采用有利于维护、修理、更新的设计	

续表

	设计项目和要点
全体计划	住宅区计划:合理进行建筑物的布置,进行区内的动线与道路、空地、造园绿化、复合设施等的设计
	住栋平面计划:包括住户面积,住户布置,柱网或承重墙的布置,共有部分与专有部分的划分,动线(开放走廊和外楼梯有可以部分不算入容积率的特例)等
	住栋立面计划:对高度、日影、采光进行确认,注重作为建筑物面孔的外形设计
	公共设施计划:设置大堂,集会室,休息室,公共客房等
	结构计划:进行结构计算和安全性确认。采用预制组装方法施工时,应考虑对构件形状和施工顺序等因素进行验证
	设备计划:进行供电、给排水、供气、信息、垂直运输等计划设计
	防灾避难计划:安全通道的设计,防盗防火系统,提高抗震性能和制定震后救灾计划
	环保节能计划:计算环境负荷,对排水处理,垃圾处理,建筑物保温等进行合理计划
住户计划	户型设计:实现可变户型或可选择户型,合理进行厨房、浴室、更衣室、厕所等用水空间的配置,设置阳台、门厅、走廊等过渡空间
	内装设计:推荐SI内装,按耐用年限对内装和设备进行划分并进行连接详细设计,使用不燃材料,避免使用不健康材料
	开口部设计:确保大门的防盗性能和隔声、保温性能;确保窗的采光、隔声、保温、防盗性能
	设备设计:进行供电、照明、给排水、供气、信息、室内换气系统的设计和部品的选择,预留设备孔,还需考虑设备更换的便利性。对冰箱、洗衣机、空调等大型家电进行供电、给排水、安置空间的对应设计
	避难设计:利用阳台等设计两方向安全通道,按需要安装报警器和自动灭火装置
维护管理计划	资料保存:保存设计图,施工纪录,维修记录,故障记录等
	维护体制:建立维护管理的组织体制,拟定责任者和实行者,整备《检查手册》、《修理更换方法指南》等
	大规模修缮计划:根据各部分的耐用年限确定大规模修缮周期
	资金计划:进行管理费预算、大规模修缮费预算,确定费用征收方法,完善公积金制度等

5.3 集合住宅的住栋设计

图5-12是中高层的都市集合住宅建筑物的典型代表。

日本都市集合住宅的设计体现了以下的几个特点。

首先是日趋高层化、大规模化。高低层的划分并没有明确的定义,一般把3层以下称为低层,4~5层称为中层,6~19层称为高层,而20层以上的则称为超高层。从规模上来划分的话,50户以下称为小规模,50~200户称为中规模,而200户以上的则称为大规模集合住宅。日本是土地私有制的国家,根据取得的土地大小和所处的地方,各种层数和规模的集合住宅都有。最近兴起了城市中心区回归的热潮,原来搬到郊外买到自己的房子的打工一族,孩子大了,手头也宽裕了,为了谋求高龄医疗的方便,逐渐搬回城市中心区居住。因此在地价昂贵的城市中心区建设的集合住宅,层数

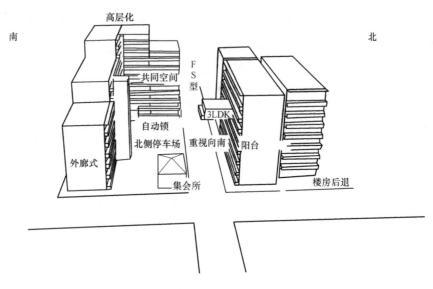

图 5-12 典型的都市集合住宅建筑物

(参考资料：日本"集合住宅博物馆"网页)

越来越高，规模也越来越大。

其次是出入口和共有空间的设计。在日本，即使是作为私房出售的集合住宅也很少采用有栅栏有警卫的社区方式（Gated Community），只是在住栋的出入口设置自动关闭的大门。这当然是为了保持建筑物的独立性和防盗安全，但它的弊处是，妨碍了住民积极地使用建筑物以外的空地，一般只是过道而已。

此外，集合住宅里一般设有会议室，大多用于召开集合住宅管理工作会议和为居民提供临时的交际场所，许多居民的红白家事都借用会议室举行。

选择住宅的时候人们往往非常重视日照。为了确保能从南面得到足够的日照，通常的楼房被设计为住户平行配置的一字形或L字形。日照较差的北侧则被设置停车场。

根据《建筑基准法》的道路斜线限制的规定，越远离临街道路可以建越高的建筑物，因此集合住宅普遍都后退一定的距离。

其他的如外走廊、连续阳台、FS型等更是日本集合住宅的特点，下面进行详细的介绍。

5.3.1 走廊形式

住房的形状和排列与走廊形式有十分密切的关系。走廊形式的基本种类有三种，分别为"梯间式"、"外廊式"和"内廊式",还有以外廊式与内廊式结合起来的"双廊式"(图 5-13)。

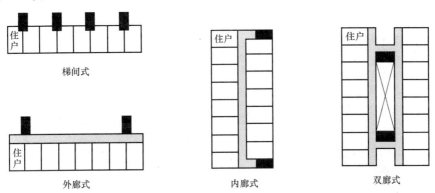

图 5-13 中高层集合住宅的走廊形式的分类

(参考文献:佐藤考一等著《建筑计划》)

中层住宅多数采用梯间式(图 5-14),由于每户都可以设置前、后阳台,在采光、通风及个人隐私的保护方面都比较有利。公营住宅的 51C 型及初期的公团住宅大多都是 5 层左右的没有电梯的中层建筑,因此多采用梯间式。但是,如果设置电梯,只能供一层楼的两户使用的电梯使用效率非常低,而且也难以像连续走廊那样,确保双向避难的安全性,因此对于住宅高层化来说是十分不利的。因此,除了在一些高级住宅中为了实现良好的居住性而采用以外,在民间的高层集合住宅中几乎没有采用梯间式的。

外廊式集合住宅的电梯利用率则相对较高,也容易实现双向避难,因此中层住宅

图 5-14 梯间式的范例(20 世纪 60 年代的公团住宅)

图 5-15 外廊式的范例（20 世纪 70 年代的公团住宅）

和高层住宅普遍采用这种形式（图 5-15）。虽然走廊的一方也面向外部，但是比起梯间式来说，不仅在采光及通风上就受到了限制，而且在噪声隔离及个人隐私的保护上也难以确保。因此，一部分的集合住宅为此做出了各种改善的努力。例如在住户的前面设置了一个较大凹洞（Alcove）的空间来增加住户与走廊的距离，本书称这个凹洞为"外门厅"。还有在共用走廊与住户之间设计一个小天井，住户是通过桥才能进入的，这样做将通风、采光、保护隐私问题都解决了（图 5-16）。

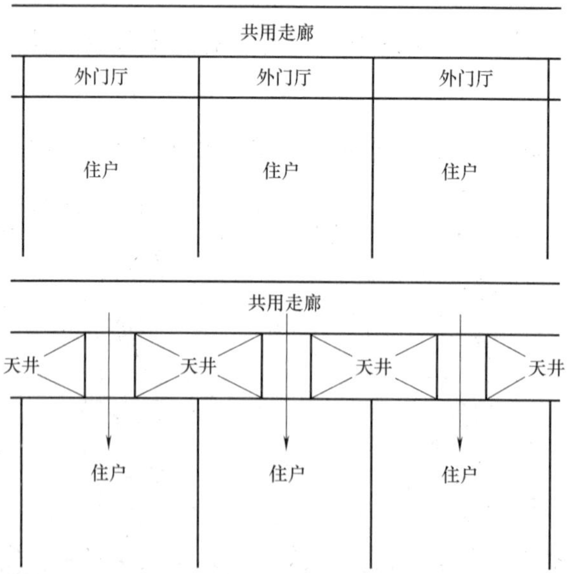

图 5-16 外廊式的改善方法（上图为外门厅，下图为天井+"桥"）

内廊式由于走廊两侧的住户共用同一个走廊，在很大程度上可以提高电梯的使用效率和减少共用面积，可以说适合于城市里高密度的集合住宅。但是在日本由于对内廊式住宅在防灾上的要求比外廊式的要严格得多，而且内廊式在采光、通风及保护个人隐私等方面的条件也比外廊式的更为恶劣，因此实际采用内廊式的例子比起欧美要少得多。此外，如果将走廊一侧的住户朝南设计的话，就会导致另一侧的住户因朝北而无法满足采光的需要，因此内廊式的住宅基本上都将走廊设计成南北走向。

双廊式通过天井的设计改善了内廊式走廊的缺陷，是外廊式与内廊式的结合体。双廊式的走廊面积与外廊式的没有差别，但是电梯的利用率却与内廊式一样高。日本在经济高度增长期间所盖的大规模超高层住宅大多采取的是双廊式。

超高层集合住宅从外面看都是一样的塔楼，但是根据走廊形式的不同又可分为两种形式，一种是核心型，另一种是天井型（图5-17）。

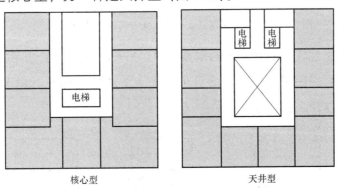

图 5-17　超高层集合住宅的走廊形式的分类

（参考文献：日本都市公团关西集合住宅研究会《集合住宅的规划、设计及管理》）

核心型是指以楼梯、电梯为核心，在其周围布置住户的形式。虽可减少共用面积从而实现高密度化，但是也存在日照条件不平等、避难计划有缺陷等问题。

天井型（Void）可以称作是外廊式的一种变形。与核心型比起来，虽然日照条件没有任何变化，但容易实现双向避难，扣除天井所占的面积后，实际上每层所能用的面积和可布置的户数都可以有所增加。图5-18是它的一个例子，右面的照片是从中间的天井看到的走廊的样子。

5.3.2　剖面形式

根据住宅截面来分类，基本上可分为两种。一种是"平层住宅"，指一住户只布置

图 5-18　天井型超高层住宅的范例（2000 年的公团住宅）

在同一层，这是集合住宅的最普遍的布置形式。另一种是"跃层住宅"，比起外廊式的平层住宅，不仅共用面积减少了，而且也提高了住户的居住性。由于户内配置楼梯，因此适合大家庭住户，见图 5-19。

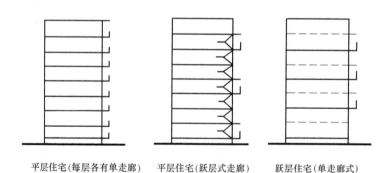

平层住宅(每层各有单走廊)　　平层住宅(跃层式走廊)　　跃层住宅(单走廊式)

图 5-19　集合住宅的截面分类

(参考文献：佐藤考一等著《建筑计划》)

跃层式走廊型的住宅是每隔两三层设置走廊，有走廊的楼层才可搭乘电梯，其他楼层是需要利用共用楼梯上下的住宅形式。它其实是把梯间式和外廊式的住户融为一体，各取所长，共用面积的大小也处于两者之间。晴海高层集合住宅（最初期的高层化的公团住宅）是有名的实例，它以 3 层为单位设置外走廊，整体的构思是以上下 3

层、左右 2 户为一个单元，建筑物的布置和结构都是围绕着这单元进行设计的，当然有走廊层的户型与没有走廊层的户型是不一样的（图 5-20）。

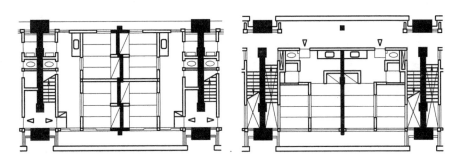

第 5 层、第 8 层　　　　　　　　　　第 3 层、第 6 层、第 9 层（通道层）

设计者：前川国男建筑设计事务所　　竣工时间：1958 年　　所在地：东京都中央区

图 5-20　跃层式走廊型的范例（晴海高层公寓）

（参考文献：佐藤考一等著《建筑计划》）

5.3.3　阳台形式

日本的集合住宅，无论是低层住宅还是高层住宅，一般都设有阳台，而且多数是从楼层的一端一直延续到另一端（图 5-21），成为日本特有的住宅外观。阳台不仅为生活提供很多方便，而且成为与日照、风雨等接触的缓冲地带，很多的居民还喜欢在阳台上种植花草。因此，阳台是日本集合住宅的一个不可缺少的组成部分。

20世纪70年代的公团住宅

2000年的公团住宅

图 5-21　连续阳台

然而，阳台还有一个很重要的作用，就是发生火灾时作为第 2 安全通道，可以穿过连续的阳台和软梯逃到下层。如果各户的阳台都是独立的话，每户都需要设置软梯，需要的数量自然比连续阳台的多得多。同时，连续阳台最大限度地利用了住户的宽度，增大阳台的面积，而且正面的所有房间都可以进出。

因此，除了个别特别注重隐私和防范性的超高层住宅以外，日本的中高层集合住宅大部分采取连续阳台的形式。

5.3.4　大楼出入口以及其他共用设施

通常众多的共用设施设置在一楼出入口处附近。首先，在出入口处设有大厅和服务台，服务台的主要功能是保安与管理，最近很多住宅还提供干洗、订票、速递等方便日常生活的服务。邮箱和速递的领取柜设在出入口的附近，出入时随时可以确认领取。出入口是自动关闭的大门，只有持有钥匙的居民才可以自由进出，特别注重安全的住宅甚至设双重大门，连电梯也需要开锁。当然普通的钥匙太麻烦了，很多是使用磁卡开启的电子锁。其次，根据法律的规定，新建的集合住宅必须完善无障碍设施，在出入口附近不受风吹雨打的地方设置缓坡，《福祉条例》规定倾斜度大于 1/12。

除此以外，一般在一楼还设有停车场、供电室、储水池、自行车停放处、垃圾房等。个别的住宅还设有健身房、托儿所、读书室，客房等设施。

5.3.5 绿化

绿化是构成自然舒适的生活环境不可缺少的要素，当然地必须成为集合住宅组成部分。近年来，作为缓和热岛效应的对策，楼顶绿化和墙面绿化也开始受到重视（图5-22）。

图 5-22 建筑物的绿化

（参考文献：日本 NEXT21 编辑委员会《NEXT21》）

在东京，根据《东京自然保护和恢复条例》的规定，开发商除了要做好地面的绿化以外，还有义务要搞好楼顶和墙面的绿化。既要确保20%的地面绿化面积（除建筑占地面积外），也应尽可能使楼顶绿化和墙面绿化的面积达到可利用面积的20%。

5.4 集合住宅的户型设计

5.4.1 日本集合住宅的类型

20世纪70年代前半期，为使起居室和厨房、浴室、洗手间等都能自然换气，公团集合住宅的住户平面布局多数采用开间宽度大、进深浅的设计（图5-23a）。但1975年后，为了节约占用正面的面积，开间宽度小、进深大的FS型住宅（Frontage Save）成为了主流（图5-23b）。

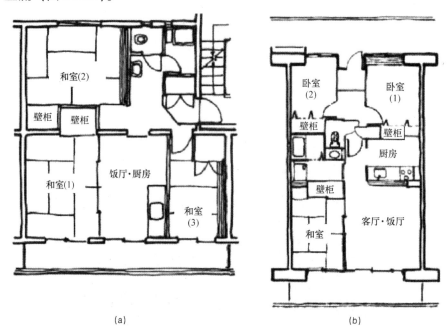

图5-23　20世纪70年代前半期的设计和其后的FS型设计
（参考文献：日本都市公团关西集合住宅研究会《集合住宅的规划、设计及管理》）
（a）20世纪70年代前半期的设计；（b）FS型设计

平行分布的楼房，由于楼与楼之间的距离由"最短日照时间"和"南侧建筑物的高度"的规定来决定（图5-24），采取FS型设计可以增加户数，并通过增加进深来保证每户的面积，对于实现高密度的集合住宅非常有效。为了保证起居室的采光，FS型

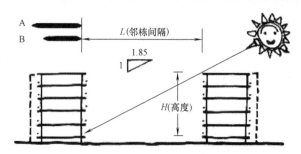

图5-24　住栋间隔的决定因素
（参考文献：日本都市公团关西集合住宅研究会《集合住宅的规划、设计及管理》）

设计一般把厨房、浴室、厕所设在住户的中间,这些设施的采光和通风问题则通过机械设备来解决。FS型至今还是最典型的平面布局设计,但是从长远来看,由于配置在住户中间的厨、厕、浴室要在地板下面配排水管,将来如果需要进行户型变更的话,自由度会受到很大的限制。

日本还有许多单房间集合住宅(One Room Mansion)。它是由一个房间加上厨房、厕所、浴室等构成的单元,专用面积多为20m² 左右,所谓麻雀虽小,五脏俱全(图5-25)。它主要的租赁对象是学生和单身的年轻人。日本的年轻人到了20岁前后就喜欢离开家庭过独立生活,而又没有与别人合住的习惯,这种单间的集合住宅是他们最好的选择。另外,银行的利率低时,这种小住宅成为了小额投资家的投资对象。

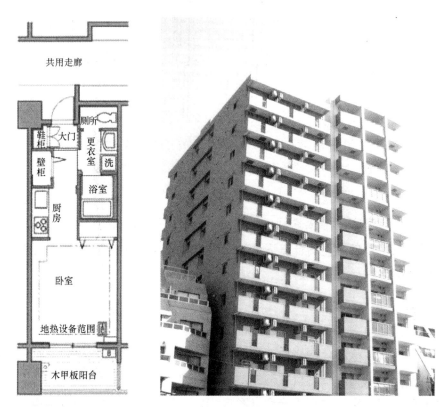

图 5-25　单房间集合住宅

5.4.2　大门

日本住宅的大门一般是朝外开的。其中一个原因是日本人习惯在门厅里换鞋,如果大门是往里开的话，占用了换鞋的空间。其次是往外开的门有利于避难。但是，往外开的门的门铰链设在外面不利于防盗，需要采用比较坚固的门铰链。对于外走廊的住宅，开门很容易碰撞走廊上的行人，现在一般设有凹形的外门厅（图5-26）。在这种外门厅的旁边设计为管道间，设置方便检查维修的门，日常的管理就可以无需进入户内了。

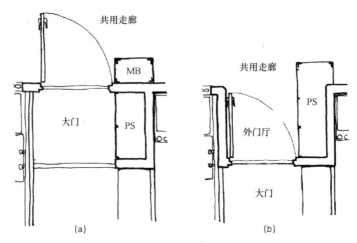

图5-26　没有外门厅的门口及有外门厅的门口（右）

（参考文献：日本都市公团关西集合住宅研究会《集合住宅的规划、设计及管理》）

(a) 没有外门厅的门口；(b) 有外门厅的门口

住宅的门厅与室内的地板之间一般设有一定的高低差，以示内外的区别。现在，为了方便高龄人、残疾人，高低差逐渐被缩小，尽量实现平坦。另外，因为都在门口换鞋，门厅还配有鞋柜（图5-27）。

5.4.3　和室（榻榻米房）

所谓的"床座"就是在榻榻米上坐的意思，是日本传统生活方式之一。现在，由于受到西方生活方式的影响，日常的生活已经以椅子为主了，但每户住宅多数还留有至少一间的称为"和室"的榻榻米房（图5-28）。榻榻米是日本传统的地板材料，它是用茅草编织的，软硬适中，吸湿性能好，隔声和吸声性能也高。

和室里常配有壁龛、壁橱。以前日本人喜欢在壁龛的墙上挂画和摆放插花，壁橱则用来堆放寝具、衣物、杂物等。现在在和室里挂画、摆花的习惯已经衰退，建房时壁龛多被省略。

第 5 章 集合住宅的设计

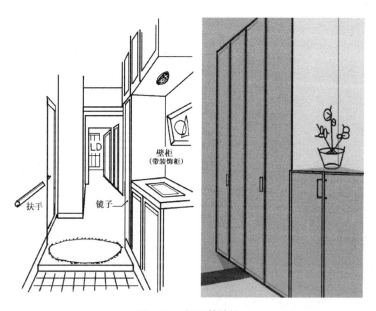

图 5-27 门厅的陈设

(参考文献：日本住宅、都市调整公团《黑鸭信息 Vol. 22》)

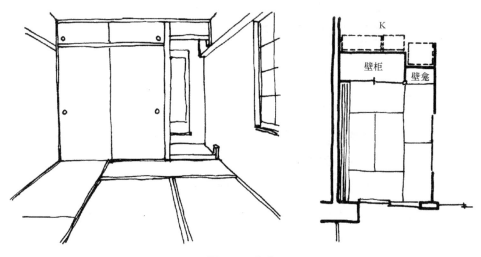

图 5-28 和室

(参考文献：日本住宅、都市整备公团《黑鸭信息 Vol. 22》)

5.4.4 浴室、更衣室

日本人喜欢泡浴，浴室里包括浴缸和淋浴的空间，厕所是另外设置的。浴室的前室是更衣室，它兼用作洗脸和洗衣室。只有泡浴和淋浴的时候才进浴室，浴室是湿的，而更衣室和厕所相对来说是干的。这种把干湿分开的设计使日常生活井井有条，而且同时使用也互不干扰。只有前面所介绍的单房间的住宅为了节省空间才采用像旅馆一样把浴室、更衣、厕所集中为一体的设计。无论哪一种形式的浴室，现在大多数集合住宅都采用工业化生产的单元式浴室"Unit Bath"（图 5-29）。

(a) (b)

图 5-29 单元式浴室
(a) 施工中的外观；(b) 内景

2003 年住宅与土地统计调查显示，日本住宅的浴室拥有率为 95.7%，从 1978 年的 82.8% 以来呈一路上升的趋势。而更衣室的拥有率为 88.1%，与 1993 年的 81.1% 相比，上升了 7%。1963 年，全国浴室的平均普及率为 59.1%，东京的普及率仅为 39.1%。但到了现在，住宅里设置浴室和更衣室已成为理所当然的事。

5.5 维护管理计划

5.5.1 维护管理

对集合住宅进行维护和管理，目的在于维持建筑物的功能。随着时代的发展，给集合住宅加入新的功能、创造更舒适的居住环境也成为维护和管理的目的之一。

住宅建筑属于固定资产，其所有者当然希望维持甚至提高它的资产价值。为此，所有者把住宅从设计阶段一直到现在的履历进行记录，明确地把握住宅变化的经过和现在所处的状态是非常重要的。日本最近推行使用《住宅档案》，记录维护和管理的情况，具体参见《200年住宅》所述。

分售住宅的建筑物和设备，专有部分的维护管理由其所有者负责，共用部分则由全部所有者组成的"管理委员会"来进行。建筑物和设备的维护管理一般包括图 5-30 所表示的内容。

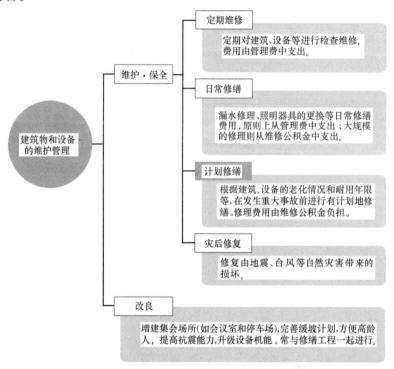

图 5-30　住宅建筑和设备的维护管理

(参考资料：日本东京住宅局《分售集合住宅的长期修缮计划及计划性修缮指南》)

5.5.2　计划修缮

如果不根据建筑物和设备的老化情况及时进行维修的话，老化程度就会加剧，导致房屋的舒适程度和资产价值大大降低。置之不理，老化超过了一定的程度，不仅修理费用会增加，也难以恢复到原来的状态。

制定和实施修缮计划，需要专业管理公司的协助。而在实施方针，实施费用等方面则由管理委员会决定，然后征求全体所有者的同意。这样有商议性、有计划性地进行的修缮称为"计划修缮"。

所以，管理委员会在贯彻《长期修缮计划》和《维修公积金制度》以外，还要使各所有者达成共识，让各所有者以主人翁的身份共同使修缮计划顺利实施。

表 5-2 和表 5-3 是住宅各部分的计划修缮周期的一览表。

一般计划修缮周期一览表   表 5-2

部位	修缮项目 材料	修缮分类	建成年数（年） 1-20	备注（修缮周期）
建筑 - 屋顶	外露防水沥青	覆盖或更新	○ 在12年	外保温 20年
	防水沥青	覆盖或更新	覆盖 15——○ 20	覆盖维修周期12年 更新30年
	瓦屋顶（石棉水泥瓦）	修补	○ 在12年	
	PC 屋面板防水	修补	○ 在12年	
建筑 - 外墙	砂浆	修补、涂饰	○ 在12年	
	瓷砖	修补	○ 在12年	
	清水墙	修补、涂饰	○ 在12年	
	PC、HPC 板缝的防水	更换	○ 在12年	
建筑 - 天花板（顶棚）	灰浆	重新粉刷	○ 在12年	
	清水天花	重新粉刷	○ 在12年	
建筑 - 地板	水泥砂浆	重新粉刷	○ 在12年	
	双层地板	更换	○ 在17年	
	瓷砖	更换	○ 在18年	
建筑 - 阳台	防水	改善	○ 在12年	
建筑 - 外部五金	铁制	重新粉刷	○ 在4、8、12、16、20年	
建筑 - 外部器具	铁制	重新粉刷	○ 在4、8、12、16、20年	
电器 - 电器设备	专用开关	更换	○ 在15年	
	主开关	更换	○ 在15年	
	公共分电盘	修补	○ 在15年	
	照明（室外公共灯）	更换	○ 在10、13年	
	照明（室内公共灯）	更换	○ 在10、13年	
	控制器	修补	○ 在16年	
电器 - 电视接收设备	天线	更换	○ 在10年	
	辅助装置	更换	○ 在10年	
	共听器械	更换	○ 在16年	
	网轴电缆	更换	○ 在16年	

（参考文献：日本（财）集合住宅管理中心《集合住宅修缮公积金计算手册（1997 年改订版）》）

一般计划修缮周期一览表二 表5-3

部位	修缮项目 材料	修缮分类	1	2	3	4	5	6	7	8	9	10	11	12	13	14	15	16	17	18	19	20	(年)
供水排水设备 / 供水设备	混凝土水池	重新粉刷										○								○			
	钢制水池	重新涂装							○					○									
	FRP水池	更换																					25年
	供水泵	维修、更换						大修 ○						更换 ○									
	各户水表	更换							○								○						
	室外供水管	更换															○						氯化乙烯内套钢管20年
	室内供水管	更换																					
污水设备	杂排共用竖管	更换																	○				浴室排水共用25年
	杂排共用管	更换																	○				
	室内污水管	更换																					30年
燃气设备	室内燃气管	更换																					30年
	室外燃气管	更换																					
EV设备	升降式电梯	更换																					30年
消防设备	消防栓	维修、更换							大修 ○					更换 ○									
	室内消防栓配管	更换																					30年
	报警设备	更换																					24年
土木、造园	游戏设备	维修									○					○							
	渠	维修													○			○					
	室外污水管	更换																					24年
	室外雨水管	更换																					30年
其他	信箱	更换																	○				

(参考文献：日本（财）集合住宅管理中心《集合住宅修缮公积金计算手册（1997年改订版）》)

5.5.3 长期修缮计划

一般分售住宅每10～15年就要进行一次大规模的修缮。每户花费50～100万日元。长期修缮计划是为使修缮工程顺利进行，预测未来20～30年间，估计何时需要修缮、什么地方需要修缮、总共费用多少，每个所有者需分担多少费用等的计划。但是，长期修缮计划只是一个目标和预测，实际施工时，需根据建筑物的实际老化程度来制订具体方案。表5-2、表5-3是一般计划修缮周期一览表。

5.5.4 修缮公积金

为确保修缮工程所需的大量资金，所有者每个月都必须缴纳修缮公积金。它是按照长期修缮计划的规定，根据修缮工程必需费用来设定每月应缴的公积金额。

第6章 集合住宅的结构

6.1 建筑与地震
6.2 结构设计体系
6.3 结构种类与形式
6.4 隔震与减震
6.5 抗震鉴定与抗震加固

6.1 建筑与地震

6.1.1 地震与震度

日本是世界有名的地震国家。有感地震的发生次数非常频繁,几乎在日本的每一个地方一年之中都会有数次,而每隔几年就会在某一个不为人所料的地方发生一次造成房屋倒塌和人员伤亡的地震灾害。

日本之所以地震频繁,是因为它正好处在地壳的 4 个板块的交叉点(图 6-1)。板块的相互挤压和运动使地中蕴藏着巨大的能量,每隔一定的周期就要放出,从而引发地震,这就是所谓板块间地震,它震源深,震度大,而且还常诱发海啸等派生灾害。板块间地震所带来的灾害是非常巨大的,1923 年日本发生的关东大地震,以及人们还记忆犹新的 2004 年在印度尼西亚苏门答腊发生的地震和海啸是它有名的例子。

但是,日本频繁的地震和众多的震灾并不全是板块间地震,相当数量是由内陆的

图 6-1 日本周围的板块

(参考资料:日本气象厅网页)

断层活动引发的，在日本称它为直下型地震。断层的数量多、分布也广，它的活动与否其实与所处地带有密切的关系。由于板块的运动而蕴藏着巨大能量的日本，断层的活动可能性也较其他地方高得多。断层的发现不容易，活动规律更难以掌握。它位于人们生活的陆地，而且发生地震时的震源浅，地面的震动强烈，带来的灾害并不亚于板块间地震。1995年发生的日本兵库县南部地震（阪神大地震）和2008年中国四川发生的汶川大地震同属于这类地震。

地震的大小，以它放出的能量的多少来衡量。日本也采用国际通用的"里氏震级"，但反映地震所带来的危害程度则用独自制定的"震度"，相当于中国的"地震烈度"。各地由于离震中的距离和地形条件等不同，震度当然是不一样。1996年以前，日本是根据各地的受害情况来确定震度的，但这样所花的时间长，不能及时地给防灾救灾提供信息，而且不太科学，所以现在改为以安置在各地的震度计所计测的数据为准（表6-1），计测的数据是以加速度为主要内容。震度与受灾程度的对应关系则如表6-2所示。

日本的震度的定义（1996年以后）　　　　　表6-1

震　度	0	1	2	3	4	5弱	5强	6弱	6强	7
震度计的计测震度	～0.4	0.5～1.4	1.5～2.4	2.5～3.4	3.5～4.4	4.5～4.9	5.0～5.4	5.5～5.9	6.0～6.4	6.5～

（参考资料：日本气象厅网页）

震度与受灾程度的对应关系　　　　　表6-2

震度	屋内	屋外	建筑物	设备/设施	地形
0	地震计检测人无感觉	无变化	无变化	无变化	无变化
1	敏感的人会产生头晕的错觉	无变化	无变化	无变化	无变化
2	大多数人有感觉，吊灯产生小幅摇动	无变化	无变化	无变化	无变化
3	大多数人有感觉，时间长了会感到不安,碗柜的碗碟产生碰撞声	电线产生摇动	无变化	无变化	无变化
4	大多数人感觉到恐怖。睡眠中的人会惊醒。吊灯大幅摇摆。不太稳定的东西会倒下	电线,树木明显摇动。坐着的人和走路的人都会感觉到摇动。开着车的人会感觉到方向盘突然不稳	老旧的木结构房屋明显产生摇动，甚至会出现裂缝。钢筋混凝土结构的房屋的门窗也会发出声响	部分电梯会自动停止,地震停了以后又会重新运行	无变化

续表

震度	屋内	屋外	建筑物	设备/设施	地形
5弱	绝大多数人都会感到恐怖。走路不稳,家具发响,重的书会从书架上掉下来	步行不稳	木结构房屋的管道煤气闸自动关闭。墙和梁柱的接头都会发出响声	埋在地下的旧水管的接头破裂漏水而导致断水。电梯自动停止,非经过专业检查不能恢复运行(5强以上相同)	软弱的地面会出现裂缝;山边有落石,甚至有小的山崩
5强	因感到恐怖大部分人都不敢动。碗碟会从架子上掉下来。电视机也会倒下。部分门窗错位,不能开闭	破裂的玻璃掉下来。没有钢筋的砌体墙也会倒塌。道路也开始遭到破坏	不太坚固的木结构房屋的墙柱会遭到破坏。比较脆弱的混凝土房屋出现较大的裂缝,抗震性强的房屋也会出现裂缝	部分发生停电。自来水、燃气的管道受损,不能使用	
6弱	人站不稳。重的家具会滑动或倒下。多数的门已经不能开闭	大部分房屋的玻璃破裂,墙的瓷砖剥离掉下	不太坚固的木结构房屋会倒塌,较为坚固的也会破损。比较脆弱的混凝土房屋的墙和柱会产生破损。相对坚固的也会出现较大裂缝	列车有可能脱轨。电梯井和轨道受损,乘坐的人有可能被长时间关在里面	震中的地方明显地出现地裂;树木少的山坡发生山崩
6强	人无法站立,只能爬行	大部分房屋的玻璃破裂,墙的瓷砖剥离掉下。没有钢筋的砌体墙基本上全部倒塌。老树会被连根拔起	不太坚固的木结构房屋大部分倒塌,较为坚固的也大部分破损。比较脆弱的混凝土房屋会倒塌。相对坚固的墙和柱会产生破损	大范围地出现停水、停气。部分地方出现停电。燃气供应在这个震度被全面停止	
7	被摇动和掉下的东西所困扰,人已经不能按自己的意志来行动。所有的家具都一起摇动,几公斤重的电视机会在空中飞	数十公斤的墓碑倒下。瘦高的树木会折断或连根拔起。绝大部分房屋的玻璃和瓷砖都破裂掉下来	抗震性强的房屋也会发生倾斜或较大的破损	水、电、燃气全都停止供给。多数的道路破损,难以通行。铁路和高速公路也受到破坏,城市的机能丧失,成为孤岛	发生大规模的地裂、滑坡、山崩;地表面发生凸凹变形

(参考资料:日本气象厅网页)

6.1.2 建筑的受灾与抗震技术的发展

表6-3列出了日本在近一个多世纪中经历过的十多次大的地震灾害。这些灾害促使了建筑抗震技术的发展,建立了今天的抗震设计体系。

近一个多世纪的日本的震灾与建筑的抗震基准的变迁　　　　　　　　　　　　　　　表 6-3

时　　间	概　　要
1891-10-28 浓尾地震 8.0 级	日本最大的内陆型地震。房屋全坏 14 万栋以上,半坏 8 万栋以上,死亡 7273 人,山崩 1 万多处。震后产生的大断层的错位,上下为 6m,水平为 2m
1896-6-15 三陆地震 8.0 级	无震灾。从北海道到牡鹿半岛海岸受到海啸袭击,死亡 21959 人,房屋流失,全、半坏 1 万栋以上,船的受灾约 7000 艘。海啸的高度纪录分别有 24.4m、38.2m、14.6m 等
1923-9-1 关东地震 7.9 级	东京的最大观察振幅为 14～20cm。地震后发生火灾,使灾情扩大,死亡与失踪 142000 人以上,房屋全、半坏 254000 栋以上,烧毁 447000 栋以上。多处发生山崩,沿岸受到海啸袭击,浪高达 12m(该地震后的 1924 年,日本制定了世界首部的建筑抗震基准,设计水平震动系数为 0.1)
1927-3-7 北丹后地震 7.3 级	死亡 2925 人。房屋全坏 12584 栋。震后产生了相交的两条断层,其一长为 18km,水平错位为 2.7m,其二长为 7km
1933-3-3 三陆地震 8.1 级	震灾不大。太平洋沿岸受海啸袭击,死亡与失踪 3064 人,房屋流失 4034 栋,倒塌 1817,浸水 4018 栋,海啸的浪高纪录为 28.7m
1943-9-10 鸟取地震 7.2 级	死亡 1083 人。房屋全坏 7485 栋,半坏 6158 栋。震后产生了长度分别为 8km 和 4.5km 的两条断层
1944-12-7 东南地震 7.9 级	死亡与失踪 1223 人。房屋全坏 17599 栋,半坏 36520 栋,流失 3129 栋。沿岸受海啸袭击,浪高为 6～8m。纪伊半岛东岸的地面下沉 30～40m
1946-12-21 南海地震 8.0 级	死亡 1330 人。房屋全坏 11591 栋,半坏 23487 栋,淹没 1451 栋,烧毁 2598 栋。沿岸海啸的浪高 4～6m,高知附近 15km^2 的田园被淹没
1948-6-28 福井地震 7.1 级	死亡 3769 人。房屋全坏 36184 栋,半坏 11816 栋,烧毁 3851 栋。震后产生了长度为 25km 的断层(该地震后的 1950 年,日本制定了《建筑基准法》,采用的设计水平震动系数为 0.2)
1968-5-16 十胜冲地震 7.9 级	死亡 52 人,伤 330 人。房屋全坏 673 栋,半坏 3004 栋。沿岸受到海啸袭击,浪高为 3～5m。该地震的钢筋混凝土结构建筑物破坏而引起了重视(该地震后的 1970 年,对《建筑基准法》进行了修改,加强了对钢筋混凝土结构的剪切强度的规定)
1978-6-12 宫城县冲地震 7.4 级	死亡 28 人,伤 1325 人。房屋全坏 1183 栋,半坏 5574 栋,道路破损 888 处,山崩 529 处(该地震后的 1981 年,对《建筑基准法》的抗震规定进行了全面改正,即所谓新抗震基准的出台,弹性反应加速度为 1g)
1983-5-26 日本海中部地震 7.7 级	死亡 104 人,伤 163 人。其中因海啸而死亡和受伤的人数分别为 100 人和 104 人。房屋全坏 934 栋,半坏 2115 栋,淹没 52,部分破损 3258 栋。船只沉没 255 艘,淹没 451 艘,破损 1187 艘
1993-7-12 北海道南西冲地震 7.8 级	死亡 202 人,失踪 28 人,伤 323 人。奥尻岛同时受到火灾和海啸的袭击,陷入毁灭状态

续表

时间	概要
1995-1-17 兵库县南部地震 7.3级	所谓"阪神大地震"。死亡6432人，失踪3人，伤4万人以上。房屋全、半坏24万栋以上，全、半烧毁6000栋以上。死者的死因多数是因房屋倒塌和火灾(2000年，对《建筑基准法》的抗震规定进行了修改，出台了限界耐力计算，引入了反应谱和地盘的增幅)
2004-10-23 新潟县中越地震 6.8级	死亡65人，伤4805人。房屋全坏3185栋，半坏13792栋，火灾9件
2005 伪造抗震强度事件	(2007年，对《建筑基准法》的抗震规定进行了修改，加强了对结构设计的审查)

(参考文献：日本建筑技术教育普及中心《结构设计一级建筑士资格取得讲座用教材》)

1891年的浓尾地震之后，日本建立了震灾预防调查会，开始了建筑抗震的调查研究。关东地震之后的1924年制定了世界首部的建筑抗震标准，规定的设计水平震动系数为0.1。它的根据是，按推测关东地震时东京的水平震动系数为0.3，而当时材料强度的安全系数为3，由此而得出0.1的数值。福井地震之后的1950年，日本制定了《建筑基准法》。该法中引进了长期和短期的设计概念，长期的材料容许应力度与原来的材料强度相同，短期的材料容许应力度则为长期的2倍。为了维持同样的抗震性能，设计水平震动系数也相应由0.1提到0.2，对于超过16m的部分，每4m再加0.01。当时建筑物高度规定不能超过31m，以后在1963年被撤销，开始进入了高层建筑的时代。

十胜冲地震之后的1970年，吸取了地震时钢筋混凝土柱剪切破坏的教训，把《建筑基准法》中规定的柱的箍筋间隔从30cm加密到10cm。宫城县冲地震之后的1981年，日本对《建筑基准法》进行了全面修改，即所谓新抗震基准的出台。它把抗震设计分为两个阶段，第一阶段是对罕遇的地震的设计，目的是保证建筑物不发生较大损伤。第二阶段是对非常罕遇的地震的设计，目的是保证建筑物不倒塌，以保护人身安全，换言之，财产保护已不在其目的之中。第一阶段的设计称为"容许应力度设计"，采用的弹性反应加速度为$0.2g$（g为重力加速度）。第二阶段的设计称为"保有水平耐力计算"，采用的弹性反应加速度则是$1g$。以这次的《建筑基准法》改正为基准点，在此之前所建的建筑物被称为"旧抗震建筑"，它们有抗震性不足的危险，需要进行抗震鉴定和抗震加固。

带来了巨大灾害的兵库县南部地震之后的2000年，《建筑基准法》引进了名为"限界耐力计算"的新的设计法。一向由法律规定的地震力，在这个设计法中改为采用单质点模型，从地震反应谱里算出，同时也需要考虑地基的增幅效应。

《建筑基准法》最近的一次大修改是在 2007 年，这次修改的起因不是天灾而是人祸。2005 年发现了某结构设计者用不正当的手段伪造建筑物的抗震强度，他设计的为数不少的建筑物远远达不到现行法律的要求，事情暴露以后这些建筑物全都被认为不合格，必须拆除或加固。这一事件不但引起了巨大的社会震荡，而且带来了巨大的经济损失。为了挽回建筑界的声誉、重新取得社会的信赖，2007 年对《建筑基准法》进行了修改，重点整理了建筑行政手续，加强了至今为止是薄弱环节的对结构设计的审查。这一事件虽然不是地震，但与地震有密切的关系，危害也不亚于地震。

图 6-2 是一组笔者在 1995 年兵库县南部地震时所拍摄的钢筋混凝土结构集合住宅受灾的照片。除了右下的建筑以外，其他的是旧抗震建筑，它们都在脆弱的楼层发生剪切破坏，导致整层失去可以逃难的空间，无法保护人身安全。右下的建筑不是旧抗震建筑，由于设计不当，没有对上下层刚度不平衡采取适当的措施，导致了刚度小的

图 6-2　钢筋混凝土结构集合住宅的地震受灾

一层受损。但与其他3例不同的是它避免了剪切破坏，某种程度还保持着垂直的支持能力，留下了人可以逃离的空间。

图6-3是不多见的钢结构的集合住宅。它的整体结构是钢结构的超级框架，超级框架里面夹着的是用预制钢筋混凝土拼装的居住空间。地震时，超级框架的钢柱在没有发生任何塑性变形的情况下就发生了整体破断，整个住区总共有十多处，对其原因至今仍没得出明确的学术结论。钢柱的截面为 450mm×450mm 的正方形，钢板厚为 50mm 左右。笔者在地震的1年以后重返该地时，破断了的柱已焊接上，周围还加了加固的钢板。

图 6-3　钢结构集合住宅的地震受灾

6.2 结构设计体系

6.2.1 术语与基本思想

在介绍日本的建筑结构之前,首先对中文和日文的结构术语进行比较。本书中尽量以中文术语进行解说,但许多日文的固有术语虽然可以翻译成相近的中文,但所包含的内容并不完全相同。例如,"保有水平耐力计算"是日本独自的设计体系,尽管有某些相似也不便与国内的体系混淆。而且,某些术语中还在一定程度反映了基本思想,例如对地震这样的自然现象只是忍耐而不是对抗,"耐震"与"耐火"等也是统一的。为了比较和读者今后查找有关资料的方便,在表 6-4 中列举了主要的中日文结构术语,作为参考同时附上英文,但并不带有以英文为准的意思。在容易混乱的地方采用中日文并列的方式表示。

结构术语的中日文比较 表 6-4

中 文	日 文	英 文
结构	构造	Structure
抗震	耐震	Earthquake Resistant
隔震	免震	Seismic Base Isolation
减震	制振	Seismic Vibration Control
抗震鉴定	耐震诊断	—
抗震加固	耐震补强	—
容许应力法	容许应力度计算	Permissible Stress Degree Calculation
极限水平承载力计算	保有水平耐力计算	Ultimate Lateral Strength Calculation
极限承载力计算	限界耐力计算	Ultimate Strength Calculation
时程分析法	时刻历反应解析	Response Analysis of Time

日本建筑结构设计的基本思想可归纳为以下几点:

1) 将承受固定荷载(建筑物自重等的静荷载),积载荷载(活荷载),寒冷地区每年都遭遇的积雪荷载时的状态称为"长期"状态,用长期容许应力度对其进行验算。将承受包括偶然遭遇的地震和台风等水平力的状态称为"短期"状态,用短期容许应力度对其进行验算。对于不同的材料,短期容许应力度分别是长期容许应力度的 1.5~

2倍。

2) 抗震设计分为"罕遇地震时"保护财产和"非常罕遇地震时"保护人的生命安全的两个阶段进行。"罕遇地震时"的定义是发生几率为数十年一遇,"非常罕遇地震时"则是数百年一遇。抗震设计的基本思想可归纳为"中震不坏,大震不倒"。

3) 将刚度大的强劲型建筑与依存于韧性变形的柔性建筑分别对待。对柔性建筑尤其注重加强其变形能力,例如钢筋混凝土框架结构必须保证在受弯破坏之前不发生剪切破坏。

4) 保证建筑物的整体性,强调"强柱弱梁"。例如对于钢结构,光进行容许应力度计算时规定了柱的强度超出梁的比例,在进行保有水平耐力计算等的弹塑性设计时也限制了柱的塑性铰发生位置。

5) 各种设计法共存,分别对不同的结构种类和建筑规模详细规定它们的适用范围和设计内容。对于规模小、技术成熟、质量安定,而且在过去的地震经验中明确地总结了安全范围的结构种类和形式,可用比较简单的方法设计。而对规模大、形状复杂、新型结构等则采用更高的要求。

6.2.2 结构设计体系的构成

基于上述思想,日本的建筑结构设计体系由以下的要素构成。

(1) 结构规定

结构规定的内容首先是结构设计的对象和方法。具体的内容有:$10m^2$ 以下的建筑物不需要进行结构计算。2层以下的木结构住宅只要遵守抗震墙的量的规定,可省略结构计算。高度超过60m的超高层建筑物必须采用时程分析法进行结构设计,对其他的建筑物也根据结构种类和规模规定其最低限的结构计算方法。

结构规定还规定了可用于结构的材料,各种结构的构成方法,构件的最小尺寸、连接方法、钢筋混凝土的最少配筋等。这些构造细部规定无论是否进行结构计算都必须遵守。

(2) 容许应力度计算

容许应力度计算是,用预想到的最大荷载对结构体进行线性应力解析,保证各构件的各截面所产生的应力度在容许应力度以下。设计的安全率取决于材料的实际强度与容许应力度的比率。它适用于对罕遇地震时的设计。

日本从一开始制定结构设计法的时候就采用这种方法，现在即使采用后面所介绍的各种抗震计算时，事先也须进行容许应力度计算，可以说它是最基本的方法。它的优点是直观易懂，尤其适合对于刚性建筑的设计。但它只进行弹性的解析，无法确认进入塑性变形阶段的结构状态，所以不适用于非常罕遇地震时的验算。

容许应力度计算时考虑的荷载有，固定荷载（静荷载）、积载荷载（活荷载）、积雪荷载、风荷载、地震力等。

近来，出于保温隔声的要求，集合住宅的楼板和墙都倾向于加厚，固定荷载（静荷载）也随之增大。日本所考虑的积载荷载（活荷载）分为三种，第一种用于楼板设计，第二种用于梁柱与基础的设计，第三种用于计算地震力，数值关系是第一种最大，第三种最小。积雪荷载是由各地根据统计资料而定。容许应力度计算时所考虑的风荷载是以 50 年一遇的风速为基准，按海边、平原、城市等的地形环境来计算分布在建筑物各高度、各部分的数值。

容许应力度计算时所采用地震力是用每一层地震时所产生的剪切力来表示，它由以下 4 个因素来决定：

1) 地域系数；
2) 由建筑物的固有周期和地基的振动特性而决定的振动特性系数；
3) 由建筑物在垂直方向的重量分布和固有周期而决定的垂直方向剪切力分布系数($\geqslant 1.0$)；
4) 基本剪切力系数$\geqslant 0.2$。

由此可见，基本剪切力系数的概念相当于中国的底部剪力系数，而在剪力系数的垂直方向的分布上，则通过重量的分布和固有周期近似地考虑了振型来计算。在抗震设计的意义上，容许应力度计算近似于中国的底部剪力系数法，但应该注意到容许应力度计算是从材料的容许应力度的决定开始，包括对长期状态和积雪、暴风、地震等的短期状态的验算的综合体系。

(3) 层间位移角

层间位移角是以每一层之间的位移除以层高得出的数值。目的在于避免罕遇地震时，非结构构件因过大的位移而受到损伤。一般控制在 1/200 之内，对钢结构、木结构的建筑物来说是非常重要的指标，而对于钢筋混凝土结构的建筑物则一般不会有满足不了的问题。

(4) 偏心率和刚性率

偏心率是用于控制平面上刚度分布与重量分布的平衡的指标。

刚性率是用于控制立面上各层的刚度分布的平衡的指标。

它们的目的都在于维持建筑物的平衡，避免发生局部破坏。

(5) 保有水平耐力计算

保有水平耐力计算是对非常罕遇地震时的建筑物的安全性验算，这里使用的是日文的专用术语，相当于中文的极限水平耐力计算。采用的弹性反应加速度则是 1.0g，也就是地震力相当于把容许应力度计算时的基本剪切力系数由 0.2 提高到 1.0。基本原理是，对房屋结构进行弹塑性解析，它所能吸收的能量比弹性反应加速度 1.0g 时作用于建筑物的能量大的话（图 6-4），即使遭遇到大地震建筑物也不会倒塌。由图中可以看到，光依靠弹性变形抵御地震的话，所吸收的能量是弹性反应点的应力与变形围成的三角形面积，这需要使用具有高弹性强度的材料。而对于通常的材料，不光弹性强度，还考虑对它屈服以后的塑性变形能力进行验算，完全弹塑性反应点的应力与变形所围成的面积如果与前述弹性反应的面积相同的话，可以认为它具有

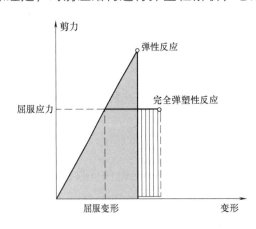

图 6-4 弹性反应的能量与弹塑性反应的能量

相同的吸收地震能量的性能。当然，已经进入了塑性变形阶段的建筑物，损伤是不可避免的，最终目的是保护人身安全。

保有水平耐力是指建筑物因为梁柱等构件的屈服达到不安定状态（日文称为崩坏机构）所能承受的水平力（图 6-5）。最为理想的崩坏机构是全体不安定状态，除了最上层的柱头与最下层的柱脚以外，其他都是梁屈服并产生塑性铰，符合强柱弱梁的思想。其他的还有底层不安定状态、部分不安定状态（图 6-6）。

(6) 限界耐力计算

限界耐力计算是通过地震波谱与建筑物的耐力谱的比较，确认建筑物的地震安全性的新方法，直译为中文可称为"极限耐力设计"，但保有水平耐力计算也可译为"极限耐力设计"，而这两者在日本是各自独立的体系，为了避免混乱还是采用原有的名

第 6 章 集合住宅的结构

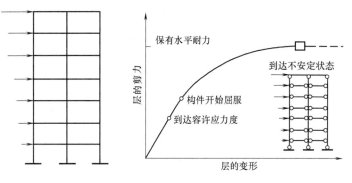

图 6-5 保有水平耐力与不安定状态的概念图

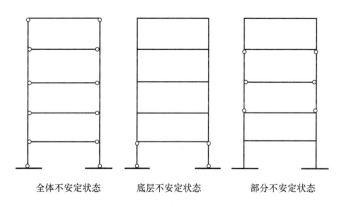

图 6-6 各种不安定状态

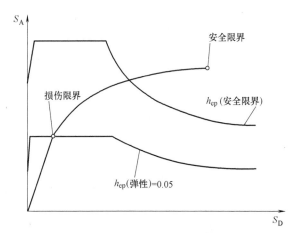

图 6-7 地震波谱与建筑物的耐力谱

称。限界耐力计算从 2000 年开始应用于实际设计，但它的原理与计算过程都比较复杂，而且还没经过大地震的充分验证，被采用的概率还非常小。比较的方法可以从图 6-7 作简单的理解，横坐标 S_D 是变形反应值，纵坐标 S_A 是加速度反应值，建筑物的耐力谱的弹性限界称为损伤限界，它比罕遇地震时的要求反应谱大的话，说明它不会发生损伤。罕遇地震时的要求反应谱所考虑的结构阻尼系数是 0.05。建筑物到达不安定状态的限界称为安全限界，它必须超过非常罕遇地震时的要求反应谱。

(7) 时程分析法

主要应用于超高层建筑（60m 以上）的结构设计。它把建筑物的刚度和质量归结为振动模型，使用实际或模拟地震波对建筑物进行解析，比较准确地把握各个部分所受的力和所产生的变形（图 6-8）。

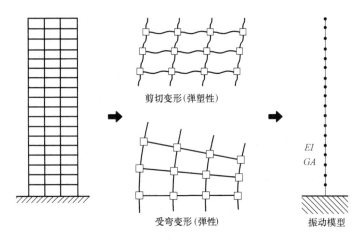

图 6-8　超高层建筑的时程分析法模型

以上的结构计算方法，基本上是按从低级到高级的顺序排列。法律上根据建筑物的种类、规模、层数等规定了所必需的最低程度的结构计算方法，但设计者可以自由地选择采用其中高精度的计算方法。

6.3　结构种类与形式

日本的集合住宅所采用的结构种类，除了砖混结构之外，如表 6-5 所列举的各种各样，它们分别被应用于不同规模的建筑。

RC 结构从低层到中高层都得到普遍的应用，而 SRC 则被应用于 RC 建设比较困难的高层、超高层建筑。H-RC 原则上是 RC 结构，但它是从材料到施工方法都是经过严格审查，由接受审查的特定的建筑商建造，仅适用于高层、超高层住宅的特殊技术。CFT 在集合住宅的应用事例还非常有限，难以说得上是普遍技术。木结构与轻钢结构是日本单户住宅技术在集合住宅上的应用，仅限于 3 层以下，供个人业主用于出租的小规模住宅，钢结构应用于中高层住宅的例子很少。

集合住宅的结构种类和采用频率　　　　　表 6-5

结　构　名	简称	不同规模住宅的采用频率			
		低层 ≤3	中层 4~11	高层 12~20	超高层 >21
钢筋混凝土结构	RC	多	多	少	无
钢骨钢筋混凝土结构	SRC	无	少	多	少
高强度钢筋混凝土结构	H-RC	无	无	少	多
钢管混凝土结构	CFT	无	无	少	少
钢结构	S	多	少	少	少
木结构	W	少	无	无	无

总量的采用频率：RC＞SRC＞H-RC＞CFT，S，W

众所周知，在日本几乎不存在砖混结构。历史经验证明这种结构抗震性能甚低，用于住宅最为危险，偶尔围墙等会使用砌体，但里面必须配有钢筋。下面将详细介绍常用的几种结构种类的特点及其形式。

6.3.1　钢筋混凝土结构（RC）与高强度钢筋混凝土结构（H-RC）

钢筋混凝土结构是集合住宅中被最普遍采用的结构种类，其优点可归结为三点：其一，它的保温、隔声、抗震性能好，能维持各住宅良好的居住环境和保证其独立性；其二，它的刚度大，能避免或减小因强风、地震而带来的摇动；其三，它具有优越的防火性能，不但本身是不燃材料，而且在火灾中仍可能维持必要的强度，不产生倒塌或崩坏。

钢筋混凝土结构的缺点也大致可归纳为三点：其一是它截面大、体积大、占去不少建筑空间；其二是自重大，对于抗震设计要求甚高的日本来说自重大就意味着作用的地震力也大；其三是地震时容易产生脆性破坏，导致建筑物瞬时倒塌，这也是抗震设计的大敌，为了增加其变形能力，日本对其配筋量和配筋形式有相当严格的要求。

图 6-9 为钢筋混凝土结构示意。

钢筋混凝土结构的形式和主要适用范围如表 6-6 所示。

剪力墙结构（日文：壁式结构）、预制组装剪力墙结构是无梁无柱，由混凝土墙与楼板构成的结构形式。墙厚一般在 120~180mm 之间，既承重也抗震，结构简单，材

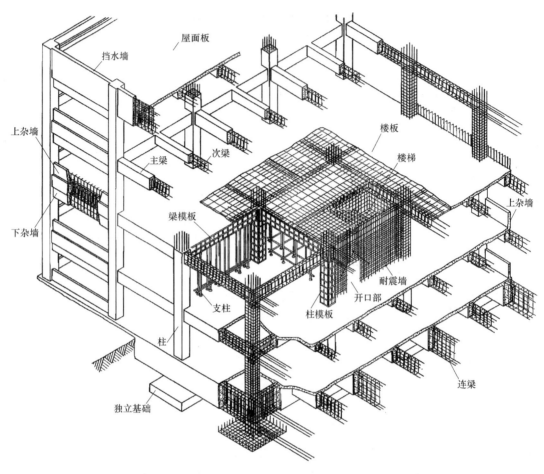

图 6-9 钢筋混凝土结构概念图

（参考文献：日本建筑学会《结构用教材》）

料用量也少，但日本规定它只能用于 8 层以下的住宅。理由之一，它的变形性能不能形成有效吸收地震能量的机构，特别是当墙产生剪切破坏后，建筑物失去垂直的支持要素，瞬时倒塌的危险性大。理由之二，它的刚度过大，地震时加速度反应随之增大，而本身不变形则容易造成建筑物整体倾倒，用于高层建筑更是危险。在建筑机能上，它承重墙多、户型间隔不能改变、极大地制约了住宅的改装灵活性，这也是这种结构形式的一大缺点。

基于结构简单，可分解为平面构件的特点，它成为工业化的主要结构形式。在 20 世纪下半叶日本的高度发展期中，它是多快好省地实现住宅供应的典范之一。因此，特为预制组装的剪力墙结构制定了规范，特别强调嵌接部的方法与性能标准。严格地说

钢筋混凝土的结构形式和适用范围　　　　　表 6-6

结构形式	低层 ≤3 层	中层 4~11 层	高层 12~20 层	超高层 >21 层
剪力墙结构	⇔	⇔		
预制组装剪力墙结构	⇔	⇔		
墙式框架		⇔		
框架	⇐	⇐	⇒	⇒
框架＋剪力墙		⇔	⇔	
筒结构				⇔

剪力墙结构与预制组装剪力墙结构虽然应用的户型和层数范围是一样的，但在结构原理上有不少差异，所以在此把它们区别开。

墙式框架是表面上看似一面墙的里面，由厚度一样的"墙式柱"和"墙式梁"形成的框架。它们都以箍筋加以拘束，墙厚一般在 500mm 以上，大大改善了剪力墙结构的变形能力不足的弱点（图 6-10、图 6-11）。由此它的可使用范围被提高到 15 层，这种结构在日本的平排式的集合住宅中得到非常广泛的应用。它同样是工业化的主角，除了工厂预制之外，大模板的应用也很大程度地提高了施工效率。

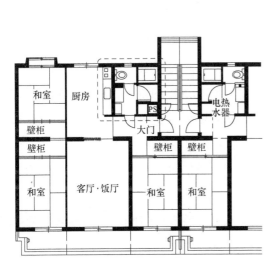

图 6-10　剪力墙 RC 结构的住宅平面示例

图 6-11　墙式框架 RC 结构的住宅平面示例

框架的柱截面尺寸在 700mm × 700mm～1000mm × 1000mm 之间，主梁的宽为 400～700mm，高为 600～900mm，日本的粗梁大柱可见一斑。框架结构的最大优点是具有非常良好的变形性能。在合理的设计和配筋之下，房屋即使经受地震产生塑性变形之后，仍然保持着良好的垂直支持能力，不至于瞬时倒塌从而达到了最终保护人身安全的目的。为了保证结构的均一性，甚至将连接着柱梁的所有混凝土墙都用间缝切开，由此实现纯粹的框架结构。

框架＋剪力墙结构的代表性例子是与图 6-11 相同的户型，只是图中的"墙式柱"和"墙式梁"改为普通的梁柱而已。前后的门窗多，宜用框架结构。两侧住户与住户之间设置的混凝土墙，在功能上是隔声保温性能良好的隔墙，结构上是强劲的抗震墙。为了保证它的变形能力，不但在墙里配有大量的钢筋，四周还以强劲的梁柱将其拘束起来。

普通的钢筋混凝土结构的混凝土强度在 21～45N/mm² 之间，钢筋全是螺纹钢，屈服强度在 295～390N/mm² 之间，主筋直径在 25mm 以上，箍筋直径在 13mm 以上。以 5 层、总面积为 1000～2000m² 的集合住宅为例，结构体的材料数量范围如表 6-7 所列，其中包括了基础所用的材料。

钢筋混凝土结构的材料数量　　　　　　　　　　　　表 6-7

	框架结构	剪力墙结构		框架结构	剪力墙结构
混凝土量(m³/m²)	0.55～0.65	0.55～0.65	钢筋(kg/m²)	110～140	85～115
模板(m³/m²)	6.5～7.5	7.5～8.5			

注：层数为 5 层，面积=1000～2000m²，含基础的统计资料。

高强度钢筋混凝土结构只被用于超高层集合住宅，纯框架或者是筒结构。它的混凝土强度在 50N/mm² 以上，现在使用强度超过 100N/mm² 的也不乏实例，但强度太高了火灾时容易产生爆裂，这是它的弱点。高强度混凝土的应用以预制为主，只有接头部分在现场浇筑（图 6-12），这既能提高强度也能实行良好的管理。主筋直径一般在 32mm 以上，最粗为 41mm，使用机械接头或焊接。箍筋经常使用特殊钢筋，使用普通钢筋时也焊接为闭锁的形状。

高强度钢筋混凝土结构是由建筑商各自设计，包括应用范围、使用材料、研究验证成果、结构设计方法、施工方法、质量管理等拥有自己的系统，经过严格的审查才能付诸实施。现在日本超高层集合住宅大部分采用的是这种结构，范围已经扩大到近 60 层，高度近 200m。施工进度为每层 5～7 标准工作日，最短的只需 4 天（图 6-13）。

图 6-12 预制高强度钢筋混凝土结构的构件与接头

图 6-13 高强度钢筋混凝土结构的施工

6.3.2 钢骨钢筋混凝土结构（SRC）与钢管混凝土结构（CFT）

钢骨钢筋混凝土结构是在钢筋混凝土结构里配有钢骨，以增加结构的强度，尤其是剪切强度（图6-14）。它具有钢筋混凝土结构的优点，而对其大、重、脆的缺点都有改善，但工艺复杂、成本高、工期长、混凝土的充填性不好则是这种结构的缺点。过去，下层采用SRC，上层采用RC结构的例子很多，但在1995年的阪神大地震中，破坏多发生在结构转换的那一层，现在已经取消了这种做法。

钢管混凝土结构是把 SRC 的柱改为钢管柱，钢管虽然露在外面，但由于里面有混凝土充填，比起纯钢结构耐火性能有所提高。图 6-15 是采用钢管混凝土结构的 55 层集合住宅的例子。下层的 CFT 柱仍需要耐火被覆，到了上层就可以省略了。大梁采用

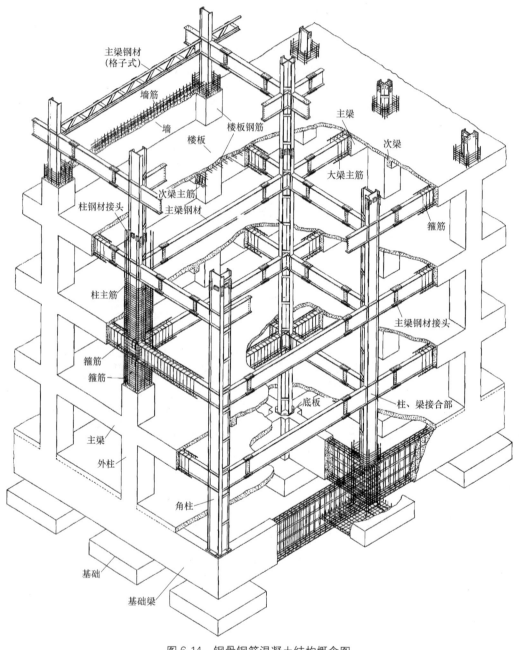

图 6-14 钢骨钢筋混凝土结构概念图
（参考文献：日本建筑学会《结构用教材》）

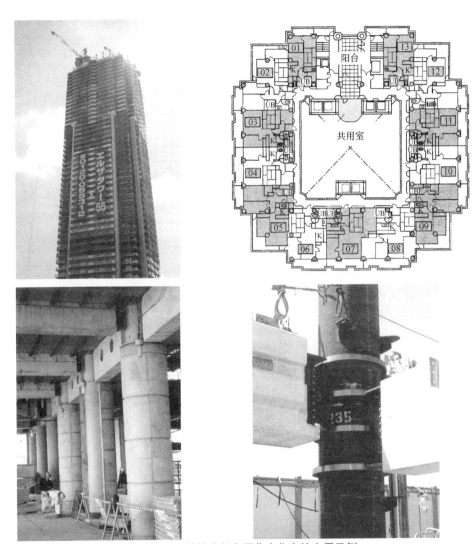

图 6-15　CFT 结构在超高层集合住宅的应用示例

预制的 SRC 梁,与柱的接头采用焊接。

6.4　隔震与减震

6.4.1　隔震与减震的普及

1995 年兵库县南部地震（阪神大地震）之后,日本对建筑物的抗震性能有了更高的要求。为了考虑社会的平衡，法律上的规定只是最低的标准，而在实际的设计工作中往往针对不同的建筑物和不同的甲方要求确定其抗震性能。

最低的要求是法律的基本思想，最终达到"保护人身安全"的目的。高于它的第二水平的要求是"保护财产"。尤其关系到历史文物的保存的建筑物需要达到这一水平的要求，在日趋富裕的私有制社会，普通的民众也对个人财产安全的要求越来越高，这是不能忽视的普遍的倾向。第三水平的要求是"维持功能"。对于防灾救灾上重要的建筑物，地震中不但不能倒塌，地震之后还要继续使用，维持其使用功能。例如医院、防灾救灾指挥部、警察所、供水供电部门等。最高水平的要求是"保护地域的安全"。一栋房子的安全与否不单是个别的事情，它的倒塌可能会堵塞道路、破坏水电等基础设施，还会涉及到周围房子的安全。将每一栋建筑放在地域水平上，它对这个地域所应负的责任确定了它应该达到的抗震性能水平。阪神大地震中，由于房屋倒塌堵塞了道路，消防车无法通过及时灭火，导致整片的住宅区和众多的生命毁在了大火之中，这是人们记忆犹新的沉痛教训。

在这样的社会背景和要求下，作为具有更高水平的安全性的结构，隔震结构和减震结构得到了很快的普及。1995年还处在研究开发阶段的这两种结构，现在已经成为了普遍技术，从单户住宅到超高层住宅都得到广泛的使用，而且隔震、减震装置的种类也不断增加。

6.4.2 隔震结构

隔震结构（日文：免震结构）是在建筑物的下部设置既能自由地水平移动又能保持支撑建筑物重量的能力的隔震层，地震时地面的震动在这一层被隔减，较少传到建筑物的上层。从原理上来说，中文"隔震结构"的名称更为贴切。隔震支撑体以叠层橡胶垫为主流，其他的还有滑动型支撑，轨道性支撑和适合于小型住宅用的钢球型支撑（图6-16）。地震时建筑物与地面的相对位移集中在隔震层上，在这之间装上阻尼器能非常有效地吸收地震能量，避免过大的变形和在地震后尽快停止振动。阻尼器的种类有油泵型、钢制的、铅芯的（图6-17）。

在不考虑阻尼器的情况下的固有周期称为隔震周期，隔震周期越长，作用于上部结构的水平力和加速度就越小。初期的隔震结构的隔震周期只有2秒左右，现在已经出现了超过4秒的隔震建筑物了。图6-18里的曲线是日本和海外有代表性的地震加速度

第 6 章 集合住宅的结构

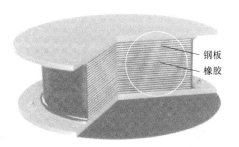
叠层橡胶垫

滑动型支撑

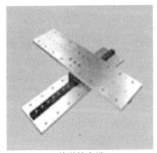
轨道性支撑

钢球型支撑

图 6-16 隔震支撑体

油泵型阻尼器

钢制阻尼器

铅制阻尼器

钢制阻尼器

图 6-17 用于隔震层的阻尼器

反应谱（图中曲线未指明的为日本以外地区的反应谱），从中可以看到，隔震周期超过4秒的建筑物无论对哪一种地震反应谱的加速度反应都非常小，上部建筑可以看成是一个固体，自己不产生变形，只是缓慢地在水平方向产生平移，可以说真正实现了与地震隔离的效果。设计是把作用在上部结构的已经变得非常小的水平力控制在结构体的弹性范围内，保证建筑物即使遭遇到大地震也完好无损。

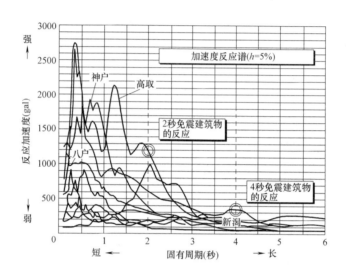

图 6-18　建筑物的一次固有周期与反应加速度的关系

(参考资料：日本"株式会社日本免震研究中心"的调查资料)

在日本，隔震结构的实际应用开始于 20 世纪 80 年代，1983 年建成了第一栋单户式的隔震住宅，初期的 10 年间它仅被用于研究性质的建筑物。1995 年阪神大地震时，从位于兵库县三田市的名为"WEST 大楼"的隔震建筑物的隔震层记录了 13cm 的位移，证明了隔震结构的有效性，以后它得到了迅速的普及，1998 年还开始应用于近百米高的超高层住宅。现在，已建成的大小隔震楼宇 1700 多栋，单户住宅 3000 多栋。隔震结构还被应用于对现存建筑的抗震改造，具体是将现存建筑物与原有的基础切开，在其间加设隔震层，特别是一些历史建筑物和有名的建筑物依靠它得到了保存。

图 6-19 是一个隔震住宅的隔震层布置的例子，隔震支撑采用了叠层橡胶垫，阻尼器采用了钢制阻尼器和油泵型阻尼器。油泵型阻尼器除了地震时起阻尼作用以外，地震之后还用它将建筑物恢复到原位，上部为钢筋混凝土框架结构。

第 6 章 集合住宅的结构 195

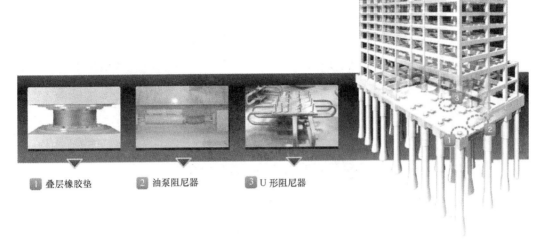

① 叠层橡胶垫　② 油泵阻尼器　③ U 形阻尼器

图 6-19　隔震层布置示例

图 6-20 是隔震超高层住宅的结构模型的例子，总层数为 44 层，总面积 92000m²，高度 155m。它的隔震层设在共用部分与住居部分分界的第三层，上部为钢筋混凝土筒中筒结构。

6.4.3　减震结构

减震结构是在建筑物里装设阻尼器，日文称为"制振结构"，它的意思是控制振动，而要控制的是"振动"而不是"地震"，因为对象不单是地震，还包括强风等给建筑物带来的振动。不过，就集合住宅而言，其目的主要是为了吸收地震的能量，减少结构体的损伤。比起隔震结构来说，减震结构成本低、工艺简单，现在在日本已经得到相当的普及。

阻尼器的种类非常多，用于小规模建筑的有黏性体阻尼器、摩擦型阻尼器等。用于比较大型建筑物的有低屈服点钢的各种阻尼器（图 6-21）和非拘束斜杆（图 6-22）等。集合住宅里的阻尼

图 6-20　隔震超高层住宅的结构模型

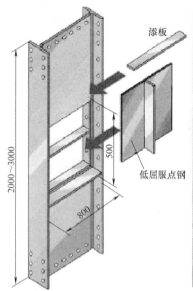

图 6-21　低屈服点钢阻尼器的示例

图 6-22　非拘束斜杆阻尼器的使用示例

器的位置宜面对共用空间，当它受到损伤时方便交换。阻尼的量要设计适当，少了没有效果，多了会使加速度反应增大，起反作用。

6.5　抗震鉴定与抗震加固

1970 年日本对《建筑基准法》进行了修改，吸取了十胜冲地震时钢筋混凝土柱剪切破坏的教训，把箍筋的间隔从 30cm 加密到 10cm 以内。1981 年又制定了新抗震基准，提高了建筑物的抗震设计标准。与此同时，对在此以前建设的建筑物的抗震性能进行重新评价，加固抗震性能不足的建筑物成了当务之急。在日本称之为"耐震诊断"和"耐震补强"或"耐震改修"，相当于本书所说的抗震鉴定与抗震加固。1977 年制定了《耐震诊断基准》和《耐震改修指针》。1995 年兵库县南部地震之后还制定了相应的法律。因此，未经过鉴定和加固的旧建筑物被称为"既有不合格建筑"，对它们的增建和大规模改建进行限制。同时政府率先对公共建筑进行抗震鉴定和抗震加固，并以补助、低息贷款等政策鼓励民间实施。

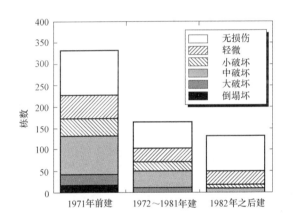

图 6-23　1995 年兵库县南部地震时 RC 结构校舍的损伤统计

(参考文献：日本建筑防灾协会《既有钢筋混凝土结构建筑物的耐震诊断基准同解说》)

图 6-23 是兵库县南部地震时对钢筋混凝土结构校舍的损伤状况的统计资料。图中的倒塌、大破坏等是日本对建筑物被害程度的评价指标。由此可见，1971 年以前建的倒塌和"大破坏"的不少，而 1971～1981 年建的则只出现少数的"大破坏"，1982 年之后建的所受的损伤程度比前两者要轻得多。这一方面证明了两次修改的有效性，同时也反映了对旧建筑加固的必要性。

抗震鉴定与抗震加固的基本思想是以强度和延性两方面评价建筑物的抗震性能，例如，图 6-24 刚度大的建筑物和刚度小的建筑物虽然力学曲线不同，但如果它们的曲线所包络的面积相同的话，抗震性能是相同的。因此，抗震性能可以用下面的形式来表示。

抗震性能 = 强度 × 延性

按这个原理算出的抗震性能指标称为 I_s 值，现在所采用的指标是以 1968 年十胜冲地震和 1978 年宫城县冲地震的损伤统计资料而定的。图 6-25 的曲线①是未经历地震建筑物的 I_s 值分布的对数正规曲线。曲线③是按照信赖性理论推测的，上述两次地震遭受到中破坏以上的损伤的建筑物的 I_s 值分布。由此可见 I_s 值 0.6 以上的

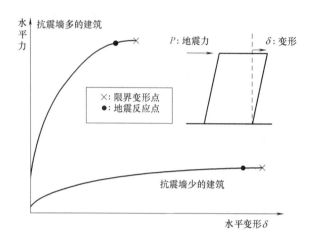

图 6-24　不同刚度建筑物的抗震性能评价

建筑物遭受中破坏以上损伤的可能性很小，故定其为安全指标。当然，根据诊断的方法和精度，所采用的指标不尽相同。

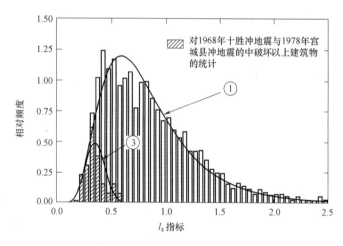

图 6-25　抗震性能指标的定义

（参考文献：日本建筑防灾协会《既有钢筋混凝土结构建筑物的耐震诊断基准同解说》）

　　与抗震鉴定的思想相同，抗震加固也从强度和延性的两方面进行。以强度为主的加固方法主要有追加剪力墙或钢架，以延性为主的加固方法是追加阻尼器。图 6-26 是从强度和延性的两方面进行加固的例子，它在建筑物的南、北两面新设了钢架，钢架里装有低屈服点钢阻尼器。图 6-27 是另一加固示例，它在建筑物的外面追加了钢筋混凝土结构的框架，框架里装有油泵型阻尼器。

第 6 章 集合住宅的结构

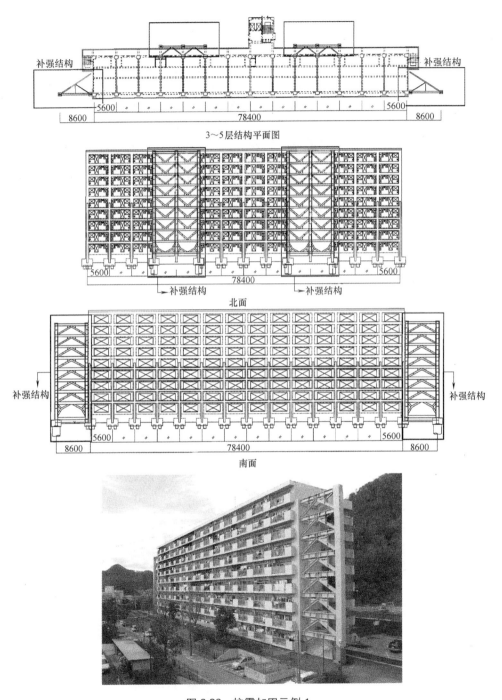

图 6-26 抗震加固示例 1

(参考文献：日本建筑防灾协会《耐震改修实例 50》)

图 6-27　抗震加固示例 2

(参考资料：日本建筑防灾协会《耐震改修实例50》)

图 6-28　采用预应力预制结构的校舍加固示例
(日本黑泽建设株式会社提供)

图 6-28 是某学校进行加固前后的变化。所采用的加固方法是在建筑物外面加建预应力预制结构的框架，由于采用了预制，施工时间非常短，在学校的假期里就可以完成，而且该结构强度高、可靠度好。但是，采用这种方法需要有像学校一样宽阔的用地。

尽管政府和学术界付出了不少努力，但民间的建筑物的抗震鉴定和抗震加固的进展仍非常缓慢。尤其是各户个人所拥有的集合住宅要达成实施抗震鉴定的协定已经不容易，要筹集加固的资金或调整因加固而带来的利益矛盾就更困难了。

第7章 集合住宅的装修与设备

7.1 围护结构

7.2 内装修与管线系统

7.3 住宅设备

7.1 围护结构

7.1.1 要求性能与对策

这里的围护结构是指室外与室内的分界面，它是构成良好的居住空间和实现节能环保的关键。围护结构是建筑物的外观，当然它的美观性不容忽视，本节只论及它的机能，在表 7-1 中归纳了对各部位的要求性能与常用措施。

各部位的要求性能与措施 表 7-1

部位	保温	降噪·隔声	防水	防火	安全防范	美观·清洁	抗震	耐风	耐久
屋顶底板	外保温 楼底保温		防水层 楼底防潮						屋顶保护层
外墙	外保温 内保温		涂装			涂装 贴瓷砖 光媒体涂装	设抗震缝 加固开口角部	防止瓷砖脱落	涂装 贴瓷砖
大门	夹层钢门 钢气密门框 自闭装置	夹层钢门 钢气密门框		钢制防火门	双重门锁	创意涂装	抗震门		防锈处理
窗	保温窗 双层玻璃 高气密性 热吸收玻璃 热反射玻璃	双层玻璃 双层窗	防火结构		钢丝网玻璃 铝合金窗框	防盗玻璃 窗用警报器	有色涂装 有色玻璃	防止玻璃扩散	抗风设计	延长胶条寿命
阳台，外走廊	（具有遮阳功能）	隔声栏杆	（具有挡雨功能）	（具有防止往上层延烧功能）	（确保两方向避难）	（有利于外墙清洁）（有利于安置屋外设备）	垂直方向的抗震设计	栏杆的抗风设计	（有利于长期的维护管理）不使用钢栏杆
外楼梯		混凝土踏板		（有利于火灾时的避难）	众目监视		抗震设计	抗风设计	（容易改建改装）

注：( ) 内是机能上的优越性，其他是措施对策。

7.1.2 外墙的保温

保温层是保持室内适当的温度、降低空调能耗的重要手段。现在在日本可以说包括单户型住宅和集合住宅的所有的住宅都采用了保温措施。集合住宅的屋顶一般都采用外保温，一楼的底板也在其下面设有保温层。北海道等寒冷地方，外墙也采用外保温，东京以南则多用内保温。图 7-1 是外保温和内保温的概念图。

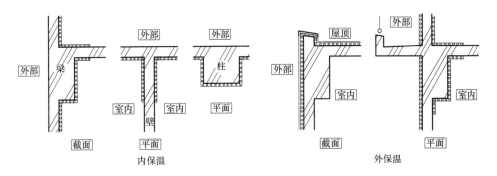

图 7-1　外保温与内保温的示意图

关于外保温与内保温的优缺点，表 7-2 对其作了简单的比较。

外保温与内保温的优缺点比较　　　表 7-2

项　目	外　保　温	内　保　温
保温性能	高，适用于寒冷地区	中，适用于温带
热桥、结露	热桥少、不容易结露	热桥较多、容易产生局部结露
结构体的耐久性	结构也受保温、耐久性好	结构体不受保温、容易开裂
便利性	外墙的凸凹部、开口部难处理，需要用内保温补充	不受外墙形状影响
维修、更换	难	容易
工艺	复杂	简单
成本、造价	高	低

7.1.3　门窗的性能

门窗是室外空间与室内空间的连接部位，从表 7-1 可以看到与所有的要求性能都有密切的关系，这里只论述其重要的几点。

集合住宅采用的大门为钢制的夹门，四周都设有门框。钢制是为了防火阻燃，室内的火出不去，室外的火也进不来。钢门的开发是在 20 世纪 50 年代，当时中层的集合住宅的所有住户的大门都面向楼梯间，如万一发生火灾而大门没有防火性能的话，由楼梯间往上蹿的火就会殃及所有的住户。夹层是后加的，目的是为了保温、隔声，四周的门框是为了提高气密性。大门的性能要求当然少不了防盗性，而在地震国的日本更多了抗震的问题。在过去的地震经验中，曾有不少震后的大门因变形而无法打开，居民不能及时疏散避难的教训。具体地说，地震时发生的结构体变形使门框产生局部的破坏或整体倾斜（图 7-2），门铰链也因为门的倾斜而产生变形（图 7-3）。2008 年 3 月，笔者主持了一项国家项目试验，定量地研究了大门的开闭性能与地震的关系，为解决现有住宅的安全上的盲点和改善大门的耐震性能建立依据。图 7-4 是笔者与加载完后的试验体的纪念照。现在，新建的住宅趋向于使用耐震大门，也提倡现有的住宅更换掉不具备耐震性的大门。耐震大门主要提高了对应图 7-2 和图 7-3 的变形的能力，门锁的性能也得到了改善，既满足防盗的要求，也不会在地震时打不开。与其他一些国家不一样，日本的大门是向外开的，这里面也有方便逃生的因素。

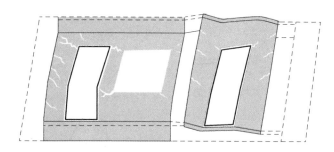

图 7-2　地震时大门的变形

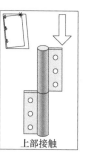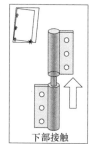

图 7-3　地震时门铰的变形

图 7-4　笔者主持的大门耐震性实验

日本的窗传统上绝大部分采用平开窗，它开闭时不占用空间，既不像内开窗那样妨碍安装窗帘，也比外开窗安全，但密封性能则不如外开窗。为了提高窗的保温性能，一般可使用保温窗和双层玻璃，寒冷地带则宜采用木窗、塑料窗或双重窗。表 7-3 所示为各种窗的性能的比较。有防火要求的窗，不宜采用木窗和塑料窗，玻璃也需使用钢丝玻璃。另外，在玻璃的内部或外面贴上特殊树脂薄膜，可以提高防盗性能，也可防止地震时破裂的玻璃飞溅。现在，如图 7-5 所示的采用幕墙的住宅不少。外墙的玻璃多使用涂有特殊金属膜的低辐射、高保温的双层玻璃。

窗的结构与性能比较例　　　　　　　　表 7-3

结构	玻璃	单层	双层	双层	双层	双层
	窗框	铝合金	铝合金	铝塑保温窗	铝塑保温窗	木铝保温窗
	窗台	无	无	保温部分	高保温窗台	木保温窗台
截面图						
热贯流率 W/(m²·K)		6.51	4.07	4.07	3.49	3.49
年空调费指数		100	60	60	54	54
价格指数		100	173	190	219	433

（参考资料：《TOSTEM 商品目录》）

7.1.4　外部空间的机能

正面连续阳台，背面外走廊＋外楼梯的平面布置，在日本的集合住宅中非常普遍(具体参见第 5 章)。平面设计上的功过在此不进行讨论，但从功能上看，它的优点是不能忽视的。阳台和外走廊是室内与室外的过渡空间。首先，它既遮挡直射阳光，又避免了外墙门窗承受直接的风吹雨打，很大程度上能改善外墙面与门窗的温度变化、漏水、污染等。其次，它既能防止火向上层蔓延，又为灾害时提供了两方向避难的可能性。住户之间的阳台只隔一片简易的薄板，紧急时把它踢破便可逃往邻户（图 7-6）。阳台上还配有通往下层的软梯，水平方向与垂直方向都有逃生之路（图 7-7）。此外，它为室外的热水器、空调的室外机、垂直给水排水管等提

图 7-5　采用玻璃幕墙的高层住宅

图 7-6　住户阳台之间的隔板

（参考资料：日本长谷工生活网）

图 7-7　通往下层的软梯

（参考资料：日本长谷工生活网）

供了安装的空间，而且，还非常有利于长期的维修管理，对十数年周期的集合住宅总体检测维修提供了良好的条件。

近年来，还流行采用反梁外框架结构（图 7-8b）。图 7-8（a）的一般做法中通常门窗的高度受到梁底的限制，而把柱和梁设在阳台的外面，反梁可以兼作阳台的栏杆，面向阳台的门窗可以提高高度，增加通风采光的面积。从耐久性的角度出发，室外的栏杆和扶手已经完全用铝合金取代钢，避免了生锈腐蚀。

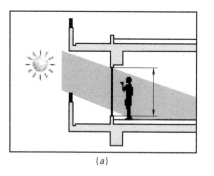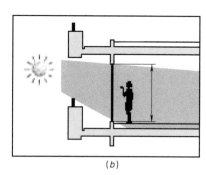

图 7-8　反梁外框架结构

外楼梯在防盗、防灾、避难等方面有很大的优越性，而且在日本还有可以不计入容积率的好处。由于低成本和施工方便的原因，采用钢结构的例子不少，为了避免上下楼梯时造成的噪声，必须采用混凝土的踏板，或在钢板上浇筑数厘米厚的混凝土。

图 7-9　钢结构 + 纤维混凝土踏板的外楼梯

图 7-9 是钢结构 + 纤维混凝土踏板的外楼梯的应用示例。

7.2　内装修与管线系统

7.2.1　SI 的必要性与要点

　　内装修和水电信息的管线与日常生活息息相关，也是经常需要更新换代的部分。首先，它所使用的材料的寿命比结构的短；在建筑物的使用寿命中，内装修和管线需要经常维修，而且还可能经历多次更换。其次，不同的居住者，即使是同一居住者，在不同的时期，对住宅的要求也会有变化。所以，内装修和管线系统应该具有针对不同的居住者、适应居住者的不同时期的生活变化容易更新、维持住宅可持续使用的性能。此外，科学技术的日新月异，促使现有的住宅的基础设施需要不断地引入许多新的设备和管线。如果事先没有具备相应能力，势必使现有的住宅被时代抛弃，有的不得不推倒重建。由上述的理由可以看到，内装修和管线系统最重要的是必须具有可维修和更新的灵活性。

第 4 章所述的 SI 思想、CHS 思想在日本已逐步得到普及，新的集合住宅大多已将内装修和管线系统从结构体中独立出来，简单地可归纳为以下几个原则：

1) 采用有利于维护更新的配管形式，不把管线埋入结构体里。
2) 按优先滞后的原则决定内装修的构成顺序，不直接贴在结构体上。
3) 设置专用的管道间，不在室内配竖管。
4) 采用可动或轻量的隔墙，不在户内设承重墙。

图 7-10 是一组集合住宅施工时的照片。在外墙上喷的是保温材料，此工程采用的是内保温。室内与阳台之间的外墙留有供空调配管及换气用的预留孔。上层楼板下面配的是消防等用的中水管，其后还将配置燃气、电路和各种信息网络等，它们将沿着隔墙导入各房间。地面上错综交杂的是供水管、供热水管以及地热和浴室用的循环加热水水管等，这些管线全都只配在结构体的外面，不埋进里面，使用的都是双层套管，将来老化后需要更换时，只需将里面的管抽出再插一根新的即可。

 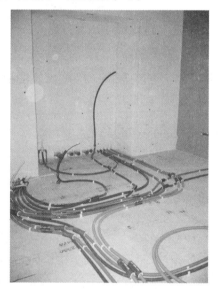

图 7-10　施工中的集合住宅

图 7-11 是一组装修完毕的集合住宅的室内照片。在生活的空间中，看不到一根管线，而且所有装修都是架空的，不直接贴在结构体上。

7.2.2　性能要求与对策

表 7-4 所列的是对内装修和管线系统的性能要求，以及各部位的常用措施。

图 7-11 完工之后的住宅

各部位的性能要求与措施 表 7-4

部位	舒适性 方便性	隔声、保温	高龄人、残疾人方便措施	安全性	维护管理	可变性 更换性
地板	木地板 地毯 地垫 榻榻米	双层架空地板 橡胶支脚 隔声、保温夹层	无高低差，无障碍 防滑	健康材料 适度的硬度	—	双层结构
内墙	墙纸	双层内墙 隔声、保温夹层	扶手	不燃材料 健康材料 适度的硬度	24小时换气口 预留空调管道	双层结构
隔墙	墙纸	隔声、保温夹层	扶手	不燃材料 健康材料	—	可移动隔墙 不落地隔墙 非承重墙
顶棚	装饰顶棚板	吊顶 隔声保温材料	—	不燃材料 健康材料	—	双层结构
供排水系统 燃气系统	高便利性供水、供热水系统	双层保温水管 排水管隔声	方便配套器具	一对一配管 燃气泄漏警报器	冒头接管检查口	竖管室外 双层套管 双层装修的内配管，不埋在结构体内
供电系统	多插座	—	适当的开关位置	多系统管理 一对一配线	一对一配线	双层装修的内配线，不埋在结构体内
信息系统	各房间接头	—	—	一对一配线	一对一配线	预留空管

　　内装修和管线系统与日常生活关系密切，舒适、方便是最为重要的性能。内装修应该包括美观和清洁。日本人讲究室内温暖、轻松，传统的榻榻米就极具代表性。现在的集合住宅虽然大部分采用木地板，但不少仍保留一间铺榻榻米的和室。除了入门

脱鞋的门厅以外，不采用大理石等又硬又冷的装饰。墙和顶棚大多在夹层的外面贴墙纸。集合住宅要求使用的是不燃材料。对于管线系统，为了使用方便，需要有多处的插头及出口，以避免日常生活中需要延长、接驳和分叉。

隔声性能是维持每户住宅的独立性的关键。噪声的主要来源有三：一是从室外传来的；二是从上层传来的；三是从邻居传来的。造成住户之间产生矛盾的主要因素是后两项，其中以上层传来的噪声最为严重。日常生活中的走路、移动家具、掉东西等产生的噪声被称为轻量噪声，主要采取双层地板、橡胶支脚、铺地毯等措施防止噪声传往下层。小孩蹦跳等属于重量噪声的，则通过加厚楼板来增强隔声效果。现在，大多数住宅对排水管也采取了隔声措施。

保温是为了保证室内舒适，提高空调效率，防止结露。在住户的四周和上下都设有保温层，不但与室外，而且住户之间也不例外。保温材料主要设在装修的夹层里。

近年来，随着日本进入高龄社会，高龄人、残疾人对策开始受到重视。首先，消除室内的高低差，连浴室都通过特殊的防水手段免去突出的门槛。其次，在走廊、浴室、厕所等处设置扶手装置，走廊的宽度需要满足轮椅自由通行的要求。另外，在设备的形状、放置、使用方便的层次上，设计时也周到地考虑到了高龄人、残疾人的需要。

在安全方面，首先是防火性能。法律上规定一定规模以上的集合住宅，内墙和吊顶的装修需使用不燃材料。一定层数以上的住户还必须安装火灾报警器和自动灭火装置。其次，针对装修材料中的化学物质成分对健康带来的不良影响，2003年修改了法律，限制不良材料的使用和加强了通风换气的规定。还有，为了提高管线的安全性，提倡采用简单明了的配置系统，避免接驳和过多的分支，同时这也有利于长期的维护管理。

可变性和更换性的要求，基本上是7.2.1所述的SI思想的体现。下面介绍其具体的对象和施工方法。

7.2.3 各部的细部做法

(1) 双层结构的内装修

图7-12所示的是双层内装修的概念图，图7-13是某住宅实例的展示模型。从中可以看到，日常生活所接触到的内装修与结构体是完全分开的。由于不直接在结构体的表面进行装修，当然无需进行抹灰找平。当需要改装的时候，拆除内装修的夹层不会对结构体产生影响。出于保温和隔声的要求，墙和楼板的厚度都在200mm以上。图7-13

第 7 章 集合住宅的装修与设备

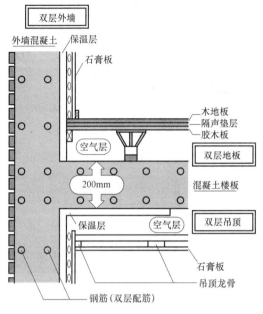

图 7-12 双层内装修的概念图

图 7-13 某住宅实例的展示模型

所示实例采用的是空心楼板，厚度达到 320mm。

(2) 内墙结构

采用内保温的时候，通常在混凝土墙的内侧设保温层，然后配上龙骨，贴上石膏板，形成双层结构。日常生活中所接触到的只是石膏板外面贴的墙纸。由于有保温的夹层，不会因为外部气温的变化而产生结露，管线可以在夹层中通过，插头等也可以藏在其中。

隔墙也采用相似的结构，龙骨的中间填充了保温隔声材料，两面贴上石膏板。图 7-14 是一个更充分考虑了改装灵活性的做法，就是地板优先，内墙和隔墙都是在双层地板的上面立起来的。这样在需要改变户型时，只需将隔墙挪动或拆除即可。龙骨有轻钢结构的（图 7-15），也有木结构的（图 7-16）。图 7-17 是一种用于旧房改装的工业化结构系统，考虑到运输的电梯的承载能力，把龙骨分开上、下两块在工厂预制成半成品，由此减少现场的劳动和加快施工速度，而且质量也容易得到保证。

(3) 楼板的结构

楼板装修的重要目的之一是提高隔声性能，以前用隔声材料作垫层的做法也不少，现在趋向于采用双层地板。双层地板的基本结构如图 7-18 所示，由橡胶支脚支

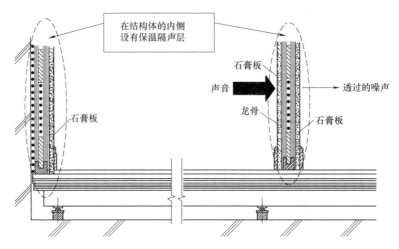

图 7-14　外墙和隔墙的结构

图 7-15　轻钢结构龙骨

图 7-16　木龙骨

撑木夹板构成。橡胶支脚有多种，厂商通过试验决定隔声效果最好的形状，图 7-19 是其中一例。双层地板的下面配置各种管道和保温材料，而它上面的装修则非常复杂。从图 7-20 中可看到，它的上面还有许多层，它们多是具有不同波长隔声性能的夹层，在其上面再铺夹板，还有地热板，然后才是人们生活所踏的木地板。从混凝土面到木地板面的夹层厚度为 200~300mm。但是，双层地板也有其弱点，夹层中的空气容易

第 7 章 集合住宅的装修与设备

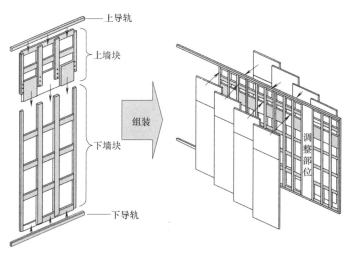

图 7-17 用于旧房改装的内墙和隔墙的工业化结构系统

图 7-18 双层地板

图 7-19 双层地板的橡胶脚

图 7-20 双层地板上的装修

产生鼓胀的效应，处理不当反而起负作用。为此，在周边得留出泄气的空隙。

双层地板除了提高隔声性能以外，还能给设备的配管留出空间。尽管管线众多而且粗细不一，也能使室内地板平坦，有利于实现适应高龄人、残疾人的无障碍住宅。

图 7-21 是组装式双层地板的一个例子。它的方法是把单脚改成龙骨，在工

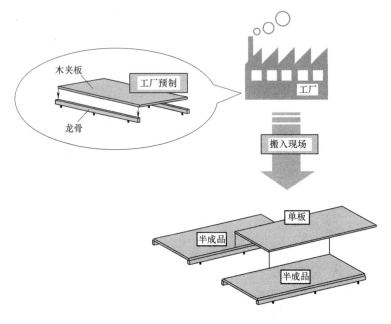

图 7-21　组装式双层地板的生产系统概念

厂预制成半成品,保温材料等也可以预先贴在半成品上。半成品的稳定性好,很大程度上节省了现场调整水平的工作时间。

(4) 吊顶顶棚

采用吊顶同样是为了保温隔声,图 7-22 是供改装用的展示样板。吊顶的夹层有利于配线和配管。

图 7-22　吊顶顶棚的展示样板

(5) 供水排水系统

供水排水的配管分为共用管与自家的专用管。为了明确区分和方便维修更新，必须采取合理措施，表 7-5 是供水排水配管的措施示例。

供水排水配管的措施示例　　　　　　　　　　　　　　　　　　表 7-5

目　的	措　施
维修更新时不影响结构	除了贯穿以外，不把管埋在混凝土中，需要检查维修的部位预留检查口
专用管的维修不涉及他人	不跨越住户配专用管
共用管的维修不涉及住户	共用管配在走廊、阳台或专用的管道间等共用部分
减少共用管的更新时的切断和分解程序	使用容易拆除的管，预留装新管的空间

图 7-23 是供水、供热水的系统概念图，称为"双层管集中接头系统"。面向普通家庭的集合住宅，在户型设计上厨房、浴室、厕所、洗脸间、洗衣机等是分开房间的，对每一处都供冷热水。供水是通过集中的接头进行的，热水器也只有一个，设在住户的外面。除了图 7-23 所示的系统以外，地热也可提供热水，但需要配管。

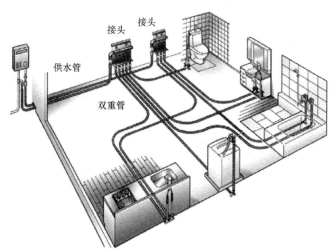

图 7-23　供水（冷、热水）的系统概念图

（参考资料：日本社团法人舒适生活协会）

现在用的水管是塑料的双层套管，外面的是套，里面的才是水管。这种管可以比较自由地弯曲，不像金属管那样需要有拐角的接头。从集中接头到出口必须一对一地配管，这样中间不会发生在分叉或接口处的漏水，而且保持每个出口的供水压力一致。当管道老化的时候，可以把双层管中的旧水管抽出再插入新的，维修更换非常容易，这也是必须一对一配管的理由之一。集中接头必须设在楼板的上面或维修更换方便的地方，每个接头和配管都必须明确地标明去向（图 7-24）。

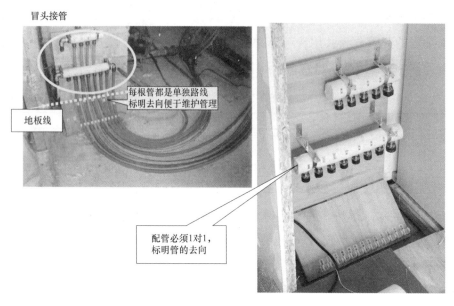

图 7-24 供水管的接头

虽然这里只是介绍供水系统，燃气系统采用的也是相似的形式。

排水管的配管方式有两种。图 7-25（b）的方式是在户内设备最近的地方配竖管，上层的排水管要经过下层的住户。这首先涉及所有权不明确的问题，而且上下必须在

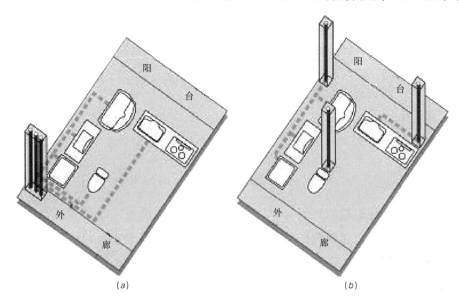

图 7-25 排水管的配置方式比较

（a）配管方式一；（b）配管方式二

同一位置设置同样的设备，对户型设计是一个很大的限制，将来需要改变户型时也不能任意移动设备的位置。万一发生故障需要检查维修时，必须进入下层的住户，要更换的时候也必须进入各住户，拆开内装修方可进行。

为了解决上述的问题，现在多依照 SI 的思想采用图 7-25（a）的同层排水方式。这种方式在住户里不配竖管只配水平管（图7-26），把水平排水管全引到户外通过集中接头与竖管连接（图7-27），竖管配在公共走廊的边上（图 7-28）。为了避免在分叉和连接部漏水，与供水系统一样采用一对一配管，所有配管都集中在一个地方接头，还必须设方便检查维修的装置。由于不在中间设分叉和接头，排水不会产生回流，而且只需要很小的坡度就能保证流畅。

图 7-26　室内的排水管

图 7-27　排水管的接头

图 7-28　排水竖管的配置

(6) 供电系统

供电工程是技术性很强的项目之一,而有资格的技术人员十分缺乏。如何既能简化工作又能保证不出错,是提高施工效率的关键。图 7-29 是一种施工对策的概念图。它把供电系统分为若干个单元,每一个单元进行集成设计,在工厂加工成半成品,现场的工作就只剩下安装和连接。安装不需要电工,连接数量也少,很大程度地减少有资格的技术人员的劳动。实现这种施工的关键是能生产集成电路(图 7-30)和明确标明配线的去向(图 7-31)。

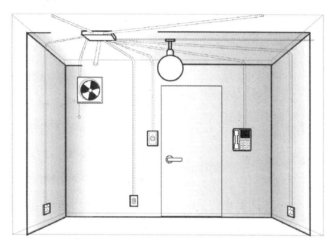

图 7-29　单元式集成电路的概念图

图 7-30　集成化电路

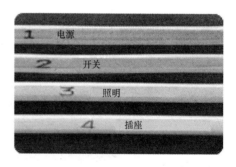

图 7-31　分色与方向标记

(7) 信息系统

现在是信息化的时代,信息的配线很多,具体有电话、电视、互联网、门铃、中央管理系统、防灾、保安等,而且还在不断地增加。如果不加管理,势必产生混乱。为此,把它们集中起来配线,还预留空管以备增加之用(图 7-32)。

第 7 章　集合住宅的装修与设备

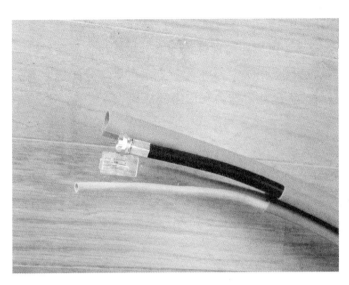

图 7-32　信息管线的配置

7.3　住宅设备

7.3.1　住宅设备开发的课题

现在，住宅设备开发的最重要的课题是节能和环保。在京都议定书中，日本提出了到 2012 年为止将二氧化碳的排放量比 1990 年减少 6% 的目标。可是，近十多年来的排放量与 1990 年的水平相比，不但没有减少反而超出了约 10%。其主要的原因之一是由于建筑物能源消耗的增加。建筑物的排放量约占总排放量的 27%，其中，约一半来自住宅。

图 7-33（a）是住宅能源消耗状况的详细情况。照明和家电、供热水、暖气的消耗合起来占了 90%。其中，能源消耗最多的是照明和家电，日本从 1998 年开始采取了新的政策措施，促使照明和家电减低能耗，并取得了很大的效果。接下来要解决的是降低供热水和暖气的能源消耗。实际上，热水和暖气所需的温度只是在 30～50℃ 之间，即使不采用燃烧的方法也不难得到，现在已经开发了不少高效率的新技术。

在用水方面，例如在东京平均每人每天的用水量约为 245L，节水同样是重要的课题。从 1975 年以后，虽然建筑物的用水量只是以平均每年约 2.3% 的速度增加，而且日本还是属于雨量充足的国家，但由于全球气温上升的影响，降雨的偏差加大，夏季还是频繁发生供水不足的情况。图 7-33（b）是住宅用水情况的细目，其中厕所、入浴等的用水就占了 57%，所以要实现住宅节水，这些设备是关键。

以下将从电力、燃气、用水设备等几个方面，具体介绍日本有代表性的供应商和制造商在节能和环保方面所作的努力和取得的成果。

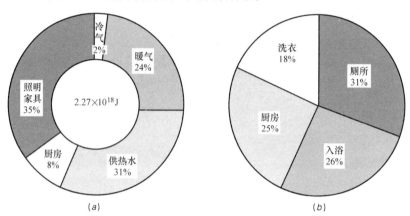

图 7-33　从日本的住宅产生的环境负载的现状
(a) 住宅用一次能源消耗状况；(b) 住宅用水的利用目的
（参考文献：日本能源经济研究所编《能源、经济统计要览 2006 年版》）
（参考资料：日本东京都水道局《2002 年一般家庭用水目的类别情况调查》）

7.3.2　电力与节能

"东京电力"是日本最大的电力企业，其主要的业务是发电和供电。除了 1970 年前后开发过电热水器以外，一般不直接进行家电设备的开发和制造。为了配合社会实现节能的目标，近来东京电力发挥了电力技术的优势，开发了多种节能环保型的电器产品并向社会推出。

(1) 自然冷媒热泵热水器（环保精灵）

自然冷媒热泵热水器是采用自然冷媒（CO_2）通过热泵吸取空气中的热量加热的热水器，在日本通称为 Ecocute，"环保精灵"是本书采用的汉字名称。它对能源消耗和二氧化碳排放量的减少是非常有效的，与原来的燃烧式热水器相比，能源消耗约可减少 30%，二氧化碳排放量约减少 50%。自然冷媒热泵热水器是深夜运行的，对平衡白天和夜间的电力消耗起到了很好地作用。从 1964 年开始日本已经实行了降低深夜电力价格的措施，但对于家庭来说一直没有得到有效的利用。因此，通过使用自然冷媒热泵热水器还能为家庭节省光热费。至于为什么热水器这么重要还需要作补充说明：

日本人喜欢泡浴，每天使用大量的热水，而现在的地热也多为热水式的，所以热水器的效率高低有着举足轻重的意义。从 2001 年发售以后至 2016 年 3 月末为止，这种热水器的累计出售量达到 500 万台。

如图 7-34 所示，自然冷媒热泵热水器是由热泵和蓄水罐组成的。集合住宅一般把两者都设置在阳台上，但也有把蓄水罐设置在管道箱或室内专柜中的。所以，热泵和蓄水罐之间的配管最长可达到 25m 的距离。图 7-35 是加热机构的示意图，发热的方法和空调的暖气相同，热泵从空气中吸取热量，可以产生超过电力消耗以上的热能，环保精灵可达到电力消耗的 3 倍以上。

热泵和蓄水罐

设置在管道箱里的蓄水罐

图 7-34　自然冷媒热泵热水器的构成

(参考资料：日本《东京电力的商品目录》)

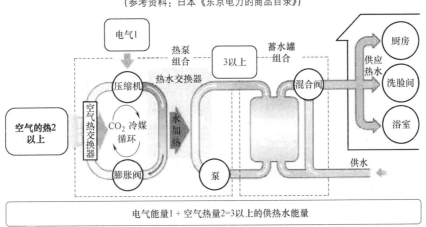

图 7-35　自然冷媒热泵热水器的加热机构示意图

(参考资料：日本《东京电力的商品目录》)

(2) 全电化住宅

全电化住宅是指家庭生活所需要的所有能源都采用电力，不需要使用燃气的住宅。

近年来，日本的全电化住宅逐渐增加。在东京电力的服务区域内，截至2015年7月末为止，全电化住宅数超过了200万户，其中集合住宅占了约1成。全电化住宅普及的原因可以归纳为以下两点。

第一是通过使用自然冷媒热泵热水器可以减少家庭每个月的光热费用。供热水所消耗的能源占了约1/3，自然冷媒热泵热水器是吸取空气的热量的，能很大程度地减少电力消耗，住宅面积的大小和设备的种类、效果不完全相同，一般为电力、燃气并用的住宅的70%左右。

第二是电磁炊具（略称：IH炊具）的普及。IH炊具利用电磁直接使锅发热，很大程度地提高了热效率。与燃气炉低于60%的热效率相比，IH炊具可达到90%，IH炊事器几乎不向空气放出热量，对于保持良好的炊事环境也很有好处。另外，IH炊具是玻璃制的，比燃气炉有利于清洁卫生（图7-36）。IH炊具拥有的这些优点得到了很多家庭主妇的支持，不少在购买IH炊具的同时决定把住宅也实现全电化。

图7-36 装有IH炊具的岛型橱台

（参考资料：日本《东京电力的商品目录》）

可以附带介绍的是，IH炊具还提高了厨房空间设计的自由度。在《建筑基准法》中对于用火的地方的内装修有很严格的限制，橱柜基本上只能安置在墙边。可是，IH炊具不用火，不受此限制，甚至可以把橱台放到厅的中间，可称为岛型的橱台配置。

7.3.3 燃气与节能

"东京燃气"是都市燃气供应的骨干企业。与电力企业不同，它从20世纪初的创

第 7 章 集合住宅的装修与设备

图 7-37 安装在管道间的燃气热水器

（参考文献：Better Living 编《特辑：20 年的进程》）

业时代就开始致力于家庭燃气设备的开发和制造，尤其参与了日本住宅公团的集合住宅设备方面的开发，其炊事、入浴、暖气等的燃气设备对集合住宅的生活方式的影响很大，在实现节能环保的过程中，它以同样的姿态为社会开发和提供着先进的产品。

（1）集合住宅供热水系统的增值——（TES 系统）

在现代的集合住宅里，安装在管道间的燃气热水器已经成为了不成文的标准（图 7-37）。东京燃气在其基本机能之上，添加了温水式地热和蒸汽浴等机能，称为"TES 系统"（表 7-6、图 7-38）。温水式地热虽然并不是所有的现存住宅都有，但已成为新建集合住宅的标准设备之一，而燃气温水式地热约占日本地热的 3/4。

"TES 系统"的设备和房间的对应　　　　　　　　　表 7-6

		用水设备										
	房间 TES 设备	客厅	饭厅	厨房	浴室	更衣室	厕所	卧室	儿童房间	和室	走廊	大门
基本	供热水・全自动浴室			●	●	●	●					
	换气暖气干燥机				●	●						
选择	温水式地热	○	○	○	△	○	△	○	○	○		
	辐射式取暖	○	○	△		○		○	○	○	○	○
	冷暖空调/干燥	○	○	○				○	○	○		

（参考资料：《东京燃气商品目录》）

（2）潜热回收型高效燃气热水器——（环保巧手）

图 7-38 "TES 系统"温水式地热的温水垫

（参考资料：日本《东京燃气商品目录》）

以前，燃气作为住宅的热源占据了压倒性的地位，但是近年来，全电化住宅得到了很大的发展，电气和燃气在住宅设备销售上的竞争也渐激烈，从而促成了燃气设备的急剧改进。

例如，开发并销售可回收利用排气热的"潜热回收型高效热水器"就是其中一例，商品名为"Eco-Jozu"，"环保巧手"是本书采用的汉字名称。如图7-38所示，以前约200℃的燃气直接就排放了，而"环保巧手"则通过二次热交换器将排气中的热回收。因此，热效率从原来的约80%提高到约95%（图7-39）。

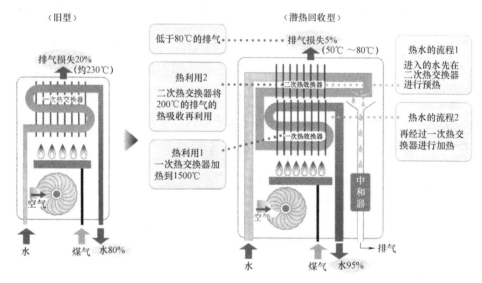

图7-39　潜热回收型高效燃气热水器的构造

(参考资料：日本《东京燃气商品目录》)

另外，受IH炊具的影响，燃气炉也在不断地改进，并开发出容易清洁的玻璃板型、通过传感器可以高灵敏度地调节温度等的商品。当然过度地开发竞争，把与其他商品的差别化作为自身目的，必定会造成成本上升。但是，近年设备市场中的电气和燃气的竞争，给消费者扩大了可选择的余地，同时也促进了设备水平的提高。

(3) 家庭用热电一体系统

作为未来的环保技术，家庭用热电一体系统受到很大的关注。东京燃气已经开发出燃气引擎式和燃料电池式两种方式，前者称为"Ecowill"，本书以"环保未来"作为其汉字名称，后者称为"Ene Farm"，本书以"能源自给"作为其汉字名称。

Ecowill是通过燃气引擎燃烧都市燃气进行发电的，发电所产生的余热用于热水加温。说得夸张一些，相当于在每个建筑物里设置一个小型的火力发电站，可供的电力相当于年使用电力的 40% 左右。通常，发电的能源利用率只有 37% 左右，而且发电厂远离都市，余热无法再利用，因而造成很大的浪费。而 Ecowill 是设置在建筑物中的，可减少这些热能的流失，能源利用率可以达到 77%。所以，与原来的方式相比，一次能源消耗量减少约 21%，二氧化碳排放量减少约 32%。

另外，Ene Farm 是利用燃料电池的热电一体系统，燃料电池带来了全新的燃气使用方式。过去都是通过燃烧燃气获取能源的，而燃料电池是从燃气里取出氢，将其与大气中的氧发生反应来发电（图 7-40），产生的热用作热水加温所需的能量。与原来的方式相比，可以减少一次能源消耗量的 31% 和二氧化碳排放量的 45%。

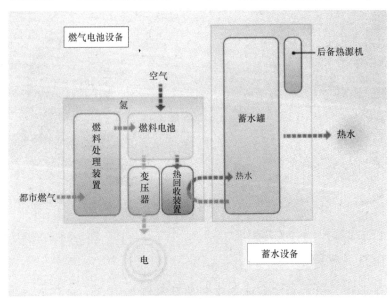

图 7-40　Ene Farm 的结构

(参考资料：日本《东京燃气商品目录》)

7.3.4　用水设备与环保

(1) 从卫生瓷器走向用水设备的综合生产

TOTO 是日本第一个生产卫生瓷器的生产商，现在也在这个领域中排行首位，其产品包括卫生瓷器（图 7-41）、单元式浴室、洗脸化妆台，还有集成式厨具等所有的用水设备。

TOTO 产业形态的一个大转变是生产了"新大谷酒店"（1964 年竣工）的单元式浴室。在这个酒店工程中，作为开创性研究，积极采用了预制外挂墙板、空心混凝土楼板等各种先进的新技术。单元式浴室也是其中之一，TOTO 承担了其开发与制造工作，也成为了企业产品开发新的出发点。

（2）洁身座圈

洁身座圈的最大功能是便后可以用温水冲洗（图 7-42）。从 TOTO 1980 年发售了名为"Washlet"的这一种商品以来，相继出现了带洗发龙头的洗脸化妆台等，促进了卫生保健器具的迅速发展。

图 7-41　日本国产 1 号卫生瓷器

（参考资料：日本《TOTO 小册》）

图 7-42　初期的洁身座圈

（参考文献：Better Living 编《特辑：20 年的进程》）

至 2012 年为止，日本的家庭洁身座圈普及率约为 75%，这在世界上还是不多见的生活用品。但只要一经使用，都会感觉到它的舒适和方便。洁身座圈虽然不是什么最新的技术，欧美人早就有耳闻，而真正得到普及的是在日本。当然普及是进入 20 世纪 90 年代以后的事情，从开始销售起花了十年的时间。

（3）节水技术

坐厕的发展，其实与节水技术的进步是分不开的。西洋式的坐厕在日本得到普及的契机是被 1960 年制定的日本住宅公团的标准设计所采用。当时，一次洗净用水量需 20 升，到了 1976 年 TOTO 发售 13 升的产品。另外，1967 年开始上市了水箱一体型便器（通称：One Piece 便器），到了 1980 年开发了 16 升的产品，见图 7-43。

第 7 章 集合住宅的装修与设备

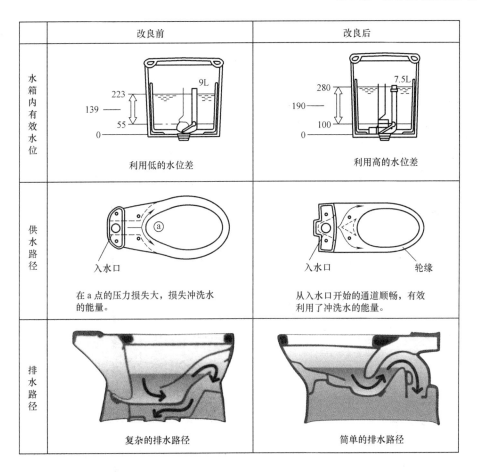

图 7-43 便器节水要素的关键技术

(参考文献 1：Better Living 编《特辑：水资源和维持生活的水》；参考资料 2：日本《TOTO 商品目录》)

　　以后，13 升的洗净水量在日本成了很长一段时间的不成文标准。从 20 世纪 90 年代前半期开始，便器的节水化得到迅速地发展，人们环境保护意识的增强是最主要的原因。TOTO 把从这个时期以后的产品定位成"新节水便器系列"。如图 7-42 所示，通过对水箱和入水路径等的改良，带水箱的便器的洗净水量减少到 10 升，以后还通过对排水通道的改良，2006 年使洗净水量减少到 6 升。

　　另外，20 世纪 90 年代前半期，出现了无水箱便器。采用直接利用自来水压的"自来水直压方式"，实现了当时让人惊叹的 8 升的冲洗水量。无水箱便器体积变小了，适合于原来狭窄的厕所的改装使用，但其有自来水压低的地方不能使用的弱点。2007 年，为解决这个问题，研发出"混合冲洗方式"的新产品（图 7-44）。该产品在自来水

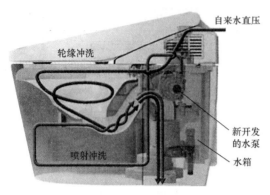

图 7-44　混合洗净方式

(参考资料：《TOTO 商品目录》)

压冲洗的基础上，加上从内水箱压送冲洗水，实现 5.5 升的冲洗水量。

在水资源丰富的日本没有关于节水的法律，实际上，东京年降水量约有 1400mm。日本的企业虽然都在为节水技术进行着努力，但是受到法律制约的海外企业理所当然地在这方面走在了前面。例如，美国从 1994 年开始，规定了冲洗水量必须低于 6 升，新加坡从 1997 年开始规定必须低于 4.5 升。

图 7-45 是 TOTO 节水坐厕的变迁。

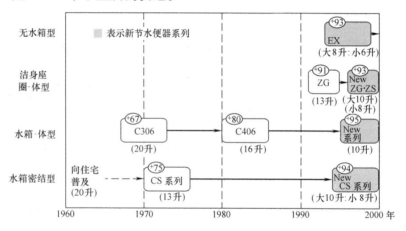

图 7-45　TOTO 节水坐厕的变迁

(参考资料：Better Living 编《特辑：水资源和维持生活的水》)

(4) 从新建技术到改造技术

作为单元式浴室的主要生产商之一，以提供高规格和高性能的产品为目标，为此在基本性能的改善和追加新机能方面做了不少的努力。2004 年作为节能产品发售的"保温瓶浴缸"是其中一例。

图 7-46 所示的是"保温瓶浴缸"的保温结构，它在浴缸的周围使用了大量的保温材料。原有的单元式浴室，约 1.5 小时内浴缸里水温就会下降 2℃。所以，一旦水加热了，家庭成员就得一个接一个地去入浴。但是，由于现在家庭成员回家的时间不一，

第 7 章　集合住宅的装修与设备

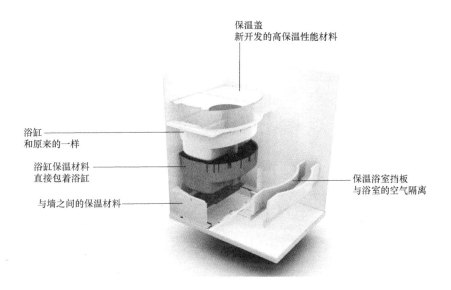

图 7-46　保温瓶浴缸的保温结构

(参考资料：日本《TOTO 商品目录》)

需要经常给水加热，消耗于入浴的能源就相应增加。使用"保温瓶浴缸"可把下降 2℃ 的时间延长为 6 小时。

图 4-10 中表示的集合住宅再生模式中，作为日本的住户内部改造，最盛行的是用水设备的更新。原因之一是费用低而效果显著，只要把厨房和浴室的设备更换了，整个生活的舒适程度会有很大的提高；原因之二是改造对日常生活的影响较小。厨房、浴室等用水的每个部位的空间独立性高，再加上大部分设备都是在工厂生产好的，在短时间内即可改造完毕。

一直以来，设备制造业是维修、改造方面的营业额多的行业，进入 20 世纪 90 年代后更积极地进行了维修、改造技术的开发。业界的努力可以看作是日本盛行用水设备改造的第三个原因。实际上，1994 年，TOTO 在网上开设了称为"Remode Club"的改造工程店。同时，为了进行旧的、狭窄的浴室的改造，开发了"完全内组式单元式浴室"。运用这种方法，就不担心在搬运和组装的时候会碰坏浴缸，同时可抑制和减少废弃物的排放量。现在，日本处理废弃物的费用相当高，所以废弃物的减少等于降低了成本。

2003 年后，改造的营业额占 TOTO 总营业额的 50% 以上。业务内容的变化，给产品开发带来了很多新的灵感，尤其应该重视开发便于改造的产品。

第8章 集合住宅的建设实例

8.1 租赁集合住宅
8.2 家庭式集合住宅
8.3 超高层集合住宅
8.4 小结

8.1 租赁集合住宅

> 名称：东云 CODAN（公团）
>
> 所在地：东京都江东区
>
> 建成时间：2003～2005 年
>
> 计划面积：约 13.9 公顷※
>
> 计划户数：约 2000ha 公顷※
>
> （※ 独立行政法人都市再生机构（UR 都市机构）开发的 1、2、3、4、6 街区）

"东云 CODAN"（图 8-1）位于离东京车站约 5km 的临海地区，地点是名副其实的城市中心区，但原来是工业区，它的用地是工厂搬迁以后留下的大片土地中处在中央的一部分。从图 8-2 中可以看到，这一大片土地的四周是民间的开发商开发的超高层住宅和商业中心，中央的 1 至 6 街区是这个项目的总体规划区域，而 5 街区的建设也由民间开发商负责，UR 都市机构（旧日本住宅公团，前身又称住宅·都市整备公团）承担的是 1、2、3、4、6 街区建设工作。图 8-4、图 8-5 分别为 1、2 街区截面图和 1 街区平面图。

图 8-1 "东云 CODAN" 1 街区外观

第 8 章 集合住宅的建设实例

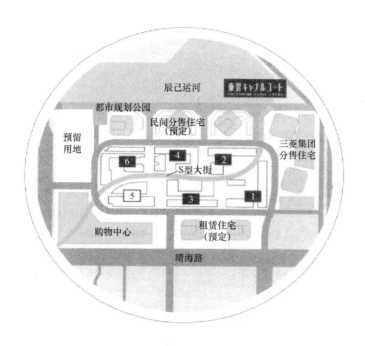

图 8-2 "东云 CODAN" 平面布局图

(参考资料：日本《ＵＲ都市机构小册》)

城市规划专家、各街区负责设计的建筑师、开发商和 UR 都市机构共同组成了"东云规划会议"，会议提出了以贯穿用地、连接 6 个街区的 S 形街路（图 8-3）为中轴，道路边的建筑物高度为 47m，各建筑物的外墙线对齐，各街区负责设计的建筑师在设计时必须相互磋商和调整等方针。街区的主要建筑物为 14 层的板状住宅，总体规划的容积率高达 3.8。

表面上看，它好像只是在未利用的土地上，通过高层、高密度的手法大量供应集合住宅。但是，"东云 CODAN" 创新了都市空间方案及城市中心区居住的理念，通过高度的设计手法，实现了前所未有的集合住宅模式，引起社会很大的反响。在第一次入住的抽签中，所有的住户都达到超出预想的近 20 倍的高倍率，个别的户型甚至达到近 200 倍，受欢迎的程度可见一斑。

在规划上，它以 20 世纪 70 年代高层高密度开发的内廊式和双廊式为基础，通过各种创新手法克服其缺点，赋予它新的功能。同时，以城市中心区繁华的室外空间计

图 8-3 作为"东云 CODAN"中轴的 S 形街路

划代替了以前高层、高密度住宅区的开放空间。

"东云 CODAN"的特征可归纳为以下几点：

1）主要的开发项目是由公共机关（UR 都市机构）建设的租赁集合住宅。

2）"东云规划会议"掌控住宅区的整体规划，6 名著名建筑师分别负责各街区的基本设计。

3）户型设计上充分考虑了城市中心区居住的多样性。

4）由于是高密度集合住宅，而且周围高层建筑林立，无法确保一些住户拥有充足的光照，比起家庭的长期居住，更适合 SOHO（在家办公）或第 2 住所使用。

"东云 CODAN"不仅注重住宅的建设，同时也致力于将商业设施、SOHO 住宅、亲水公园等有机地结合起来，各种设施配置在住栋的中庭部分，形成既繁华又舒适的街区。

为了提高住户的密度，1 街区和 2 街区采取了内廊型。对于其通风和采光问题，

第 8 章 集合住宅的建设实例

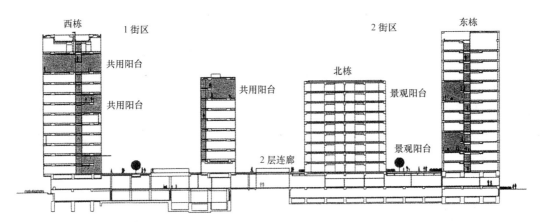

图 8-4 "东云 CODAN" 1、2 街区截面图

(参考文献：日本建筑学会《事例解读现代集合住宅的设计》)

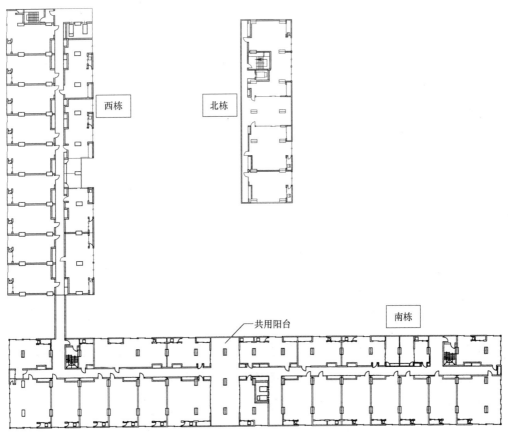

图 8-5 "东云 CODAN" 1 街区基准层平面图

(参考文献：日本《日经建筑 2005 10—31》)

采用了穿堂的开口来解决。在 1 街区把开口作为"共用阳台",供所有的住户自由使用。而在 2 街区则把它作为景观阳台,由内廊向内庭敞开,归两边的住户专用。

"东云 CODAN"尝试把共用内廊和住户的专用空间在某种程度结合起来。例如,一部分的住户采用了透明的玻璃大门,从走廊可以看到住户里的门厅。它一方面实现了视觉开放的效果,同时为居住者提供了通过展示表现个性的空间。在面向共用阳台设有用玻璃间隔而成的前厅的住户,在考虑了住户隐私的同时,把专用空间和共用空间在视觉上、动线上,分层次地、有机地结合起来(图 8-6)。

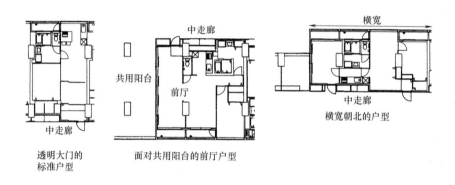

图 8-6 "东云 CODAN"户型示例

(参考文献:日本《日经建筑学 2005 10—31》)

由于采用了内廊型,增加了不少日照不足的住户,在设计上必须弥补这一不足。在本例中,具体的对策是采用了开间大、纵深小的户型,通过提高采光和通风性能得以改善。

在入居以后的一次调查中,选择入住此住宅的理由主要有两点:一是赞赏建筑师们的设计,对这里的有别于别处的户型感到魅力;二是比起其他的民间租赁住宅的租金便宜。在问及周围环境时,出乎意外,居民对高层、高密度的居住环境并没有感到不满,都市里的人们似乎已经习惯了窗口的对面马上是邻居的生活,对外面的视线并不太敏感。初期入住者的户主的平均年龄为 30~40 岁,在公共住宅中相对来说比较年轻。入住者的职业多是社会的新兴行业,属于思想比较创新的人群,平均每户的入住人数只有 1.9 人,由此可见它作为普通家庭的住房所占的比重不大。

8.2 家庭式集合住宅

> 所在地：东京都江东区
> 建成时间：2003 年
> 用地总面积：38646.13m²
> 总户数：989 户
> 停车位：996 个；自行车停放位：2111 个；摩托车停放位：100 个
> 层数：南区地上 20 层，地下 1 层；北区地上 14 层

这是一个典型的面向都市中产阶层、社会核心家庭的开发示例。所谓社会核心家庭，主要是指由中年父母与幼年的儿女组成的家庭。

该项目位于与 8.1 的示例相近的城市中心区地带，是原来东京都的大米仓库搬迁以后留下的、在地价高昂的城市中心区用于住宅开发的不多见的大面积用地，开发容积率约为 3.0。开发商和设计、施工都是专长于集合住宅开发的民间企业。开发时间是日本经济的低潮期，这不能不使其开发方针和具体计划上都带有时代的烙印，例如反映在相对于用地面积上的户数少、户型大等方面。

作为分售住宅，它的平均价格定在社会平均家庭年收入的 10 倍左右，而对于购买者则是年收入的 5～6 倍，也就是说它的主要销售对象是具有社会平均收入水平 2 倍左右的家庭。由于户型大而又不过分追求豪华，排除了许多投机的因素，事实上绝大部分的购买者都是自己住的。

在总体规划上，它由 9 栋住宅（南区为 20 层，北区为 14 层）、2 栋停车场（各为 7 层）和 1 栋公共设施等组成（图 8-7），南区（图 8-8）和北区（图 8-9）之间留有充分的间隔空间，绝大部分的住户都能从南面得到充分的日照。在安全方面，采用了日本不太普及的住区方式（Gated Community），南区和北区之间设置了 7600m² 的专用花园（图 8-10），不但有利于美观绿化，而且为孩子们提供了安全的活动场所。住区的每一个进口都设有自动关闭的大门，住民使用钥匙进出，在家里则可以通过带影像的门禁系统确认来客和开门。所有的通道和共用部分都实现了无障碍设计，以方便高龄人和残疾人出入。

图 8-7 布局图和一层平面图

(参考资料:日本《Newton Place 销售宣传小册》)

第 8 章 集合住宅的建设实例

图 8-8 从住区大门看南群住栋（背面）

图 8-9 从南群看北群住栋（正面）

住区里设置了平均每户 1 个停车位和 2 个自行车停放位。由于地处公共交通非常方便的城市中心区，私家汽车的用处不大，事实上停车位大有空余，而自行车停放位则供不应求。在公共设施方面，为了满足面向家庭的需要而非常丰富多彩。首先，有众多大小不一、各种形式的会议室和休息室，居民可为会友宴客等租用。其次，在生活方便上，

图 8-10　公共设施和中庭花园

设有干洗店、小卖部、咖啡厅、健身房、影像房、卡拉 OK 房，还在最好的位置设有客房，供临时到访的亲朋好友留宿。在方便育儿方面，设有托儿所、幼儿游艺室、学习室等。作为日常的管理业务和各种设施的租借等的窗口设有综合服务台，它除了住区里的业务以外，还提供租车、订票、快递等服务。

住宅楼采用了日本最为常用的平板形，住户平行排布，正面是连续阳台、背面是外走廊，楼梯和电梯也全设在住宅楼的外围。同一层里设计了大小不一的各种户型，供购买者选择，上、下层的户型是一样的，20 层的建筑同一户型就有 20 户，这样建筑物的结构非常单纯、明快，既能保证耐震性能，也可降低造价。外装修注重耐久性，采用的是厚重的瓷砖和铝合金的扶手，通过扶手色彩的变幻打造建筑物的立面形象。

住户的室内面积在 80~120m^2 之间，以 100m^2 左右为主。户型则为 3LDK、4LDK、5LDK（LDK 请参见第 5 章）。由于主要是面对家庭，故房间多，浴室、更衣室、厕所都分开设置，比起其他的大多数住宅来说，各部分都较为宽敞，而且每处都带有收藏室或壁柜。图 8-11 是户型的一个例子，即使同一住户，购买时可以在开发商提供的菜单里选择户型，原则上不需要追加费用。如果超出范围，那么可能性与费用则需要双方协商，作为特殊要求处理。户型设计的特点还在于：第一是有宽阔的阳台，阳台的深度为 2.2m，图 8-11 户型示例的面积有近 15m^2，而且还设有电源插座和专供打扫卫生用的水龙头和水盆，成为非常方便和宽敞的生活空间。阳台属于共有专用部分，也就是说归该户居住者专用，但不归其专有，通常所说的居住面积也不包括在其中。第二是在外廊与住户之间设有过渡空间，可把它称为门廊（图 8-12）。它增加了住户与共

第 8 章 集合住宅的建设实例

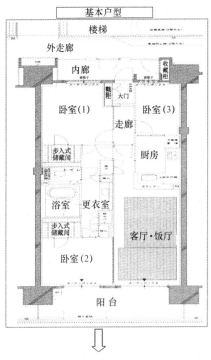

3LDK+2Wic

专有面积：92.47m²

阳台面积：14.96m²

门廊面积：7.31m²

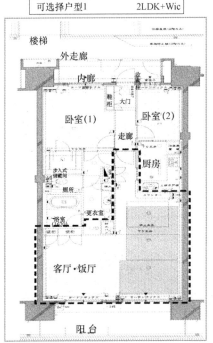

图 8-11　户型例和可选择变化
(参考资料：日本《Newton Place 销售宣传小册》)

用走廊的距离，对阻挡外来视线、保护隐私起到一定的作用，还为住民提供了可灵活使用的空间。与阳台一样，门廊也属于共有专用部分，不能上锁。第三是门廊里还设有室外收藏柜，方便存放一些不便带入室内的物品。

内装修全采用双层结构，所有的保温隔声材料以及供排水管道、电线、信息网络配线都藏在夹层里，楼层之间的隔声性能达到建设当时的最高标准。室内设计依照《无障碍法》的规定消除了高低差，走廊宽度符合轮椅移动的要求，门厅、浴室、厕所等必要的地方都装有扶手。每个房间都有电视天线、电话、互联网的接口，每个住户最多可安装 3 回线的电话，互联网的最高通信速度为 1024M。销售时可以在开发商提供的范围中选择内装修的基本色调（图 8-13）、室内房门的样式、橱台的高低等，还可以选择有偿的内装修规格升级，例如追加木墙裙等，原则上有偿的装修选项没有设定可与不可的范围。设备的追加和升级如图 8-14 所示。

户内的标准设备有：地热系统、系统橱柜、换气联动式厨房排气扇、单元式浴室、恒温浴缸加热器、带空调除湿的浴室排气设备、洁身座圈、24 小时微风换气系统、智能型门灯等。销售时设定的有偿追加设备有：橱柜内藏式烤炉、洗碗机、伸缩式水龙头、顶棚内藏式空调、更换排气扇的式样等，还可以追加地热的供热面积。

图 8-12　大门前的门廊

图 8-13 室内的色调和样式选择的样板

（参考资料：日本《Newton Place 销售宣传小册》）

第 8 章 集合住宅的建设实例

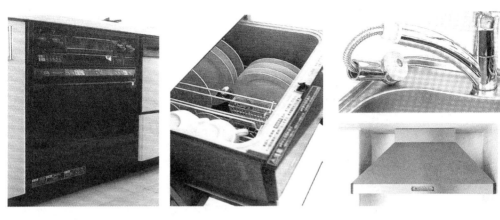

图 8-14 设备的追加和升级

(参考资料：日本《Newton Place 销售宣传小册》)

8.3 超高层集合住宅

所在地：东京都江东区
预测竣工时间：2009 年
用地总面积：16396.58m²
总户数：825 户
停车位：552 个；自行车停放位：1590 个；摩托车停放位：60 个
层数：地上 43 层，地下 1 层

该住宅地处城市中心的新开发区，造船厂的搬迁留下了宽阔的场地，东京都对其进行了统一规划，可以说是现在日本最高规格的街区。整个街区划分为商业、办公、文教、分售住宅区、租赁住宅区、公园等，在道路整备方面增设了自行车道，还在周围的水边建设了散步和运动专用的道路。所有的基础设施全埋在地下，地面上不竖电线杆、不拉电线。在这个项目开工之前，这一地带已相继落成了超高层的办公楼、商业中心、大学校舍等，它是作为分售住宅的一个项目上马的。

与高规格的用地相匹配，这一住宅区开发的特点是超高层、高容积率、高规格。它的容积率约达 5.5，一栋建筑里布置了八百多户，是城市中心超高层集合住宅的典型。这样的超高层住宅，虽然在外面看样子简单（图 8-15），而为了吸引不同层次的买

图 8-15 外观图

(参考资料：日本《丰洲大厦销售宣传小册》)

主，设计上分层布置了大小不一、规格不同的许多户型。一般来说，低层部分多是面积较小、规格较低的户型，越往上户型越大、规格越高。它的开发是日本经济发达、物价高的时期，为了把大部分房价控制在社会购买力水平以内，相比来说中等大小的户型占的比例较大。朝向不好的户型偏小，许多个人投资者买来出租或作为个人事务所，并不打算长期居住。因此，这种类型的住宅开发必须事先考虑好满足多层次、不同目的的购买者的需要。

图 8-15 所示的住栋是空心型的建筑，住户围绕着天井四周布置，地震国日本所建设的超高层住宅绝大部分是这一种四平八稳的形状（图 8-16）。天井起着通风和采光的作用，而在天井的下部中央设置的机械式停车塔，是为了保证停车位数量的迫不得已的选择，因此要把它严密地包起来，在隔声和美观上尽量减少它对居住环境的影响。这种停车场是采用机械存放方式的，空间利用率高，也可以减少汽车走动的噪声和污染，但出入要进行机械操作，经常要用车的人多少会感到不便，可以自行出入的停车场则设在另外的建筑物内。

建筑物的一层和二层是出入口和共用的空间，还增加了一栋专用的公共设施，在最顶层设有共用的休息室和回廊，供所有居住者使用的丰富的设施和宽阔的共用空间是城市集合住宅开发的共同特点。

住户布置上继承了前面连续阳台、背面外走廊的平面形式。户型设计上使用了适合家庭使用的 LDK 模式（LDK 请参见第 5 章），图 8-17 是其中一个例子，以生活方便为宗旨，厨房、浴室、更衣室、各种收藏柜都非常宽大。对超高层集合住宅采光、通风的不足，则通过增大层高和开口部面积来弥补（图 8-18）。

在开发计划上特别重视了安全和安心，首先反映在结构设计上（图 8-18）。由于地

第 8 章 集合住宅的建设实例

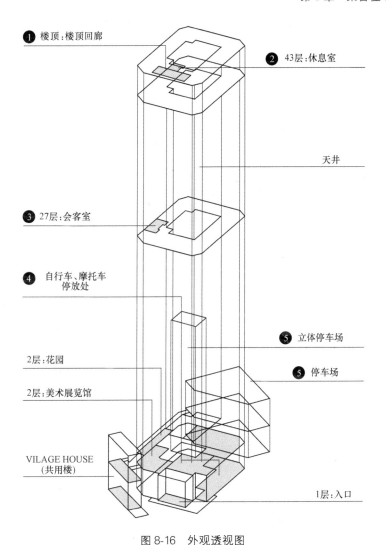

图 8-16 外观透视图

(参考资料：日本《丰洲大厦销售宣传小册》)

处海边，淤泥层厚达数十米，在抗震设计上是非常不利的条件。地面下通过加大桩头和桩底的直径提高桩基的抗震性能，地上采用的是隔震结构，最大限度地提高了建筑物的安全性。而与其他建筑不同的是，它的隔震层设在共用部分与住户的分界点的 2 楼和 3 楼之间，减少了一些隔震层的围护结构。隔震结构不但有利于建筑物的安全，而且能很大程度地减低地震时的摇动强度，避免了家具倒下等造成的家庭财产损失和保证室内的安全，在维持不动产价值上是非常有利的因素。同时，由于隔震结构降低了设计上的地震力，可以减小梁柱的截面，有效地增大了门窗的面积（图 8-19）。

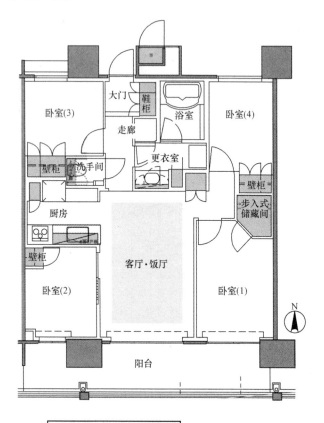

图 8-17　户型示例
(参考资料：日本《丰洲大厦销售宣传小册》)

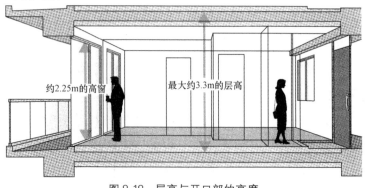

图 8-18　层高与开口部的高度
(参考资料：日本《丰洲大厦销售宣传小册》)

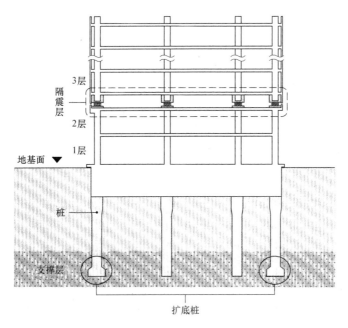

图 8-19　基础与隔震结构的概念图

(参考资料：日本《丰洲大厦销售宣传小册》)

其次，安全和安心还反映在保安系统的设计上。建筑物的所有进出口都装有自动闭锁的大门，进出口、走廊、电梯等共装有 60 多台监控摄影机，监控室里 24 小时、365 天有人管理。从进口到家门总共有 4 重保安装置，住户使用 IC 卡进出。来客的路线是由监控系统安排的，电梯也只停在所访问的那一层。

由于住户构成复杂、户型多，促使了在内装修和管线设备方面比较彻底地采取了 SI 思想进行设计。为了免去有碍平面自由度的次梁和提高隔声性能，采用了空心夹层楼板，其厚度达 30cm，下半部是预制的半 PCa 板，上半部是现浇混凝土，中间夹有泡沫材料（图 8-20）。楼板的上面是厚度为 19.5cm 的双层地板，夹层成为隔声保温和配置管线的空间，楼板的下面同样是双层结构的顶棚，所有的墙体都是非承重、非剪力墙。管线系统全都在双层结构的内装修中配置，尤其重要的是采用了同层排水系统，所有的排水管都引到室外的走廊才进行竖向排水，这样排水管不经过下层的住户，各层的住户配置和户型设计完全是自由的，图 8-21 是内装修与管线系统的概念图。

在设备方面的最大特点是采用了全电化设备，不用燃气。具体的设备如第 7 章所介绍的自然冷媒热泵热水器和 IH 电炉。在节能和降低光热费用的同时，还提高了防火

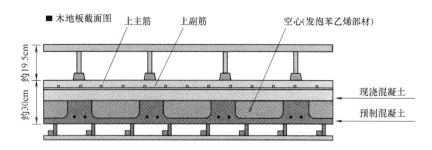

图 8-20 双层地板、双层顶棚

(参考资料：日本《丰洲大厦销售宣传小册》)

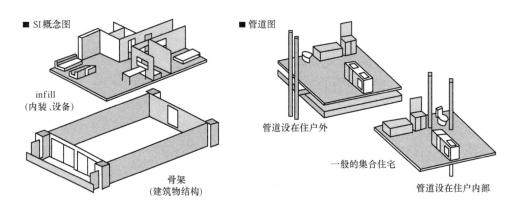

图 8-21 采用 SI 思想设计的内装修和管道系统

(参考资料：日本《丰洲大厦销售宣传小册》)

安全性，尤其消除了地震以后由于燃气泄漏而产生火灾的忧患，符合安全和安心的总体设计思想。

8.4 小结

这一章所举的 3 个集合住宅都是近年的开发的示例，虽然它们并不代表日本现存的大多数集合住宅，但从中能看到集合住宅今后的发展方向。

3 个示例都处在地点非常相近的东京都心的旧工厂用地的新开发地带，共同的特点是基础设施齐全、交通方便，而开发目的与面向的对象却有很大的区别。8.1 的例子作为以前公共住宅的后继，着重于创出租金适中、用途多样的新的居住形式，严格地说，它与福利性的公共住宅已经有很大的区别。它在开发上还有一个很大的特点是，各街区邀请不同的著名建筑师担任设计工作，谋求开创新式流行的住宅形象。事实上它无论在社会和建筑界都产生了很大的反响，可以预想它对今后的住宅设计也会产生很大的影响。

8.2 的例子是比较传统的面向家庭的集合住宅，对象专一、大小样式也注重平衡，虽然加入了不少新的设施，而没有过分追求标新立异。为了满足面向家庭的需要，特别注重保证采光通风的性能，在空间和户型上也采用了比较宽裕的设计，还为生活和育儿提供了许多便利设施，停车位和停自行车位的平均数量也是 3 个示例中最多的。这类的住宅由于居住者的阶层和年龄都相近，用途也单一，日常管理和生活上的交流都比较容易进行，但最大的问题是日后居住者几乎同时进入高龄期，长大了的小孩出去了，住宅区有成为老人村的可能，20 世纪所开发的住宅区已经出现过类似的例子。

8.3 的例子是日本超高层集合住宅的典型，简单地可以用超高层、高密度、高规格来概括其特点。超高层集合住宅的历史在日本还只有 20 多年，要评论其功过还为时尚早。尽管超高层集合住宅有日照不平均、进出费时间等不利之处，但居高望远等的优点非常有魅力，在超高层集合住宅中居住成为一种时髦。虽然采用了 SI 思想进行设计，但当建筑物陈旧以后，维护更新的难度和所需的费用，很有可能产生新的问题。

附录：参考文献及资料

参考文献一览表

No.	书　名	著者、编者	出版社	出版年月
1	《通俗易懂的建筑》	小见康夫、吴东航、栗田纪之、佐藤考一	PHP研究所	2006年10月
2	《图解建筑》	小见康夫	文化社文库	2008年5月
3	《东京大学21世纪COE·都市空间的持续再生学的创出》		Sustainable Urban Regeneration_v01.2	2005年5月
4	《住宅经济数据集——2007年度版资料》		住宅产业新闻社	2008年
5	《ALIA NEWS vol.100》		社团法人舒适生活协会	2007年7月
6	《结构用教材》	日本建筑学会	丸善株式会社	1985年4月
7	《工业化住宅·考》	松村秀一	学艺出版社	1987年
8	《我的住宅工业化与产业化的源泉故事》	泽田光英	日本建材出版社	1997年3月
9	《预制混凝土技术手册》	PCa技术研究会	彰国社	2000年7月
10*	《钢筋混凝土结构集合住宅工业化生产论》	吴东航	东京大学博士论文	1994年3月
11	《日本住宅部品产业的发展》	岩下繁昭		1999年
12	《Supports, an Alternative to Mass Housing》	N. John Habraken	Architectural Press	1972年
13	《集合住宅中Infill分离工程的施工特性》	门胁耕三等	日本建筑学会技术报告集第18号	2003年12月
14	《团地再生——欧美集合住宅的复活》	松村秀一	彰国社	2001年7月
15	《Super Reform施工事例》	REFORM编辑部	REFORM	1999年11月号
16	《建筑再生的推荐方法—储存型时代的建筑学入门》	松村秀一等	市谷出版社	2007年10月
17	《集合住宅的改造》	日本建筑学会	技报堂出版社	2004年3月
18	《建筑设计资料98用途变更》	建筑思潮研究所编	建筑资料研究社	2004年9月
19	《建筑设计资料101 SI住宅》	建筑思潮研究所编	建筑资料研究社	2005年6月
20	《关于两阶段供应方式的公共分售住宅的研究1—4》	高田光雄等	日本建筑学会大会学术讲演梗概集	1980年9月
21	《SI建筑的设计与项目》	藤本秀一	日本建筑学会连续公开讨论会第4回《预制混凝土在SI建筑的应用》	2004年3月
22	《建筑与物质世界的关系》	松村秀一	彰国社	2005年7月
23	《住宅生产业界的组织》	松村秀一	彰国社	1998年12月
24*	《以用途变更的手法实现都市和地域的再生》	松村秀一、小畑晴治、佐藤考一	日刊建设通信新闻社	2004年9月

附录：参考文献及资料

续表

No.	书　名	著者、编者	出版社	出版年月
25	《公共住宅的大规模改修事例集》	公共住宅大规模改修的现状调查研究委员会编	建筑与设备维持保全推进协会	2003年5月
26	《都营住宅的Super Reform事业——为了安全、舒适的居住环境》	奥山俊雄、永泽进	REFORM	1999年11月号
27*	《关联资料：日本的"由办公楼向住宅转换"Conversion事例》	佐藤考一	日本建筑学会《今后的都市和改变——在日本开展的可能性，建筑计划部门PD资料》	2003年9月
28	《可持续集合住宅》	STEPHEN KENDALL AND JONATHAN TEIHER 著　村上心译	技报堂出版社	2006年5月
29	《居住法之记》	西山卯三	私人出版	1965年
30	《居住环境计划1　住房问题的探讨》	居住环境计划编辑委员会编		1997年
31*	《建筑计划》	佐藤考一、五十岚太郎	市谷出版社	2004年1月
32	《集合住宅的规划、设计及管理》	都市公团关西集合住宅研究会编	学艺出版社	2001年9月
33	《NEXT21》	NEXT21编辑委员会		1994年
34	《黑鸭信息 Vol.22》	住宅、都市整备公团	住宅、都市整备公团	1997年
35	《集合住宅修缮公积金计算手册（1997年改订版）》	财团法人　集合住宅管理中心		1997年
36	《结构设计一级建筑士资格取得讲座用教材》	财团法人　建筑技术教育普及中心	财团法人 建筑技术教育普及中心	2008年6月
37*	《日本建筑的抗震结构与免震、制震结构》	和田章著　李大寅、吴东航译	《环境保护》中华人民共和国环境保护部	2008年6月
38	《既有钢筋混凝土结构建筑物的耐震诊断基准同解说》	财团法人　日本建筑防灾协会	财团法人日本建筑防灾协会	2001年2月
39	《耐震改修实例50》	财团法人　日本建筑防灾协会	日经BP社	2007年9月
40	《能源、经济统计要览2006年版》	日本能源经济研究所编	财团法人 节能中心	2006年
41	《特辑：20年的进程》	Better Living 编	Better Living No.140	1993年
42	《特辑：水资源和维持生活的水》	Better Living 编	Better Living No.155	1997年
43	《可持续居住的集合住宅选择和维持方法》	日本建筑学会编	彰国社	2008年8月
44	《事例解读现代集合住宅的设计》	日本建筑学会	彰国社	2004年9月
45	《以高密度住栋群提示都心居住的新形态》	《日经建筑2005 10—31》	日经BP社	2005年10月31日
46	《以非家庭户型扩大客层》	《日经建筑2003 9—1》	日经BP社	2003年9月1日

注：表中带*的参考文献为本书作者独著或参与编著。

参考资料一览表

No.	资 料 名	发 行	发行年月
1	《建筑与住宅统计信息》	国土交通省网页	2008年10月参照
2	《2003年住宅与土地统计调查》	总务省	2003年
3	《空房的实态调查》	国土交通省	2000年
4	《居住生活基本计划方案关系资料》	国土交通省	2007年
5	《2005年国势调查资料》	总务省	2005年
6	《2007年度住宅市场动向调查报告书》	国土交通省	2007年
7	《住宅事情与住宅政策》	国土交通省	2007年
8	《国土交通省住宅局资料》	国土交通省	2007年
9	《都市基盘整备公团2004年度结算资料》	UR都市机构	2004年
10	《行政减量、效率化学者会议第34次会议资料》	雇用·能力开发机构	2004年9月
11	《官民竞争投标监理委员会2007年9月21日委员会资料》	总务省	2007年9月
12	《地方住宅供给公社的概要与最近的状况》	国土交通省	2008年9月
13	《特定优良租赁住宅供给促进事业制度HP》	国土交通省	2008年10月参照
14	《公共租赁住宅的现状和课题》	国土交通省	2005年4月
15	"财团法人 建筑环境与节能机构"网页	财团法人 建筑环境与节能机构	2008年10月参照
16	《住宅性能表示制度宣传手册》	财团法人 Better Living	2000年
17	《新建住宅的住宅性能表示制度指南》	财团法人 Better Living	2000年
18	《MISAWA HOME商品目录》	MISAWA HOME株式会社	2008年
19	《工业化集合住宅手册》	中高层住宅建设研究会	1998年2月
20	《黑泽建设商品目录》	黑泽建设株式会社	2008年
21	《何为骨架住宅?——持久型集合住宅建设的思考》	建设省	1999年4月
22	《今后的骨架住宅》	国土交通省	2003年1月
23	《SI住宅指针》	国土交通省	2006年3月
24	《KSI—Kikou Skelton and Infill Housing》	都市再生机构	2005年10月
25	《Sebon Adagio文京销售宣传小册》	Sebon	2002年8月
26	《Grand Hills港南台销售宣传小册》	野村不动产	2000年2月
27	"200年住宅的构想"网页	自由民主党政务调查会编	2008年10月参照
28	"深川江户资料馆"网页	深川江户资料馆	2008年10月参照
29	"集合住宅博物馆"网页	集合住宅博物馆	2008年10月参照
30	《分售集合住宅的长期修缮计划及计划性修缮指南》	东京住宅局	2003年
31	"株式会社日本免震研究中心"网页	株式会社日本免震研究中心	2008年10月参照
32	日本气象厅网页	日本气象厅	2008年10月参照
33	《TOSTEM商品目录》	TOSTEM株式会社	2008年

续表

No.	资 料 名	发 行	发行年月
34	《东京电力商品目录》	东京电力株式会社	2008年
35	《东京燃气商品目录》	东京燃气株式会社	2008年
36	《燃气与生活的一世纪》	燃气资料馆编	1997年
37	《TOTO商品目录》	TOTO株式会社	2008年
38	"长谷工生活网"网页	长谷工生活网	2008年10月参照
39	《2002年一般家庭用水目的类别情况调查》	东京都水道局	2002年
40	"社团法人 舒适生活协会"网页	社团法人 舒适生活协会	2008年10月参照
41	《UR都市机构小册》	UR都市机构	2003年
42	《Newton place销售宣传小册》	长谷工株式会社	2001年
43	《丰洲大厦销售宣传小册》	三井不动产等	2007年

索　引

关键词	同义词	页
【字母】		
200年住宅		23,126,127,128,129,130
2户1化		132
DK		149,其他
LDK		149,其他
nLDK		149
FS型	Frontage Save	162
KSI住宅	机构型SI住宅	113
SI住宅		106,其他
【B】		
百年住宅建设系统	CHS	18,118,
保有水平耐力计算		176,179,180,182,183
标准化		63,65,72,83～85,97,100
部品		72,其他
部品群划分		119
【C】		
层间位移角		181
敞开型住宅建设	Open Building	106,112
长期		179
长期固定利息住宅融资	Flat35	63,66,111
长期修缮计划		168
长期优良住宅		129,130
城市肌理	Urban Tissue	106
产业化		70,71,其他
超长期住宅		128,130
充填体	Infill	106,其他
【D】		
大工		88
大规模修缮		133
贷款		8,其他
单房间集合住宅	One Room Mansion	163
单户住宅		9,其他
单体规定		39,40
单元式集成电路		218
单元式浴室	Unit Bath	83,84,166,225,226
地方公共团体		37,其他
定期借地权		108
短期		179
多种类少批量生产体制		85
【F】		
反梁外框架结构		206
分售住宅		8,其他
【G】		
改变住户划分	Restructuring	132
概念型商品住宅		94
钢骨钢筋混凝土结构	SRC	189
钢管混凝土结构	CFT	189
钢结构	S	12,185
钢筋混凝土结构	RC	12,185
刚性率		182
高强度钢筋混凝土结构	H-RC	185
个别供应型		119
隔震层		192,194
公共住宅		17,23
公共住宅用标准部品	KJ部品	81
公共住宅标准设计	SPH	97

关键词	同义词	页
公共住宅新标准设计系列	NPS	97
工务店		88
工业化		71,其他
工业化住宅		87
公营住宅		24,其他
共有部分		148,其他
共有持分权		148,
构件		72,其他
管线系统		207
骨架	Skeleton	106,其他
【H】		
和室	榻榻米房	164
核心型		157
户内改造	Reform	131
【J】		
剪力墙结构		187
建筑基准法		39,其他
建筑工程施工标准	JASS	65
建筑士		56
建筑物综合环境性能评价系统	CASBEE	66
家庭用热电一体系统		224
集成化		81,其他
结构规定		180
节能法	能源使用合理化法律	54,其他
洁身座圈		226,242
集合住宅	Town House	146,其他
集合住宅三法		58
计划修缮		167
集团规定		39
既有住宅		6,其他
居住环境水准		21
居住面积水准		21
【K】		
抗震加固		196
抗震鉴定		196
抗震性能指标		197,198
可持续		112,118,其他
框架		187
框架+剪力墙		187
【L】		
两阶段供给方式		106,150
连续阳台		154,160,240,244,205
【M】		
木结构	W	11,143,180,185,其他
【N】		
内保温		203,208,211
内廊式		155,233
【P】		
偏心率		182
平层住宅		157
评价住宅		50
品确法	确保住宅品质促进法	46,其他
【Q】		
墙式框架		187
全电化住宅		222
缺陷担保责任		50
缺陷担保期		50
区分所有权		58,59,131,148
【R】		
日本工业规格	JIS	64
日本农林规格	JAS	64

关键词	同义词	页
日本住宅公团		13,24,其他
容许应力度计算		180,其他
融资		66,其他
【S】		
少种类大批量生产体制		73,100,95
设计商品化		94
社区方式	Gated Community	154
时程分析法		184
双层地板		211
双层管集中接头系统		215
双层内装修		210
双层套管		215
双廊式		155,233
【T】		
天井型		157
梯间式		155
同层排水		217,247
同润会		143
托管制度		51
【W】		
外保温		203
外廊式		155
外门厅		156
无障碍法		61
无障碍住宅		152,213
【X】		
限界耐力计算		182
现有住宅		6,其他
小院子住宅	Terrace House	146
系列化		81,其他
系统供应型		119
修缮公积金		170
【Y】		
一家一户		1
一人一室		14
用地利用权		148
用途变更	Conversion	136
优良住宅部品	BL部品	85
优先		122
跃层式走廊		158
跃层住宅		158
预应力组装工法	PCPCa工法	101
预制组装工法	PC工法,PCa工法	95
预制组装剪力墙结构		187
预制组装建筑协会		89
【Z】		
震度		173
支撑体	Support	106
滞后		122
中间型供应方式		107,108
专有部分		148
筑波方式		107
住宅档案		23,128,167
住宅价格		9
住宅市场		5
住宅性能水准		21
住宅性能表示制度		47
住宅展示场		94
自由度		85
阻尼器		194

编著者简历

吴东航

　　1963年出生于中国广东省广州市，1984年毕业于华南理工大学建筑工程系，以后任职于广东省建筑工程总公司总工程师室，1987年获得广东省科学技术进步奖。1987年留学日本，1994年取得东京大学大学院博士学位。1995年任职于（日本）黑泽建设株式会社设计部。1996年取得一级建筑士、2008年取得结构设计一级建筑士（首批）的日本国家资格。1997年在东京设立了现名为"株式会社 吴建筑事务所"的一级建筑士事务所(http：//www.wu-office.co.jp)，现除了任该事务所的所长之外，还兼任建筑环境技术工作组副理事长以及担任"雇用与能力开发机构"讲师等多项社会教育课程。

　　主要著作：《通俗易懂的建筑》，合著，PHP研究所

　　　　　　杂志《DETAIL》的"预制预应力混凝土结构"，编著，彰国社出版

小见康夫

　　1961年出生于日本大阪府，获东京大学大学院博士学位，一级建筑士。曾任建筑环境技术工作组理事长，现为东京都市大学工学部建筑学科专业准教授，建筑环境技术工作组监事。

　　主要著作：《通俗易懂的建筑》，合著，PHP研究所

　　　　　　《图解建筑》，文化社文库

　　　　　　《世界的标准·日本的标准》，合著，INAX出版

　　　　　　《未来的木结构住宅1　规划与设计》，合著，丸善出版

　　　　　　《图解教材：建筑结构》，合著，彰国社出版

粟田纪之

　　1964年生于日本爱媛县，获东京大学大学院博士学位，一级建筑士。曾任东京工艺大学讲师，现为工学院大学、东京电机大学客座讲师，木构研究室代表，建筑环境技术工作组理事长。

　　主要著作：《通俗易懂的建筑》，合著，PHP研究所

　　　　　　《建筑工程图的解析　木结构住宅》，合著，市谷出版

佐藤考一

1966年生于日本枥木县，获东京大学大学院博士学位，一级建筑士。曾任工学院大学、东京工艺大学讲师，东京大学大学院学术研究员，现为佐藤建筑规划室代表，建筑环境技术工作组理事。

主要著作：《通俗易懂的建筑》，合著，PHP研究所

《多目的的钢结构指南》，合著，xknowledge出版

《以用途变更的手法实现都市和地域的再生》，合著，日刊建设通讯新闻社

《建筑计划》，合著，市谷出版

《20世纪建筑研究》，合著，INAX出版